镇馆之宝

国宝文物的故事

探秘天下编写组◎编著

时事出版社

图书在版编目（CIP）数据

镇馆之宝：国宝文物的故事 / 探秘天下编写组编著 .—北京：时事出版社，2017.10
ISBN 978-7-5195-0114-3

Ⅰ . ①镇…　Ⅱ . ①探…　Ⅲ . ①文物 – 中国 – 通俗读物
Ⅳ . ① K87-49

中国版本图书馆 CIP 数据核字（2017）第 111508 号

出版发行：时事出版社
地　　址：北京市海淀区万寿寺甲 2 号
邮　　编：100081
发行热线：（010）88547590　　88547591
读者服务部：（010）88547595
传　　真：（010）88547592
电子邮箱：shishichubanshe@sina.com
网　　址：www.shishishe.com
印　　刷：三河市华润印刷有限公司

开本：787 × 1092　1/16　印张：20　字数：302 千字
2017 年 10 月第 1 版　2017 年 10 月第 1 次印刷
定价：40.00 元
（如有印装质量问题，请与本社发行部联系调换）

序　言

中国是世界上历史悠久的古国之一，从古至今累积了众多珍贵的文物，可以被称为国之瑰宝。这些国宝不仅是重要的历史文化遗产，同时也凝聚着民族智慧和传统精神，承载和见证了我国悠久的历史文化。

国宝文物是历史发展过程中遗留下来的宝贵历史文化遗产，而且是不可再生的宝贵财富。这些文物的发掘与珍藏，对研究古代社会、政治、经济、文化和人类生活具有极为重要的价值和意义。

从北宋中期开始，我国的金石学兴起，以古代青铜器和石刻为主要研究对象，并逐渐扩大到各种古代器物，统称为“古器物”或“古物”。到了明清时期，人们普遍使用“古董”或“骨董”的名称，清乾隆年间又开始使用“古玩”的称呼。直至20世纪30年代，社会上开始使用“文物”一词，其涵盖范围包括各种古代器物、书画、石刻，以及一切不可移动的遗址和宝藏。

一般来说，不同类别的文物，可以从不同方面反映古代社会的生产力、生产关系、经济基础、上层建筑、社会生活以及自然环境的状况。比如青铜器的产生、发展和变化过程，直接反映古代社会的变革、青铜制作技术的进步，以及当时人们的物质生活和精神生活状态。总的来说，古代文物是帮助人们认识和恢复历史本来面貌的重要依据，特别是针对没有文字记载的远古人类，每一件古代器物都是后人了解、认识历史的重要依据。

目前，我国文物的类别多种多样，可以分为不可移动和可移动两大类。不可移动的文物包括古代遗址、古墓葬、古建筑、石窟寺庙以及石刻等，可移动的文物包括古器物、古文献、古书画等，其中最为重要的是古器物，比如青铜器、玉器、铁器、陶器、瓷器等，国宝级器物多出自这一类别。

自清代以来，许多国宝遭受了惨重的浩劫。从清末鸦片战争开始，西方列强大肆来华搜刮国宝文物，在紫禁城、圆明园、中海、南海、北海、颐和园等地强抢掠夺，北京“自元明以来之积蓄，上自典章文物，下至珠宝奇珍，扫地遂尽”，所失的宝物“已数十万不止”。

19世纪后半叶至20世纪初，各国对华的文化掠夺屡见不鲜，多是以探险、考察的名义在我国境内进行探宝活动，足迹遍布新疆、甘肃、内蒙古、东北和台湾等地，使大量中国古代珍贵器物流失到国外。据不完全统计，我国流落海外的文物多达数百万件，散布于全球47个国家，被收藏在国外200多座博物馆中，还有一些私人收藏的国宝文物，甚至不为世人所知。

中国是文明古国，各朝各代遗留了许多珍贵文物，成为令后世人遐想景仰的神秘财富。如今已经面世的古代文物数量众多，国内各地博物馆中多有国宝级的镇馆之宝，它们历史悠久，造型奇特精美，尤其是背后的曲折故事和神奇经历，更引得无数参观者驻足流连。

本书以国宝文物的价值为主线，以收藏地域为纲，分别记录这些珍贵文物的出土情况、来历、馆藏，以及艺术价值和背后的故事。从华夏文明的重器国宝，到流失海外的瑰宝文物，历数吴越文化、中原魅力、齐鲁风韵、丝绸之路、滇川风情的各类宝物，此外还有海峡两岸的国宝传承、神秘宝藏的历史遗珠等。内容详实丰富，故事引人入胜，在获得国宝知识的同时，也能给读者带来非同一般的阅读享受。

目录

contents

NO.1

无价之宝：华夏文明之滥觞

NO.2

国之重器：吴越文化之浓缩

NO.3

天下至宝：中原文化之绝响

NO.4

万邦之珍：齐鲁风韵之流转

NO.5

文化“化石”：丝绸文明之渊源

NO.6

国宝传承：滇川风情之探骊

NO.7

举国至珍：海峡彼岸的呼应

NO.8

海外拾遗：漂泊海外之瑰宝

NO.9

历史遗珠：神秘传说之宝藏

NO.1

无价之宝：华夏文明之滥觞

中华文化源远流长，五千年的历史延绵不绝，华夏文明至今光耀于世。在浩瀚的文化传承中，各种巧夺天工的文物珍品谱写成中国历史文明的绚烂乐章。在延传至今的文物中，有一部分举世罕见的无价国宝，它们如同一颗颗璀璨的明珠，不仅让人们惊叹工艺上的精巧完美，而且也传承了数千年的东方文明。

1. 原始图腾崇拜
——人面鱼纹彩陶盆

名称：人面鱼纹彩陶盆

年代：仰韶文化

题材：陪葬陶器

材料：细泥红陶

规格：高 16.5 厘米，口径 39.8 厘米

价值：中国陶器文化颠峰时期的代表作品

出土情况和馆藏

1953 年春天，中国陕西省西安市半坡村灞桥火力发电厂在施工的时候，无意间发现了一处古代遗址，这就是后来著名的半坡遗址。到 1955 年，经考古专家挖掘发现，半坡遗址现存面积约有 5 万平方米，分为居住区、制陶区和墓葬区 3 个部分。其中居住区有较深的壕沟围绕四周，房屋为地面建筑和半地下建筑，多呈方形或圆形。在居住区中央有一个长方形的大屋，据专家分析，这是氏族集体活动的场所。半坡遗址发掘的总面积为 1 万平方米，共发掘房屋遗址 46 座、圈栏遗址 2 座、贮藏各类物品的地窖 200 多处、成人墓葬 174 座、儿童瓮棺墓葬 73 座、烧陶窑遗址 6 座。此外，还发掘出大量生产工具和生活用品，其中有 7 件陶器引起专家重视，陶器是红色彩陶，上面绘制了黑色、褐色和白色花纹，有人面、鱼类、麋鹿等图形，还有多种特殊符号，据判断可能是最原始的文字符号。

在出土的 7 件彩陶中，5 件为器物残片，两件较为完整，其中有一件就是人面鱼纹彩陶盆。据分析考证，人面鱼纹盆作为儿童瓮棺的棺盖，属于一类特制的葬具。上面绘制的人面图案由人鱼合体而成，人头的装束特异，似乎在从事某种宗教活动。由于人面图案的装束与当时巫师的装扮特征类似，因此彩陶盆上的图画一般被认为象征巫师请鱼神附体，为夭折的儿童招魂祈福。也有专家认为，彩陶盆上的人面与鱼纹共存，构成人鱼合体，寓意鱼已经被充分神化，可能是作为一种图腾来加以崇拜。

20 世纪 50 年代这件在陕西省西安市半坡遗址所发掘出的人面鱼纹彩陶盆，当属仰韶彩陶艺术的代表，目前此盆收藏在中国国家博物馆。

艺术价值

半坡遗址是 6000—7000 年前母系氏族社会繁荣时期存留下来的遗址，属于原始社会新石器时代文化。人面鱼纹彩陶盆是新石器期间的陶器珍品，高度为 16.5 厘米，口径是 39.8 厘米。盆口绘制有断断续续的黑色彩带，里面用黑彩画出两组相对的人面鱼纹。人面呈圆形，头顶存在如同发髻的尖状物以及鱼鳍形饰物。前额的右边是黑色，左边呈黑色半弧形。眼睛细而且平直，好像闭上。鼻梁高挺，如同倒过来的“T”字形。嘴巴两旁各有一条变形鱼纹，鱼头和人嘴轮廓融合，最里面似乎有两条大鱼。而且，位于人脸的双耳部位也存在对称的两条小鱼，进一步组合为形象独特的人鱼合体。另外，两个人面中间，绘制了两条大鱼，好像在互相追逐。这两条鱼的鱼头以及鱼身呈三角形，眼睛圆圆的，鱼身绘出斜方格，类似鱼鳞。

人面鱼纹彩陶盆颜色鲜艳，色彩和图案都极富艺术价值。鱼纹刻画得极其逼真，鱼头仅用寥寥几笔，便将鱼的神态刻画得详尽而细致，鱼身上没有鱼鳞，而是借助对称的菱形图案进行修饰，代替鱼鳞的样子，极具律动感。此外，人面在鱼群里沉静闭目，神情坦然，整幅画面结构清新，动感十足，生气盎然，图案鲜明的同时也充斥着一种奇幻色彩。

人面鱼纹彩陶盆的主要原料是细泥，陶胚制作完成后，用赤铁矿粉以及氧化锰做颜料进行上色，然后置入窑中烧制。彩陶盆口敞开卷曲，盆底比较平整，腹部外凸，也非常深。盆里面非常光滑，盆外却很粗糙。由于古时候陶窑的封闭效果差，最后导致在橙红底色表面呈现出黑、红两种颜色。

人面鱼纹彩陶盆艺术风格奇特，是我国古代先民智慧工艺的结晶，北京奥运福娃的头饰设计灵感就借鉴了人面鱼纹的设计。福娃主设计师吴冠英说，人面鱼纹盆画面中表现出一种人和鱼、人和自然、天人融合的和谐之美，而这些正是极具特色的中国文化符号。

背后的故事

仰韶文化的彩陶图案中存在非常多动物样式的绘画，如鱼、鹿及蛙等，其中鱼纹是典范，人面鱼纹彩陶盆被艺术界评论为彩陶中的绝佳之作。

有的学者根据《山海经》中曾有巫师珥两蛇的说法，认为人面鱼纹表现的是巫师珥两鱼，所以此类画像大部分是巫师祈求鱼神附体，借鱼的身体到冥界去给夭折的儿童招魂祈福，也有可能是巫师在施法的时候佩戴的一种面具，以增强神秘感和神圣感。

此外，有专家认为，在原始社会的生活中，图腾崇拜属于他们的精神生活以及最早的信仰寄托，所以在先民的艺术行为中，图腾徽号大多都被刻在一些器物表面。半坡人是依水居住，半坡彩陶上所画的鱼纹极有可能属于图腾崇拜，人和鱼交互着画在一块，象征着人与鱼紧密联系，是你中有我，我中有你，互相依存的关系。同时，从人面鱼纹肃穆的形象来看，在某种范围里面呈现出权威性的特指图像，极有可能是权力的象征。在部落里，谁能够获得这个图像，谁就是部落的领袖，获得支配别人的权利，这也是一种权利崇拜的象征。

也有专家从进化论的角度提出了一个说法，上古时期的人类对自己到底从哪里来感到极其迷茫。因为半坡人生活在水边，于是他们心中有可能认定鱼是自己的祖先。因此，半坡先民将鱼化作了神祇，进行崇拜，并制作了人面鱼纹彩陶盆作为殉葬品和仪式器具。

2. 古青铜文明之内在传承
——“后母戊”鼎

名称：“后母戊”鼎，又称司母戊鼎

年代：商代

题材：青铜礼器

材料：青铜合金

规格：重量 832.84 千克，口宽 79 厘米，口长 110 厘米，厚度 6 厘米，连耳高 133 厘米

价值：目前世界上被发掘出来的最大、最重的青铜礼器，有“镇国之宝”的称号

文物出土及馆藏

1939 年 3 月，中国正处于抗日战争时期，河南省安阳武官村村民吴希增得知自家祖坟中曾经陪葬了一些值钱的宝物，因此与叔伯弟弟吴培文相约，一起去自家祖坟挖掘陪葬品卖钱。吴希增用铁铲慢慢地把祖坟挖开，铲子突然碰到了一件无比坚硬的东西，但这东西似乎又很沉重，二人猜测可能真的是挖到什么好宝贝了，于是回到村里叫来了七八个壮丁帮忙。他们连续挖掘了几个小时后，发现坟中好像是一个大鼎。到了第二天晚上，村里陆续来几十个人一起挖掘，由于担心被外人知道，所以村民们只敢晚上行动，整个挖掘过程持续了三个晚上，最后将坟墓挖开，搬出来一具生满铜锈的庞然大物，这就是商代青铜器、著名的国宝“后母戊”鼎。

村民们借助铁轮车，把大鼎转移到吴培文家中，悄悄掩埋到吴培文家

的粪坑里面。但是这件事还是被人传了出去，泄露给日本人。村民不愿意让宝贝落到日本人手里，因此想把将大鼎卖给当时一名古玩商萧寅卿，然而买家无法接手这么庞大的青铜器，于是想把大鼎肢解成八块，但是大鼎坚硬无比，始终无法切割，最后无果而终，只得再放回到吴家。

日军伪宪兵队长得知这件事后，向日军告密，在进行搜查的时候，吴培文偷偷将大鼎换了地方，再次掩埋，并购置了一尊没有铭文的青铜器应付搜查，最后日军搜到了“宝物”，乘兴而归。抗日战争结束后，大鼎被吴培文挖出来献给当时的国民政府，于 1946 年被运到了南京。1948 年，此鼎以“司母戊鼎”的名字在南京第一次公开展出。国民党败退时，南京政府曾想把它运到台湾，可是由于“后母戊”鼎体积太大，过于沉重而没有成功。

1959 年，“后母戊”鼎被运往中国历史博物馆（中国国家博物馆前身）进行保存。2011 年，中国国家博物馆新馆开放，“后母戊”鼎成为众多文物中极为耀眼夺目的一件。2005 年，吴培文从海外回国，又一次见到“后母戊”鼎，因为他是“后母戊”鼎的发现人以及保护人，因此被特许能够抚摸大鼎。

“后母戊”鼎是目前世界上发掘出来的最大、最重的青铜礼器，在我国有“镇国之宝”的称号，目前收藏在中国国家博物馆。

艺术价值

“后母戊”鼎也称司母戊鼎，口长 110 厘米、口宽 79 厘米，壁厚 6 厘米，连耳高 133 厘米，重达 832.84 千克。大鼎折沿宽缘，鼎壁笔直，鼎腹深厚，鼎底平直，有一对厚重的立耳（其中一个鼎耳是后来仿制配上），壁耳表面雕刻有浮雕式鱼纹，首尾衔接，耳外侧雕刻有浮雕式双虎食人首纹。鼎腹部大约呈长方形，边缘是饕餮纹，均有云雷纹作底，下面有四根空心立柱支撑。立柱上端有浮雕式饕餮纹，下面有三周凹弦纹。四处鼎壁正中和周围分别有外凸的短棱脊，腹里面是“后母戊”三字，字体浑厚雄壮，显露锋芒。

此鼎构造古朴厚实，气势宏大，纹饰浩荡，铸造技术极高，是商周时期青铜文化的代表作。“后母戊”鼎是世界上青铜器中极其少见的贵重文物，是目前所发掘的最大的青铜鼎，几乎能够当马槽用，因此人们也称它为马槽鼎。鼎身四周的盘龙纹以及饕餮纹，给大鼎增添了些许威武凝重感。饕餮在上古神话中，是专吃不同种类食物的神兽，将它铸造于青铜器上，象征着吉祥、丰衣足食。

“后母戊”鼎耳廓纹饰也叫作虎咬人头纹，此类纹饰于耳的两旁画虎形，虎头直到立耳的顶端，虎口大张相对而立，虎的中间是一人头，似乎让虎吞吃，大鼎立耳的上面还存在两尾鱼形，立柱上雕刻着蝉纹，图案展示的是蝉体，线条十分明晰。这些纹路图案都展示出“后母戊”鼎是中国殷代青铜器的大成之作，代表了商代青铜器的发展水准以及铸造水准，作为一种寓意孝道的青铜礼器，其艺术价值和文化价值独一无二，堪称国宝。

背后的故事

鼎作为中国古代文化的一个标志，其内涵意义非常特殊，多用来祭祀或在典礼过程中盛煮鱼、猪、牛、羊等肉类食物，是最具有象征意义的祭祀礼器之一。我国制鼎的高峰在商周时期，但其作为祭祀礼器的影响一直持续到汉代，并成为王公贵族身份的象征。史料记载：“天子九鼎，诸侯七鼎，大夫五鼎，元士三鼎或一鼎。”也有记载：“鼎，像九州”，所以在中国文化中出现了一言九鼎、问鼎中原、三足鼎立等成语。大多数的鼎是圆腹、两耳、三足，而“后母戊”鼎是四足方鼎，其庞大体积也极为少见。

“后母戊”鼎出自商代，是商王为祭拜母亲“戊”而打制，距今已有3000多年的历史。我国的古文化专家对其进行了详细研究，并根据甲骨文中的记录，得出的结论是鼎内铭文是“后母戊”三个字，其中“母戊”是商王武丁的后妃妇姘的庙号，依照铭文，确认“后母戊”鼎是商王武丁的两个儿子祖庚或祖甲铸造，为祭拜他们的母亲妇姘，其中带有孝道的内涵。

历史学家郭沫若是第一个为这个大鼎起名字的专家，称它为“司母戊鼎”，他认为古代把“司”作为祭祀之意，而“司母戊”就是“祭祀母亲戊”的意思，当时其他学者也认为“司”是孝敬、祭祀之意，因此这个名字就被认定使用了。此后有一些学者主张，“后母戊”这个名字要先于“司母戊”，它的意思是“献给伟大的母亲”，因此“后母戊”含有特定的崇敬之意，不能将“后”改作“司”。1962年，学术界对于其名字展开了大探讨，一直到2011年底，中国国家博物馆新馆开始运行，正式启用“‘后母戊’鼎”这个名字，并产生相当大的影响。但此后仍有学者坚持用“司母戊鼎”这个名字，在中国国家博物馆、中国文字博物馆和殷墟博物馆三处，展览此青铜大鼎时，都使用了不一样的名字，至今大鼎的名字仍存争议。

3. 中华第一龙
——三星他拉玉龙

名称：三星他拉玉龙，又称红山文化玉龙、玉雕龙、“中华第一龙”

年代：新石器时代

题材：红山文化龙形祭祀礼器

材料：玉石

规格：高 26 厘米，最大宽度 29.3 厘米

价值：红山文化玉龙的发掘给龙的起源提供了最有说服力的实物例证

出土情况及馆藏

三星他拉玉龙的出土十分神秘，并非考古学家经过科学发掘出土的文物，而是一件民间征集品，据说挖掘于 1971 年，出土地点在内蒙古赤峰翁牛特旗三星他拉附近。

从三星他拉玉龙面世的第一天起，它的出土地点和来历就成为学术界争论的焦点。因为考古学家发现，在三星他拉附近地区根本找不到任何红山文化的遗址，后来在辽河流域喀左县东山嘴的红山文化遗址中挖掘出一件龙头玉璜，与三星他拉玉龙的龙头极为相似，因而才把三星他拉玉龙确定为红山文化。

但是随后不久，学者们再次陷入困惑，当人们研究三星他拉玉龙的风格和形体时，发现它和其他红山玉器并不一致，红山文化玉器的许多特点

在三星他拉玉龙中并没有体现。事实上，三星他拉玉龙虽被称为红山文化玉龙，但它的形状特征和花纹与红山文化玉器迥然不同。在红山文化中，猪龙和熊龙才是真正的代表，以圆润、富于曲线变化见长，绝少用棱角作为装饰，也没有飘逸的鬃毛，所以三星他拉玉龙应该不属于红山文化。同时，在众多红山玉器中，也仅有内蒙古翁牛特旗广德公镇黄谷屯征集的一件玉器和三星他拉玉龙相似，而这件玉器的发掘地和具体出土地点也同样无法确定。

就这样，三星他拉玉龙的来历成为一个巨大的谜团。1984 年，考古工作者在内蒙古敖汉旗发掘出距今约 7200—6800 年的赵宝沟文化遗址，其遗址时代处于兴隆洼文化和红山文化之间。在发掘出赵宝沟遗址的祭祀神坛上，专家们发现一些精工制作的陶尊，其中有一件陶尊刻画了猪龙、鹿龙和凤鸟图案，三个神灵汇融在一起，以高超的工艺表现手法呈现出史前龙凤呈祥的超现实艺术境界。陶尊上绘制的龙眼呈细长的柳叶形，与三星他拉玉龙眼部的表现手法相似，而神尊上的龙身全部饰满网格纹，这也与三星他拉玉龙上的网格纹装饰手法雷同。同时，两龙同样是后颈上飘逸着卷曲的长鬃，身躯同样呈现“C”字形卷曲上翻的造型。因此通过考古类型学的比较，专家们一致认为，三星他拉玉龙是赵宝沟文化的龙形玉器，也是赤峰境内时代最早的龙形玉质文物。

三星他拉玉龙至今仍被人们习惯性地称为“红山文化玉龙”“中华第一龙”，现收藏于内蒙古翁牛特旗博物馆。

艺术价值

三星他拉玉龙的制作材料为玉，高 26 厘米，玉龙呈墨绿色，在墨绿色的岫岩玉基础上，经过细心雕琢打磨制作。整条龙体卷曲，平面形状好似一个“C”字，龙体的横截面为椭圆形，直径 2.3—2.9 厘米。龙首比较短小，吻向前伸，略微上撅，龙口紧闭，鼻端截平，端面近椭圆形，以对称的两个圆洞作为鼻孔。龙眼突起呈棱形，前面圆而起棱，眼尾细长上翘。

颈背有一长鬣，弯曲上卷，长 21 厘米，占龙体 1/3 以上。鬣扁薄，磨出不明显的浅凹槽，边缘打磨锐利。龙身大部分光素无纹，只在额及鄂底刻以细密的方格网状纹，网格突起作规整的小菱形。在龙体背正中有一小穿孔，经试验，如果穿绳悬起，龙体首尾恰在同一水平线上，显然，孔的位置是经过精密计算制成的。

玉龙以一整块玉料圆雕而成，细部还运用了浮雕、浅浮雕等手法，通体琢磨，较为光洁，这都表明了当时琢玉工艺的高超水平。此玉龙造型独特，工艺精湛，圆润流利，生气勃勃，绝非一件普通的玉器。而且玉龙的形体较为硕大，造型特殊，并不适合随身佩戴，因而它不只是一般的饰件，很可能是与原始宗教崇拜密切相关的礼器用品，或是一种神器，或是先民尊崇的某种图腾，或是玉龙主人在宗教祭祀时的通灵之物。

三星他拉玉龙的形象带有浓重的幻想色彩，“C”字造型蕴含某种神秘意味，更为它平添一层艺术美感，并显示出成熟龙形的艺术姿态。

背后的故事

在考古发掘中，许多遗址里都曾出现过类似于龙形的古代器物，有的是蚌塑，有的是雕塑，也有的是彩绘陶器，或者是玉器。可是针对“龙”的原型研究，至今仍存在许多问题及猜测。

对于龙到底是什么样子，它的造型来源如何？相关专家已经研究出非常多的可能性，其中包括蛇、鳄鱼、蜥蜴、鱼、鲵、马、牛、猪、鹿、熊、虎、云、闪电等。但是发掘自商代甲骨文中的“龙”字，以及妇好墓中发掘出的玉龙，都让人们见到了真实龙形的样子。龙拥有巨大的龙头和龙眼，龙头上长角，龙口庞大，身体弯曲蜿蜒。在发掘的新石器时代文物中，与这些特征最为匹配的就是蜷曲的红山文化玉龙，由于新石器时代距今有 1 万年左右，因而学者们认为红山文化玉龙或许就是龙的最初形态。

龙作为中华民族的图腾，大概在新石器仰韶文化期间就开始出现龙的造型。在农耕意识形成之后，龙图腾呼风唤雨的形象成为主管农耕命脉的崇拜对象，因此，在龙图腾上有许多农耕民族的观念和意识，不仅有强悍进取的狼图腾民族精神，也有象征帝王权威的专制力量。从“C”形玉龙的蜷体外形来看，其中蕴含着令人敬畏的龙图腾精神和灵魂，而龙头造型显得十分凶猛，带有一种蓬勃的生命力和强悍的进取精神。玉龙颈背上的长鬣弯曲上卷，有自由腾飞之势，又因它的材质是绿色岫岩软玉，古人认为墨绿色整玉有通灵之能，因而从玉龙的造型寓意来看，很可能是与我国原始图腾崇拜密切相关的一种器物，并在祭祀中展示通灵的功能。

4. 仰韶文化之典范
——鹳鱼石斧图彩陶缸

名称：鹳鱼石斧图彩陶缸

年代：新石器早期

题材：陶器

材料：夹砂红陶土

规格：高 47 厘米，口径 32.7 厘米，底径 20.1 厘米

价值：鹳鱼石斧图彩陶缸是一件能够和印第安人的图腾柱进行比较的文物，是目前中国出土的最早、面积最大的一幅陶画。

文物出土及馆藏

1979 年农历正月初八的早晨，河南省临汝县（今汝州市）阎村的李建安去集市购物，不经意间听到了一个消息，有一位来自纸坊乡纸北村的 60 岁老汉说在他们村子里的苹果园中发现了很多红陶片。

李建安具备一些文物知识，曾经参与过中山寨大墓群考古活动。他听这个消息后，赶紧回家，带上工具往苹果园那边赶。他发现一个未曾彻底挖好的苹果树坑，在坑里面有一些红陶片，他把红陶片挖出来，花费了 20 多分钟去拼凑，一个破损严重的尖底陶缸出现了。李建安根据自己掌握的考古知识，将这件文物初步鉴定为二次瓮棺葬红陶尖底瓶。接着，他继续向外扩展，在苹果树坑的基础上挖出了一个长 560 厘米、宽 80 厘米、深 85 厘米的大坑。经过一天半的努力，一共发掘出了 13 件文物，其中在第 12 个陶缸上有鹳鱼石斧的图案。李建安对这件文物非常关注，这件陶缸边沿有一个大概 13 公分的三角形口子。

李建安分三次才将这些陶器转移到自己家中，他的家就变为这 13 件陶器的首个落脚点。随后他开始对陶器进行清理。在清理的时候，陶缸以及尖底瓶中倒出了大量的土以及人头骨。这件事被家人得知，认为这很不吉利，就让他拿到其他地方去。在不得已的情况下，他只好将这些东西转移到公社办公的地方，这里成为 13 个陶器的第二处落脚点。

李建安的同事们听说他拿来了几个陶罐，就去瞧上几眼，发现里面有一个陶缸表面绘有鸟、鱼以及石斧图案，就问李建安："你没事情做了？去搞这些东西，能够换多少钱？"李建安回答说："这些物件都属于国宝，并不是卖多少钱的问题。"那时候人们普遍缺乏文物保护意识，也无法感受这些陶缸的价值。后来由于岗位调换，李建安与这些陶器一起转移到另一间办公室，这是 13 个陶器的第三处落脚点。

在这过程中，李建安数次联系当时的临汝县文化馆，希望尽快将这 13 件文物上交国家。但是那个时候临汝县考古工作非常落后，工作人员对陶器的认识非常模糊，没有引起相应的注意，这件事一直被拖后。直到 1980 年春节前，李建安收到了回复。他用自己的自行车把这些文物送到了临汝县文化馆，这里成了 13 件陶器的第四处落脚点。

1980 年 10 月 28 日，河南省对文物展开大规模调查，调查组抵达临汝县后，对临汝县的各类文物进行了分类总结，并撰写了一份有关临汝县文物的报告，题目为《临汝阎村新石器时代遗址调查报告》，报告里详细地记录了阎村遗址发掘的过程。

阎村遗址属于新石器时代文化遗址，总面积约 25000 平方米，文化层厚约 1—3 米。自 1964 年以来，从遗址中不断出土瓮棺葬、白衣彩陶、石斧、石铲、骨针和大量砂红陶片。1978 年 11 月，当地的村民社员挖出了 11 座瓮棺葬，其中一些瓮棺葬出土后已被砸毁。李建安保存了 13 件陶器，后来考古工作人员进行调查时又发现几件，共采集到完整陶器 19 件，其中彩陶缸3件。

在这次遗址发掘中，鹳鱼石斧图彩陶缸最引人注目，这件文物为研究我国原始社会生活，以及石斧的使用与安装，都提供了极为可贵的实物资料，而且在我国绘画史上也是一件罕见的珍品。1981年，《中原文物》第一期刊登了相关的调查报告，重点介绍了鹳鱼石斧图彩陶缸，此后鹳鱼石斧图的关注度不断上升。这件彩陶缸被立刻转移到河南省博物馆，这里成为彩陶缸发掘后的第五处落脚点。后来中国历史博物馆（中国国家博物馆前身）收藏了鹳鱼石斧图彩陶缸，成为此文物的最终收藏地。

艺术价值

鹳鱼石斧图彩陶缸是迄今发现最大的一幅原始社会时期的彩陶画，缸体高47厘米，口径32.7厘米，底径20.1厘米。形状为敞口、圆唇、深腹、平底，是直壁平底圆筒的造型。彩陶缸由红砂陶制成，表层呈现出红色，缸沿下方有4个对称的鼻钮，缸体腹部的一侧绘有一幅彩陶画，画面高37厘米、宽44厘米，约占缸体面积的1/2。

彩绘图画构思精巧，左边是一只伫立着的白鹳，全身整洁肃穆，白鹳的眼睛非常大，神采奕奕，鹳身稍微有些后仰，头颈高高上扬。这种圆眼、长嘴、挺胸抬头的白鹳造型十分舒展流畅。鹳嘴中有一条大鱼，鱼身也是白色，同时借助黑线条清楚地凸显了鱼身的大概形体，鱼眼不大，身体僵硬，有生命垂危之感，鱼鳍下垂，没有任何反抗的姿势，和神气活现的白鹳构成一幅强烈的对比图。在画面右侧绘制了一柄石斧，斧身穿孔，柄部有编织物缠绕的图案，并雕刻了一些符号，线条简单勾勒，清晰而又流畅。

在整幅图案中，为了使白鹳的羽毛显得轻盈，因而将全身染成白色，这和中国画后来出现的没骨画法有异曲同工之妙。而石斧以及鱼的外形则借助勾线法，采取简单、流畅的粗线描绘出主体，然后在斧和鱼身体里面填充色彩，这与中国画后来的填色画法一样。此画包含着中国画的部分基础画法，因而有学者认为它是中国画的前身。同时，这幅画流露出一种对高超画技的掌控气势，也展示了我国史前彩陶画艺术创作的巅峰水平。

这幅画是仰韶文化的突出代表，象征着新石器时期的绘画技艺从纹饰到物象的转变，体现了我国史前绘画家们将现实主义和浪漫主义相融合的构思。从科学角度来说，鹳鱼石斧图彩绘陶缸证实了我国先民在很早的时候就能借助黏土制陶，并加水湿润塑造形体，在陶器表面进行涂色绘画，然后烧制成型，工艺流程精妙准确。而彩陶上的鹳鱼石斧图更验证了先民已经掌握了点、线、面的艺术体现手段，以及绘画准则，整个器皿和构图的展示，体现了一种极强的民族时代精神和艺术魅力，以及高超的技艺手段。

背后的故事

彩绘陶缸在仰韶文化中属于瓮棺葬具，由于文物在河南的伊川大量发掘，所以还叫作伊川缸，它最主要的功能就是做成年人的埋葬工具。从发掘出土的器皿来看，普通的伊川缸设计简洁，形态单一朴实，但鹳鱼石斧图彩绘陶缸不仅上色，而且构图复杂，在题材选择以及画面组合中都加强了图案本体的独立性，因而学者们认为这件陶缸或许是氏族首领的葬具。

经过专家分析，白鹳或许是这个聚集部落的图腾，而鱼是敌对部落的图腾。画中的石斧代表着权力，也是首领使用的武器。首领曾经带领白鹳部落和鱼部落展开过一场激烈的战斗，并且最终获得胜利。先民们把这些事迹绘制到图画中，刻画在首领死后的瓮棺表面，借助图腾形象以及首领武器的构图来展示部落的重大历史事件，并纪念首领的伟大事迹。

但是对鹳鱼石斧图中所画鹳、鱼和斧的解释，在考古界也存在一些争议。有人认为该鸟形是鹭而并非鹳，而展示权力的是石钺并非斧子。也有专家考证这幅画的形象构思，认为就是那个时代农耕渔猎的生活现实，与权力斗争没有关系。还有人参照考古学文化、古代神话传说，以及商周青铜铭文展开调研，解释这幅画展示了仰韶文化中将鸟当成图腾的部落，与把鱼作为图腾的部落进行决战，从而推断出这就是传说中黄帝和炎帝战争的史料，同时石斧属于黄帝部落联盟的族徽和标志。

5. 商代重器之璧
——"子龙"鼎

名称：子龙鼎

年代：商末周初

题材：青铜礼器

材料：青铜合金

规格：通高 103 厘米，耳高 22 厘米，腹高 42 厘米，足高 36.5 厘米，口径 80 厘米

价值：目前出土的最大的商代圆鼎

出土情况和馆藏

20 世纪 20 年代，"子龙"鼎在河南辉县发掘出土，当时有一个叫山中株式会社的日本公司在中国大肆收购文物，"子龙"鼎出土后很快便被日本人买走，从此销声匿迹，再也没有露面。直到 2004 年，在日本大阪，一位日本商人举行私人藏品展。在此次展览中，"子龙"鼎重新现身于世，立刻引发了巨大的轰动。

2005 年，我国派出考古文物专家抵达日本，进一步探寻"子龙"鼎的下落。日本商人得知我国要求取回"子龙"鼎时，开出了上亿的"赎价"，使得协商谈判未能顺利达成，国宝无法回归，使得国内专家学者非常遗憾。2005 年底，事情出现了转机，一位香港收藏家耗费巨资购得"子龙"鼎，久经转折最后抵达香港。从 2005 年 12 月到 2006 年 1 月两个月中，我国国家文物信息咨询处的数名专家赶赴香港，对"子龙"鼎展开了实物鉴定，并向国家文物鉴定委员会青铜专业组全部专业委员征求意见，最后专家们达成一致意见，“子龙”鼎是十分珍贵的青铜重器，被列入了“国家重点珍贵文物征集”之列。

专家们经过七次洽谈协商，最终与香港收藏家买卖成交。2006 年 4 月，久居他乡的“子龙”鼎经历磨难后重新回到祖国。同年 6 月，中国国家博物馆举行文化遗产日特别展览，位于展览大厅入口的展台上，有一件庞大的青铜圆鼎，非常引人注目，这就是刚刚回国的青铜国宝——“子龙”鼎。

“子龙”鼎是迄今世界上已出土的最大的商代圆鼎，也是我国失而复得的国宝之一，目前收藏在中国国家博物馆。

艺术价值

“子龙”鼎属于我国文物之重器，鼎身重达 230 千克。此鼎之所以被称为“子龙”鼎，是因为在鼎内部距边缘处不远的位置，有一处铭文写着“子龙”二字。“子龙”鼎的材质是青铜合金，鼎身通高 103 厘米，耳高 22 厘米，腹高 42 厘米，足上下共 36.5 厘米，直径 80 厘米。器厚立耳，微向外撇，外侧饰有两周的凹弦纹，折沿宽缘，腹部横向宽大，略微下垂，下承三蹄足。鼎器颈部以云雷纹为底，周边装饰了两类六组的浮雕式饕餮纹，足上端有高浮雕式饕餮纹，下方有三周的凸弦纹。

“子龙”鼎里面铸造的铭文，字形独特，风格古朴，“子”字略小一点，“龙”字显得凝重威武，特别使用双线铸造了宏伟的气势，似乎一个尾部朝右上盘卷直立状态的龙，眼睛大睁，嘴巴张开，角像个瓶子一样，极其形象生动。鼎的颈部所雕刻的纹路分为两种：一种是有头没有身子的饕餮纹，雕出两个瓶形角，造型非常简单；第二种是头和身体都完整的饕餮纹，造型更加立体生动，它的卷角略微宽一些，但是尾部朝下卷，爪后还留着一段距离，同时将凸起的鼻梁部位作为对称轴线，躯干向左右伸展，变为一首双身，这就是用平面来体现立体感的艺术之美。这两类饕餮纹相间环列，静中求变，整个饕餮纹带是一个单元纹样朝两个不同方向持续延伸的构图，整齐而且极具节奏感。同时鼎足上端所铸造饕餮纹的卷角就像羊角，角尖处内卷同时高高凸起，因此也具有灵动的感觉，并与饕餮鼻梁处高耸的扉棱照应，提高了器物的稳定性。

有学者研究认为，在出土的商代青铜器中，“子龙”鼎和“后母戊”鼎一圆一方，可并称为“商代青铜器双璧”。“后母戊”鼎是阳刚之气的象征，而“子龙”鼎则是阴柔之美的代表。这方鼎的手柄厚重粗大，稍稍有些外撇，就像熊耳一样，而鼎颈雕刻着云雷状花纹，让人感觉庄严但不失灵性，给宽厚凝重的“子龙”鼎增加了一点生动。鼎腹非常宽敞肥胖，稍稍往下垂，让人便觉得极其稳健厚实。鼎外侧铸造的凹弦纹，与鼎足上铸造的凸弦纹相辅相成，十分和谐。因此整个鼎身的造型有阴柔静谧之态，给人以一种母亲的宽厚慈爱之感。

背后的故事

到目前为止，有关“子龙”鼎的记载非常之少。因此，想要知道它到底属于哪一个时期，只能借助和它外形相似的圆鼎进行判断。

专家从“子龙”鼎的造型、纹饰、铭文、功能以及技术等方面进行考证得知，“子龙”鼎最有可能是殷商王室的陪葬品。由于“子龙”鼎在河南省的辉县被发掘出来，而辉县地处黄河北岸，属于中原地带，这里以前属于古代殷商期间王室的居住地，曾经有大量商周期间的文物被发掘出来。

但是“子龙”鼎具体属于商代还是周代，在考古界存在争议。专家们经过研究分析，对比 1956 年在殷墟后冈圆形祭祀坑中发掘的戍嗣子鼎，以及 1990 年在殷墟郭家庄墓里面发掘的圆鼎，发现它们在形状、纹路上都和“子龙”鼎类似，因此认为“子龙”鼎属于商代器物，具体年代大概是商代晚期。

但是也有专家提出质疑，认为“子龙”鼎属于西周早期名作，武王大败商后，周人获取商人的铸造工业以及工艺奴隶，所以在西周初期所打造的青铜器，会受到商代青铜工艺的影响。到目前为止，学术界对“子龙”鼎的产生时间尚无定论，暂时界定为商末帝乙、帝辛（纣）时期，到周初武王、成王时期。

此外，专家在“子龙”鼎的上腹纹饰中，发现“龙”的字形痕迹。认为“子龙”是商末周初龙文化信仰的一种展现，在铭文的商周青铜器中，曾经出现过“子龙”壶、“子龙”爵、“子龙”斛等，因此“子龙”的铭文并不独属“子龙”鼎所有。

在中国古代，青铜器是权力的象征。庞大沉重的“子龙”鼎也与商代宗法贵族有关。在商周时期，“子某”的称呼指代具有“王子”身份的宗法贵族，也有称呼国中担任卿士僚尹，并与王室有血缘关系的宗法族长。同时，“子龙”的写法或许与“子龏”有关。因为在出土的一些商周青铜器上铸有“子龏”或“龏子”的铭文，其中，“龏”字上的“龙”字造型多与“子龙”鼎的“龙”相似。在古代，“龏”和“龙”的发音相同，而河南辉县自古以来称为共地，古代的“共”又与“龏”是通假字。由此可以推断，“子龙”可能是商末周初共地的部族首领。

在河南辉县共地的记载中，出现过“龏后”“后龏”等名称。这些名称都是指商王的配偶，而“龏”的姓氏显示，她们都是出生于共地的女子。因此可知，居住在共地的“龏氏”，曾经与历代商王一直保持着通婚关系，而“子龙”鼎与龏氏贵族或首领有某种联系。

6. 商代石磬之王
——虎纹石磬

名称：虎纹石磬

年代：商朝

题材：石质乐器

材料：灵璧石

规格：长 84 厘米，宽 42 厘米，厚 2.5 厘米

价值：商代石磬的巅峰之作，是目前所发掘出来的形体最大的商代石磬

出土情况和馆藏

1950 年，考古学者在安阳殷墟武官村发掘出一座墓葬，总面积达 340 平方米，容积 1615 立方米，被专家称为“武官村大墓”。这一墓葬早年几次被盗掘，但仍然残留不少器物，其中著名的虎纹石磬就是在这处墓中发现的。

武官村大墓是一座“中”字形墓葬，南北各有一条墓道，南墓道长 15.6 米，宽 5.7—6.3 米，中间有 3 个长条形马坑，呈“品”字形排列，各埋马 4 匹，此外还有 1 具跪葬人尸骨。北墓道长 15 米，宽 5.2 米，也有“品”字形排列的 3 个马坑，共埋葬 16 匹马。墓中靠近西南侧的马坑旁，有 1 处葬坑埋了 2 具尸体。整个墓室为长方形平面，南北长 14 米，东西宽 12 米，从墓顶口至墓底深 7.2 米。墓室是正中是椁室，棺椁和墓主人的尸骨早已被盗遗失，椁室的四周有二层台阶，上面排列有大批的殉葬人，东侧的17人多为男性，西侧24人多为女性。这些陪葬者都是全躯，有的人还有木棺和随葬品，据推测是墓主人的亲信、侍从和姬妾等。在椁室的底部中央有一个长1米、宽0.8米的腰坑，坑内埋葬1名持铜戈的殉葬者。此外，在墓室上的填土中发现34个人头骨，从墓葬中殉葬人数和随葬品的等级来推测，墓主人可能是商朝某一王公贵族。

在随葬品中，工作人员发掘出多件商朝石磬，而在大墓椁顶的雕花木板上发现一件雕刻虎纹的石磬。这件石磬工艺手段精美，表面雕刻了虎形纹，整个石磬是一块很薄的石片，用整块的灵璧石磨制而成，是目前出土的形体最大的商代石磬。根据研究，虎纹石磬包含有5个音阶，能够发出不一样的声音，声响质感和青铜很像，敲击出的乐声飘逸悠远。虎纹石磬被发掘出来的时候，旁边有24具女性的骨架，还有3个小铜戈，这些女子或许是殉葬的乐工。

石磬是殷商时期所使用的重要乐器，商人用它奏乐、祭奠天地山川，以及列祖列宗。考古界多次发现商代石磬，而虎纹石磬是目前出土的商磬里形体最大、艺术表现力最佳的一件，显露了古代艺术的神秘魅力。它自出土之日便被誉为“磬中之王”，目前收藏在中国国家博物馆。

艺术价值

虎纹石磬的颜色呈青灰色，是用整块的灵璧石料精心磨雕而成。石磬形态为片状，两端一大一小，是古代传统的鲸头型式样。石磬全长84厘米，宽42厘米，厚度仅有2.5厘米。器身通体光润，正面用双勾细线刻画出一个伏虎形的纹饰，图画匀称布满整个磬面。画上的伏虎作匍匐欲起的姿态，怒目圆睁，直视前方，虎口的上下獠牙尖利，清晰可辨，虎首低垂，向下作咆哮状。虎尾上扬呈鱼形，前后两腿之间有弯曲成圆形的蚕纹。虎纹石磬的整体纹饰造型优美，线条生动流畅，形象传神，栩栩如生。虎形与器形浑然融为一体，表现了商代人以线条表现图画，以及组织画面构图的能力，反映了商代高超的石刻艺术水平。

石磬简称磬，是我国一种比较古老的石制敲打乐器，是八音中的石音。由石或玉打制，形体各异，表面雕刻着花纹，同时钻孔悬在架下，经过敲打传出声响。商代石磬包括直背、弧顶、折顶、倨顶四类形制，虎纹石磬的构造形体极其朴素，技术精致，属于弧背的鲸头形。根据《考工记·磬氏》记载，石磬制作工艺极其精巧细腻，每一处细节都不容许有纰漏，否则会影响发出的音律声响。所谓“已上则磨其旁，已下则磨其端”，意思是说，如果磬声过高，就磨去磬石两旁，让它变薄一点；磬声过于低沉的话，就磨掉磬石两头，让它变小变厚。目前出土的虎纹石磬证实，磬身的光平程度，对磬声的质量有极大的影响。

此外，石磬这种敲打乐器需要配合磬架进行演奏，在祭祀天地山川、祭拜祖宗先帝的活动中起到相当重要的作用。磬架一般以铜铸造而成，是单面双层的框架结构，横梁为圆管形状。磬架两侧的立柱与底座雕铸出一些怪兽形象，通常有龙头、鹤颈、鸟身、鳖足等。磬架工艺精致而且稳固，通常磬架与石磬上的怪兽图案相互辉映，包含了特殊的祭祀或崇拜寓意。

背后的故事

从远古的母系氏族社会开始，先民在休息时经常击打石头，并模仿不同种类的野兽进行各种活动。《尚书·益稷》记载:“击石拊石，百兽率舞”，描述的就是先民击打石磬，进行大型宗教祭祀的场面。石头慢慢演变成打击乐器，石磬类乐器因而形成并流传下来。

我国古代有八音乐器的分类法，分别是金、石、土、革、丝、木、匏、竹，而磬属于石类乐器，石磬的出现要远远早于其他种类乐器。在《礼记·明堂位》中有“叔之离磬”等记载，意思是叔研究发明了“离磬”，经学者考证，叔是尧舜时期的人，可见石磬在很早就已经出现，并成为重要的乐器。

明代朱载堉在《律吕精义》中称石磬为“石音之属”，磬除了单悬的特磬以外，还有编组使用的编磬。商代对使用石磬有严格的礼仪规范，一般来说，普通的石磬用来祭拜天地山川，而玉石磬则用来祭拜列祖列宗，只有地位较高的王公贵族才可以使用石磬。到了周代，石磬更成为权势地位的象征，仅在周天子王宫的玉坛上才能敲击石磬，如果诸侯擅自悬击石磬，属于僭越行为，会受到周天子的讨伐。

虎纹石磬被发掘出来时，工作人员发现器身上有穿孔，且磨损比较严重，应该是墓主人生前多次使用过的乐器，它被置放在大墓椁顶的雕花木板上，也许是因为墓主人生前十分喜爱这件石磬。石磬表面刻画着一头矫健威猛的老虎，眼睛如灯，带有丝丝威严的怒气，虎口大张，尖锐的虎牙使人心生畏惧，这样的图画和造型都从侧面展现出墓主人的身份，其应该是一位地位较高、拥有威严权力的商朝贵族。

7. 铸造精巧，端庄典雅
——四羊方尊

名称：四羊方尊

年代：商朝晚期

题材：青铜祭祀礼器

材料：青铜合金

规格：高 58.6 厘米，口径 44.4 厘米，重 34.6 千克

价值：目前我国存在的商代青铜方尊中体格最为庞大的一件，彰显了商代极佳的铸造水准，在史学界被称作“臻于极致的青铜典范”，属于十大传世国宝之一

出土情况和馆藏

四羊方尊被发掘的地点是湖南宁乡，自 20 世纪 30 年代起，宁乡发掘了很多青铜器，这些器皿被称作“宁乡青铜器群”，而四羊方尊是宁乡青铜器群的象征，也是宁乡发掘的最早的青铜器。

1938 年 4 月的一天，家住湖南省宁乡县黄材镇的姜家三兄弟，去转耳仑山上开掘荒地，打算种植一些红薯。当他们的锄头刨下去，只听到“哨”的一声，锄头碰到一件坚硬的金属物品。于是兄弟三人慢慢将其刨掘出来，原来是一件体格庞大的金属器物，通体呈现出乌黑的墨绿色，造型奇特，并铸有 4 只卷角羊头。虽然三兄弟并不认识这是什么物品，但本能上也觉得是一件难得的宝贝。

三兄弟非常兴奋，想将器皿上面的泥土敲掉，但是很不小心敲掉了巴掌大的一块碎片。三人将它抱到家里，称重之后发现大概 64 斤。他们不知道此物品有何用处，觉得很像一块乌金。很快，姜家兄弟发现宝贝的事情传遍了全镇。黄材镇万利山货号的老板得到了消息之后，认为这是一件青铜四羊方尊，于是拿出 400 大洋收购了这件青铜器。由于当时姜家老大姜景舒仅仅 17 岁，家里人口多，生活条件困难，就决定将此物拿去换钱，但是这些钱并没有完全落入姜家人手中，而是被当地保长、甲长以及乡绅盘剥，最后就剩下 248 块。姜景舒心里对四羊方尊十分不舍，于是将那块被敲掉的碎片保存下来，留作纪念。

这以后，四羊方尊的名声在古董界流传，很快被转手到长沙县靖港镇的一处商号，商人放出小道消息，要以 20 万大洋的价格卖出此宝。当地政府听说四羊方尊要卖给外国人，立即展开调查，最后将此宝收缴，上交给省政府，置于张治中将军的办公室中。张将军不晓得此物的来历，就把它当作笔筒用了三个月。后来，日本人攻打长沙，四羊方尊被送到省银行保管。1938 年 11 月，湖南省政府及省银行向沅陵转移。11 月 12 日，长沙烧了两天两夜的大火，当地 80% 的建筑被烧毁，这场火灾史称“文夕大火”，导致四羊方尊遗失。

全国解放后，周总理十分关心四羊方尊的事情，1952 年组建专业队伍调查四羊方尊，最后得知四羊方尊在迁移的时候，被日机轰炸，被炸成 20 多块，之后碎片被搁置到湖南省银行仓库中，数年无人过问。得知具体情况后，经文化部批示，国家迅速组织相关专家，历经一年的时间，将四羊方尊进行两次铸造，先把羊角和龙头单个进行铸造，然后再整体进行浇铸。此件器物的复原采取“块范法”铸造，一步到位，以高超的铸造水准将破碎的四羊方尊恢复原形。如此一来，历经战火的四羊方尊再次现世，并成为我国国家特级文物。

但是四羊方尊上还有一处缺口，就是被姜景舒一锄头敲下的那块。幸运的是，姜景舒保留的那一块没有遗失，1976 年，湖南省博物馆原馆长想尽办法找到姜景舒兄弟。姜景舒将残片上交国家，最终缺损的尊口被补全。

1956 年，四羊方尊正式收藏到湖南省博物馆，1959 年国庆 10 周年期间，四羊方尊被移到中国历史博物馆（中国国家博物馆前身）进行展览，自此就被此馆收藏。

艺术价值

四羊方尊是我国古文物的精品，以及古代青铜工艺的代表，它的造型集动静于一体，寄雄奇于秀美之中，孑然独立，却又与世无争。

四羊方尊的整体呈方形，方口，边缘宽大，颈部向外突出，每边的边长为 52.4 厘米，器身高 58.6 厘米。颈部耸立较长，四边雕刻着蕉叶纹、三角夔纹以及兽面纹。尊的四肩、腹部和圈足设计为 4 个大卷角羊，羊头和羊颈延展到器外，羊身和羊腿依附在尊腹部和圈足上。尊的四面正中位于两羊相近的地方，分别有一双角龙头伸到外面，从方尊的边部右肩一直伸展到前居的中部。

据专家研究，四羊方尊在铸造的过程中，羊角是单独铸造的，接着放置于羊头的接口里，然后进行合范浇铸，由于技艺高超，让整个器物看起来极其融洽。方尊除了工艺精湛，上面的花纹和浮雕也极其精美，方尊全体雕刻着细雷纹，肩部雕刻着高浮雕蛇身，以及带爪的龙纹。从外观来看，尊腹就是羊的前胸，此处和颈背部雕有鳞纹，左右雕刻着娇艳的长冠凤纹，圈足表面有夔纹。尊的边角和几面中心线的接口位置设计为长棱脊，用来掩饰接口对合偏离的纹饰，同时也可以调节隐蔽位置的单调感，提高了器物整体的气势，在宁静中彰显一种威严感。

四羊方尊的纹路雕刻包括线雕、浮雕以及圆雕，将平面纹饰和立体雕塑融为一体，将器皿与动物造型相结合，因此在商代的青铜方尊里，它的端庄典雅非比寻常。此方尊构造简单，优雅肃穆，动静相融，被称为“臻于极致的青铜典范”。同时，四羊方尊也是传统泥范法铸制的极品佳作，达到极为高超的水平，令人叹为观止。

背后的故事

尊在商周时期是一种礼器，是祭祀的时候用来装酒的青铜器皿，也称为“樽”，将祭礼用的酒倒入樽中，祭祀祖先和神灵。

四羊方尊的造型特色在于铸在尊边的四只羊，在商代国都所处的河南安阳小屯附近，考古人员曾经发掘到很多祭祀坑，大部分动物是牛、羊、犬。由于羊的性情温和，被人们当作善良知礼的象征物，比如《诗经·召南》中有“文王之政，廉直，德如羔羊”的记载。在古代民间，用羊祭祀即为“祥”，羊和祥为通假字，因此羊的形象有“吉祥”寓意。汉代以后，羊就和吉祥化为一体，在汉代瓦当、铜镜等铭刻里多有“宜侯王，大吉羊（祥）”的记录，将吉祥以“吉羊”来代替。正因为这些缘故，在古代的祭祀过程中，羊作为“牺牲”祭品极为重要，仅排在牛的后面，很多早期部落以羊作为崇拜图腾，并用弯曲的羊角作为部落的族徽标志。

专家依据资料，认为以四羊方尊为代表的表现羊的青铜器，保留了原始的图腾崇拜，同时又有以羊作为牺牲献祭给神明，盼望神灵保佑，祝福羊等家畜养殖日益兴旺。

8. 周人之天命观
——大盂鼎

名称：大盂鼎，又名廿三祀盂鼎

年代：西周朝

题材：青铜祭祀礼器

材料：青铜合金

规格：高 101.9 厘米，口径 77.8 厘米，重 153.5 千克

价值：记录周康王在宗周训诰盂一事，如实地描述了当时的社会情景，具备非常高的史料价值

出土情况和馆藏

大盂鼎在西周早期的青铜礼器里占有重要地位，因西周康王期间一名叫盂的大臣铸造了这个鼎而得名。

清道光二十九年（1849 年），在陕西郿县礼村（今宝鸡眉县常兴镇杨家村一组，即李家村）附近，一个农民发掘出土大小两件鼎器，大的青铜器是大盂鼎，被挖掘出来就立即流入古玩市场，而小的一件却不见了踪迹。

道光年间岐山的首富叫作宋金鉴，他最终购得此鼎。由于大盂鼎太过庞大，十分引人注意，很快就被岐山县令周庚盛强抢豪夺。紧接着，大鼎被一位北京的古玩商收购。后来，岐山的宋金鉴考中翰林，他再次以 3000 两白银的价钱将大盂鼎买回。但是等他去世之后，家人以仅仅 700 两白银将大盂鼎出售给陕甘总督左宗棠的手下袁保恒。袁保恒知道左宗棠爱好古玩物，得到此鼎之后，马上献给了左宗棠。咸丰九年（1859 年），左宗棠被永州总兵樊燮举报，即将回京论处，后来大臣潘祖荫出手相助，左宗棠得以保住官职。因此，左宗棠把大盂鼎送给了潘祖荫，以报答援手的恩情。此后，大盂鼎被潘家人视为祖物，一直传给后人。即使一些人想尽办法要得到此鼎，可是潘家人都极力保住了大盂鼎。抗日战争前期，苏州被日本人占领，潘家人经过细密的商议，将鼎埋于一处隐蔽的房屋中，最终保住大盂鼎没有落入日寇手中。

新中国建立之后，潘家后人将这件珍品贡献给国家，另外还有一件大克鼎也同时上交，潘家人提出一个愿望，就是希望此鼎放到上海博物馆。大盂鼎被文管会人员带到上海，重新面世。1952 年，上海博物馆建成，大盂鼎被收藏到此馆。1959 年，位于北京的中国历史博物馆（中国国家博物馆前身）建成，上海博物馆以大盂鼎等 125 件珍贵文物进行资助。

艺术价值

大盂鼎高 101.9 厘米，口径 77.8 厘米，重 153.5 千克，鼎内共有铭文 19 行，共 291 字，记载了周康王在宗周训诰盂之事，内容是康王对盂讲述周文王、周武王治理国家的经验。大盂鼎有一对立耳，鼎身腹部略微鼓起，呈圆形，有三个鼎柱。鼎口下方用饕餮纹带进行修饰，三条腿上装饰了兽面纹，同时用扉棱装饰，并在下方增添两道弦纹，让整个鼎身形体更加雄伟庄严，极具威严感。据专家考证，大盂鼎是周康王时期的青铜器作品，是目前发掘出来的西周青铜器中的一件大型器具，因其端庄沉稳，浑厚雄壮，富丽堂皇，故而堪称世间瑰宝。

大盂鼎的内壁雕刻了铭文 291 字，记载了康王的思想言论，他认为文王、武王之所以能取得巨大成功，建立了周王朝，是因为功绩来自于手下臣子。这些臣子没有人酗酒，每次祭祀的时候，极其认真并恭敬，因此得到上天眷顾，赐予周王朝一个太平盛世。而商朝灭亡的原因就是因为君臣迷恋酒色，在殷商后期，从京城到远方的诸侯，从商王到地方臣宰，都极恋酒色，最终造成军队散漫，人心混乱。所以康王让盂一定要学习先人，认真辅佐君王，并赐给他军权，让他帮助治理军队，每天两次进宫谏言，祭祀时要认真对待，敬畏天威。而盂在铭文里写道，他铸造这件大鼎，是为了祭拜他的祖父南公。大盂鼎的铭文是非常宝贵的历史资料，同时也成为史家探索周代分封制，以及周王和臣属关系的重要资源。

西周早期，金文类型丰富，有奇异凝练、雄奇放荡、平淡朴实等多种形态。大盂鼎的铭文属于奇异凝练的类型，铭文大字，字体严厉凝重，笔触十分美观。它的书法结构严谨，章法极其质朴平实，笔法方圆兼备、端严凝重，雄伟但不失秀丽，文字布局合理，但是又饱含灵动和活力，达到了极其精致的艺术境界，为后来的《张迁碑》《龙门造像》等书法作品奠下了基础。

大盂鼎的铭文书法堪称西周早期金文的代表，并且因为大鼎形体庞大，结构端庄堂皇、浑厚雄伟，因此更加体现出一种磅礴气势和宏大格局，令后人格外敬重。从目前出土的周朝铭文来看，在西周成康时代的金文里，单就书法的成就而言，大盂鼎名列第一。

背后的故事

大盂鼎从道光年间出土，至全国解放，经历了上百年的时间，这件国宝之所以能保存完好，最后上交给国家，得益于潘祖荫及其后人的保存。

潘祖荫（1830—1890 年），字伯寅，江苏吴县人，祖父潘世恩是清朝著名的状元宰相，在朝中为官长达 50 年，其中在道光年间任大学士近 20 年。潘祖荫天资聪颖，23 岁时以殿试一甲第三名考中进士，历任都察院左副都御史、工部右侍郎、大理寺卿、礼部右侍郎、刑部及工部尚书等职，在咸丰年间官至军机大臣。

清咸丰年间，左宗棠为报答落难时潘祖荫给予的帮助，将大盂鼎赠送给潘祖荫。潘祖荫当时已经是清朝著名的金石学家、文字学家和藏书家，尤其喜爱金石，只要听说有彝器出土，一定倾囊购之。所以，他收藏的青铜器数量极多，藏品闻名全国。潘祖荫得到大盂鼎之后，爱不释手，深藏在府中，从来不给外人观赏，即使是极好的朋友，也只能得到大鼎铭文的拓本。

后来潘祖荫修建了一幢攀古楼，专门用于收藏大盂鼎、大克鼎等文物，并且定下了“谨守护持，决不示人，世世代代留在潘家”的家规。1890 年 12 月，潘祖荫在北京病逝，其遗产由弟弟潘祖年继承。潘祖年赴京料理完哥哥的后事，把大盂鼎等众多文物装船运回老家苏州。从此潘祖年接替哥哥担负起保护国宝的使命。此后，潘家的收藏受到不少人的觊觎，直隶总督端方就是其中之一。他不时派人到潘家纠缠，软硬兼施，一心想把宝鼎据为己有。但潘祖年始终不为威胁利诱所动，派人昼夜看护，以防不测。在端方的威胁之下，潘家人的日子过得提心吊胆。

就在端方以为宝鼎唾手可得的时候，辛亥革命爆发，端方率军镇压，被起义士兵杀死。而此时潘祖年也病入膏肓，接替他担任收藏任务的是年仅 19 岁的孙媳妇潘达于。潘达于原本姓丁，嫁到潘家后改姓潘，她带着过继的一对儿女，从此之后守护着一大堆文物，过着清贫的日子。潘达于只粗识一些文字，但她深知这些文物的价值，牢记潘家的祖训，一定要好好保管文物，传给子孙后代。

20 世纪 20 年代，一个美国收藏家专程来到苏州，用 600 两黄金外加一幢洋房交换宝鼎，被潘达于断然拒绝。1937 年抗日战争全面爆发，苏州城危在旦夕。为了保存家中的青铜器，潘达于经过深思熟虑，请可靠的摄影师把所有珍藏的青铜器逐个拍照，留存底片，然后将文物分别秘密掩藏。

潘达于在家中秘密挖掘了一个五六尺深的长方形大坑，放进大木箱，再把大盂鼎装进去，空当的地方塞进一些小件青铜器和金银物件，随后加上箱盖，填平泥土，照原样铺好方砖，不留丝毫痕迹。潘家刚刚掩藏好文物，日军就占领了苏州。日军司令松井得知潘家珍藏着文物，派兵去潘宅一遍遍搜查，却始终没有找到宝物。

日军占领苏州期间，社会动荡，物价飞涨，潘家的看门人曾经动过掘宝出售的念头，但也深知大盂鼎的珍贵价值，也没敢透露掩藏的秘密，只是盗掘了一些小件文物卖给古董商人。1944 年，埋在地下的木箱腐烂，地面出现塌陷。潘达于和儿子秘密挖开大坑，把大盂鼎重新掩埋，然后将埋藏青铜器的房间门窗钉死，使保存地点更加隐蔽。大盂鼎躲过一次次劫难，被完好地保存了下来，最终在解放之后，潘家人将宝鼎献给国家。

9.“中华第一神品”
——《清明上河图》

名称：《清明上河图》

年代：宋朝

题材：风景画

材料：彩色绢本画

规格：宽 24.8 厘米，长 528.7 厘米

价值：画作凭借它厚实的思想内涵、独特的审美视角，以及详实的形象，赢得现实主义经典作品的美誉，是中国十大传世名画之一

巨幅画卷的来历和流传

《清明上河图》的作者是宋代画家张择端，他曾经在汴京的相国寺寄居。一次偶然的机会，宋徽宗到相国寺视察，认识了张择端，就让宰相把他召入翰林书画院。自从张择端来到汴京城，看到繁盛的都市风光，就发出深深的感叹，一方面赞誉当时的盛世，另一方面也希望将这些场景保留下来，于是他下决心画一幅作品，将汴京的繁华景貌描绘下来，让后代人欣赏。就这样，张择端绘制了规模宏大的《清明上河图》，这幅民俗风景画卷如实地反映出北宋时期京城的热闹景象，被后人誉为“中华第一神品”。

《清明上河图》完成之后，被收入御府，宋徽宗赵佶在卷首上题五签，并加盖双龙小印。靖康之变发生后，《清明上河图》落入金人手中。元朝建立后，《清明上河图》被收入皇宫，后来有工匠入宫干活，用一份赝本把画卷偷换出宫，几经转卖。传到明朝时期，大学士李东阳在图后题写两段长跋，详细记载了画面的内容，以及此画在明代各朝流传的始末。

明嘉靖时期，严嵩掌握朝中大权，凭借手中权力夺得《清明上河图》。在严嵩、严世蕃倒台以后，抄家时的财产登记帐中的确存在这幅画，此后隆庆皇帝将它收到宫中。万历期间，太监冯保用计将《清明上河图》盗走，并且在上面题字。从明朝万历到清朝嘉庆四年，此画一直没有任何音讯，清朝时对罪臣毕沅抄家时，意外地发现了《清明上河图》。

此后，《清明上河图》一直收藏在紫禁城内的延春阁里，同时著录于《石渠宝笈三编》。清朝覆灭后，溥仪借他弟弟溥杰的名义，将宫中的重要文物，其中包括《清明上河图》偷运出宫。1945年抗日战争结束，溥仪带着国宝准备流亡，途中被苏军截获。全国解放后，《清明上河图》重新回到祖国，保存在东北博物馆，最后收入故宫博物院。

艺术价值

《清明上河图》被誉为"中华第一神品"，是中国十大传世名画之一，它象征着中国古代绘画的巅峰，是中华文化的传世瑰宝。整卷图画宽24.8厘米，长528.7厘米，用绢本设色，采用散点透视构图法。全图以长卷形式记录了北宋汴京的城市面貌，以及当时社会各阶层人民的生活状况，描述了北宋朝代经济的繁盛和传统建筑的独特。这幅画不仅是当年汴京繁荣的见证，也是北宋城市经济情况的真实写照，为后人探索宋代历史提供了极为精准的实物资料。

《清明上河图》在中国乃至世界绘画史上具有独一无二的地位，在全幅5米多长的画卷里，张择端绘制了数量庞大的人物，还有牛、骡、驴等牲畜，以及车、轿、大小船只，房屋、桥梁、城楼等，各具特色，有很高的历史价值和艺术价值。

从《清明上河图》中能看到非常鲜明的绘画特色，整幅画用笔兼工带写，色调淡雅，不同于一般的界画，被称为"别成家数"。画面构图采用鸟瞰式的全景法，集中描绘了当时汴京东南城角的民俗区域，运用传统的手卷形式，以散点透视法组织画面。全画面幅长而不冗杂，繁密而不混乱，构图紧凑，一气呵成。画中景物从寂静的原野，到浩瀚的河流和高耸的城郭，全都一丝不乱，而舟车里的人物，摊贩的陈设货物，市招上的文字，船只上的物件、钉铆方式，甚至结绳系扣，都丝毫不差。画面中充满了各种人物情节，错落有致，引人遐思的同时又具有情趣。

从内容来看，《清明上河图》既是一幅风景画，也是一幅风俗画。画中出现了仕、农、工、商、僧、道、官、吏、妇女、小孩、老人等人物，活动包括赶集、溜街、饮酒、聚谈、推舟、拉车、乘轿、骑马、做生意等场景。同时画中描绘的大街小巷极其繁华热闹，有酒楼、茶馆、点心铺、阁楼、官府宅第、茅棚房舍，还有城楼、码头、桥梁、船只等。全卷浑然一体，景中有人物活动，人物融入景物里，画中人物、景象、细节的疏密、繁简、动静、聚散等关系处理得恰到好处，表现了画家对社会生活的深刻洞察，以及高超的绘画技能。

《简明不列颠百科全书》对《清明上河图》进行评价："这是一幅具有重要历史价值的风俗长卷，画家成功地描绘出汴京城内及近郊在清明时节社会上各阶层的生活景象。主要表现的是劳动者和小市民。对人物、建筑物、交通工具、树木、水流之间的相互关系的处理，非常巧妙，整体感很强，具有极大的考史价值。此后历代绘制的都市风俗画，无不受其影响。"

背后的故事

从张择端绘制《清明上河图》，流传至今已有千余年，此画声名显赫，仿摹者众多，公私收藏者手中存在版本众多的摹本和伪造本。据统计，现存的《清明上河图》有 30 多种，其中中国大陆藏 10 余种，中国台湾藏 9 种，美国藏 5 种，法国藏 4 种，英国和日本各藏仅 1 种，仅台北故宫博物院就藏有 7 幅《清明上河图》。

历史上对张择端创作《清明上河图》呈现的时令季节，以及"上河"一词曾有过争论。有人指出，画中描绘的是清明时节，宋徽宗的瘦金体题签和题诗中有"水在上河春"的句子，因而许多专家认为，这画卷描绘的是春天景色。但是也有专家对此提出异议，并列举 7 项理由，认定《清明上河图》所绘的是秋景。

第一，画卷的右首有驴子驮负 10 篓木炭。北宋孟元老《东京梦华录》记载：每年农历的 10 月，汴京“进暖炉炭，帏前皆置酒作暖会”，清明节前后用暖炉炭，违背了宋人的生活习俗。

第二，画面有一农家的篱内长满了茄子，还有几名孩童赤着身子嬉戏追逐，汴京地处北方，是如今的河南开封，清明时节还十分寒冷，不可能出现茄子，更不会有孩子赤着身子玩耍。

第三，画面上的许多人物拿扇子，而且多达十几人，有扇风也有遮阳的，但是清明期间用扇者极为少见。

第四，画面上多处出现草帽和竹笠，草帽、竹笠是防暑遮雨之物，但图中没有下雨，所以竹笠草帽肯定是用来遮阳的。根据当时汴梁的气候，清明时节不必戴草帽遮阳。

第五，画面上多处酒肆的酒旗上写着“新酒”二字，北宋《东京梦华录》记载：“中秋节前，诸店皆卖新酒……醉仙锦，市人争饮。”宋代秋天新谷下来，酿成醪酒喜庆丰收，这才是新酒。

第六，画上有一处招牌写着“口暑饮子”，是夏季摆设的小茶水摊。

第七，河岸及桥上有几处小贩的货桌上摆着切开的西瓜，宋时古都汴梁的清明时节不可能有西瓜一类的鲜果。

因此有专家认为，“清明”并非特指节令，而是画家张择端进献画卷时所作的颂辞。“清明”系指政治开明，金人在画上曾留跋文说：“当日翰林呈画本，承产风物正堪传。”点明画作的主题是表现太平盛世的风物。《清明上河园》的第一位收藏人是宋徽宗，更说明张择端意在称颂盛世，讨统治者欢心。而“上河”是指当时汴京的御河，《清明上河图》中展现的正是磅礴气势的繁盛景象。

NO.2

国之重器：吴越文化之浓缩

吴越文化也称江浙文化，自古以来就是汉文明的重要组成部分，吴越文化区以太湖流域为中心，历经数千年的风雨，囊括了古代的河姆渡文化、良渚文化。

早期的吴越文化以尚武逞勇为风气，晋朝南渡之后，士族文化特质渗透到吴越地域，注入一股士族精神和书生气质，改变了吴越文化的审美取向，使得此地逐渐成为中国文化精致典雅的代表。吴越地区的古代文物多带有质朴与精美的双重特点，比如越王勾践剑、七宝阿育王塔等，这些宝物都体现了古代吴越百姓的高超技艺和精致审美，留给后人无限的遐想。

1. 古越之魂
——越王勾践剑

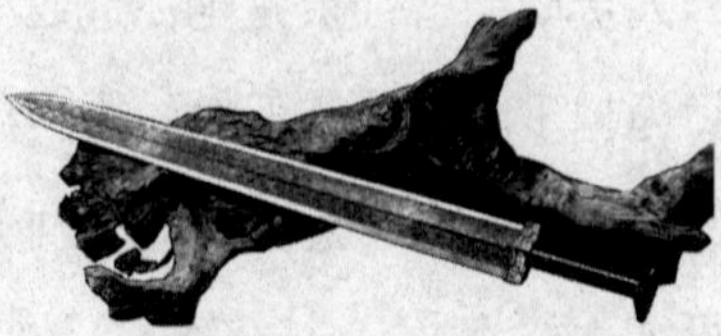

名称：越王勾践剑

年代：春秋时期

题材：兵器

材料：青铜合金

价值：春秋时期历史文物，在被发掘以及传世的吴越剑中可以说绝无仅有，实为剑中之极品，稀世之珍宝。

出土情况及馆藏

1965 年 12 月，考古工作人员在湖北江陵发掘了一座楚国墓葬，出土了 600 多件器物。在这座编序为望山 1 号的古墓中，考古专家发现了一柄充满古韵的青铜剑，这就是大名鼎鼎的越王勾践剑。

当考古工作人员小心翼翼将墓主人的内棺打开，发现在尸首骨架的左侧，有一把装在漆木剑鞘内的青铜剑。考古人员将剑从剑鞘中抽出来，伴随着一道亮眼的寒光，在场所有人都惊呆了。当时有一名开采队员见此剑花纹斑驳，以为剑锋经过几千年早已变得粗钝，就用手去拿剑，结果一不留神将手指割破，血流不止。后来专家们再试勾践剑的锋芒，发现只要稍一用力，剑锋便能将 16 层的白纸划破。

勾践剑出土时并未生锈，经专家研究显示，此剑的含铜量约为 80%—83%，而铜是一种不活泼的金属，在日常条件下一般不容易锈蚀。此外，墓葬深埋数米的地下，而且是一椁两棺，层层相套，椁室四周是一种质地细密的白色黏土，考古学界将此称为“白膏泥填塞”，棺椁的致密性极佳。同时，墓坑上部经过夯实填土，使墓室几乎成了一个密闭空间，隔绝了墓室与外界之间的空气交换。而且望山1号楚墓地下水位较高，墓室曾经长期被地下水浸泡，墓室内空气的含量更少。由于这些原因，越王勾践剑得以千年不锈。

据考古专家考证推测，此次发掘的楚国贵族墓的主人是战国楚怀王时期的大贵族、曾经被楚国派到越国当奸细的邵滑。越国遭覆灭之后，邵滑被封为越王。但是越王勾践的宝剑为什么出现在江陵楚国贵族墓里，对此，专家们主要有两种意见：第一种是，勾践曾把女儿嫁给楚昭王，这柄宝剑很可能作为嫁妆送去了楚国，到了战国时期，楚怀王将宝剑赐给了邵滑，于是成了这位楚国贵族的随葬品。另一种是，宝剑是楚国出兵越国缴获的战利品，楚国和吴越曾经战事频繁，楚威王俘虏了越王，之后越国覆灭，很有可能此剑成为楚国的战利品。后来楚威王的儿子楚怀王即位，将宝剑赐给邵滑，邵滑死后，这柄剑就随葬于墓中。

宝剑是战利品的说法得到很多专家的认同，首先楚国灭越在前，望山楚墓在后，时间是对得上。勾践剑不仅工艺精美超群，无人能复制模仿，而且它是一柄王者之剑，由越王勾践随身携带，作为王者权威的象征，其重要意义如同国玺一般，不太可能送给女儿当嫁妆。

由于此剑是“物以人名”，历史文化价值更是远远超越实物价值，因而此剑被誉为“天下第一剑”，堪称我国的国宝。目前越王勾践剑珍藏于湖北省博物馆。

艺术价值

越王勾践剑剑长55.7厘米，宽4.6厘米，柄长8.4厘米，重875克，整柄剑身修长，有中脊，两刃极为锋利，前锋曲弧内凹，剑茎上有两道凸箍，剑柄的圆首用同心圆纹装饰。在靠近剑格的地方有两行鸟篆铭文：“越王鸠浅自乍用剑”，意思是：越王勾践，亲自督造（制作）并自己使用的剑。

古文字专家认为，“鸠浅”这两个字是“勾践”的通假字，古代越国使用的语言是古越语，而越王的名字用汉字写出来只是音译。在古越语中，鸠浅和勾践发音相同，所以二者是通假字，可以替换。因而，这八字铭文足以证明此剑就是历史上著名的越王勾践剑。

越王勾践剑历经 2500 余年，纹饰仍然清晰精美，而且寒气逼人、锋利无比。剑首向外翻卷成圆箍形，内部铸有 11 道同心圆，每个同心圆的间隔只有 0.2 毫米，圆箍最细的地方犹如一根头发丝。剑身布满了纵横交错的黑色菱形暗格花纹，显得神秘美丽，精细异常。剑格的正面镶有蓝色玻璃，背面镶有绿松石，即便在黑暗当中，剑身也散发出幽幽的寒光。

越王勾践剑制作工艺精美，显示出春秋时期铸剑师难以复制、超越的卓越技艺。从剑的化学成分来看，青铜剑身上镀了一层含铬的金属，因而历经 2500 年不锈不腐。经专家的无损科学检测，剑身的主要合金成分为铜、锡、铅、铁、硫等。尤其是花纹处含硫较高，而硫化铜可以防锈。从剑的装饰来看，越王勾践剑精美绝伦，尤其是剑格上镶嵌有蓝色琉璃，琉璃在战国时代比玉石更为稀有，宝剑用琉璃做装饰，更能彰显出越王的尊贵身份。此外，越王勾践剑柄圆首上有 11 道规整细致的同心圆，加工技术难度和现代机床不相上下，显示出春秋时期最高的铸造水平。

背后的故事

东周时期，青铜冶炼技术逐渐进步，大多宝剑以铜铸成，剑质颇佳，剑刃锋利无比。春秋战国时期，各诸侯国规范了铸剑法则，剑成为最主要的短兵器，社会各阶层的男子都习惯佩剑。

越王勾践剑是春秋铸剑名师经历数年精心铸造而成，据《吴越春秋》和《越绝书》记载，越王勾践曾请龙泉宝剑铸剑师欧冶子铸造 5 把名贵的宝剑，分别为“湛卢”“纯钧”“胜邪”“鱼肠”“巨阙”都是削铁如泥、吹毛断发的稀世宝剑。后来越国被吴国打败，勾践曾把“湛卢”“胜邪”“鱼肠”三把剑献给吴王阖闾，以示求和。但吴王无道，其中“湛卢”宝剑丢失不见，后来传到了楚国，而其他几柄剑的去向不得而知。

历史传说勾践一生嗜好铸剑，据《拾遗记》记载：“越王勾践，使工人以白马白牛祠昆吾之神，采金铸之，以成八剑之精，一名掩日……二名断水……三名转魄……四名悬翦……五名惊鲵……六名灭魂……七名却邪……八名真刚。”勾践还热衷于搜集和收藏名剑。春秋时期的宝剑鉴定大家薛烛看到勾践珍藏的宝剑时，惊叹许久，说他阅剑无数，却从来没有见过这些稀世之宝。

由于勾践铸造珍藏的名剑众多，价值极高，每一把都是稀世珍品，引来无数人的觊觎。尤其是勾践死后，许多人绞尽脑汁去寻找他珍藏的宝剑，连秦王都曾前往楚国求越国宝剑，但最终一无所得，甚至因此而发动伐楚战争。从这些相关传说来看，可以想象到当时越国宝剑的盛名。

2. 越人音乐生活的生动再现
——春秋伎乐铜屋

名称：春秋伎乐铜屋

年代：春秋

题材：人物房屋模型陪葬品

材料：青铜合金

规格：通高 17 厘米，面宽 13 厘米，进深 11.5 厘米

价值：春秋伎乐铜屋可以称为春秋战国期间礼乐制度的写真

出土情况和馆藏

1982 年 3 月，考古人员在绍兴坡塘狮子山西麓进行考古发掘工作的时候，一共挖掘出了 17 件非常完美的青铜器。据专家介绍，这次出土的青铜器不仅形状各异，饱含特色，而且做工也是极其精良的，这些器物上所雕刻的花纹、饰物精美至极，让人无可挑剔，故而这批宝物无可厚非地成为了先秦古墓出土文物中的上上品。在这批文物中，有一件文物的出土，不仅震惊了工作人员以及相关专家，而且在外界也引起了一片哗然，这件声名斐然的文物就是大名鼎鼎的伎乐铜屋。当时，在伎乐铜屋出土的 306 号墓中，一共挖掘出来 3 件带有铭文的青铜器，一件正是伎乐铜屋，而另外两件风格类似的文物器身上的铭文被专家判定为徐国的铭文，故而被称为徐器。

在春秋后期，吴国灭了徐国，随后越国又灭了吴国，因此专家经过推断之后确定，这一处墓葬应该是战国初期的越墓，随后他们又根据墓的大小、形制以及发掘出来的随葬品的数量和内涵判定，这座墓的主人应该是当时越国的一位贵族。只是，如果依据周礼来划分的话，这座墓室中发掘出来的青铜器种类、数量显然就有些不合礼法规矩了，可是再想想春秋末年，周王室势力衰败使得举国上下礼崩乐坏，故而陪葬品的任意性以及地域文化的特殊性现象也就越来越多了。除此之外，坡塘306号墓的发掘还有一个重大意义，这座一直以来被封存在地下的越国贵族墓就像一个带着几千年前的历史而陷入沉睡的孩子，在墓室被挖掘的那刻，孩子也被唤醒了，它带着墓室里的每一件东西，向我们讲述了春秋时期的那段历史，也为我们再现了列国征战、风云涌动的复杂场景。

春秋伎乐铜屋一经出土，就被浙江省博物馆的工作人员带走了。在经过一番细致的清理与研究之后，这件令人惊叹的巧夺天工之作最后被收藏在浙江省博物馆，并且被誉为镇馆之宝之一，由此可见其影响力之大，地位之高。

艺术价值

众所周知，春秋伎乐铜屋的铸造可谓是完美精细至极，不仅是同一墓葬出土文物所不能比及的，也是许多同时期出土的文物所不能比拟的。春秋伎乐铜屋的平面是一个长方形，它的通高是17厘米，面宽13厘米，进深11.5厘米。春秋伎乐铜屋的正面是完全暴露的，没有墙和门，里面分为三进深的三个开间。东西两面是长方格透空落地式的立壁，北墙在中心的位置上破了一小窗。全屋由两根圆柱形的柱子支撑，屋顶、后墙、四阶全都雕有南方特色的连回纹，四坡式攒尖顶的屋顶上面立着7厘米长的八棱柱，八棱柱上雕着“S”形勾连云纹。春秋伎乐铜屋的屋顶高高耸立，就像一个束发的带子，西周特色明显，又饱含江南凤鸟崇拜特征和典型的吴越风格。春秋伎乐铜屋的房屋是竹木结构的，窗户则是竹编而成。房屋内由柱子划为三个开间，形成了正房和左、右偏房之分。这显然是非常标准的中国式房屋构造。

在铜屋里面，有 6 个跽坐的人，“跽”即为坐姿的一种，是指人双膝触地，后臀坐在自己脚跟上的一种坐姿礼节。这 6 个人皆束发裸身，神态严肃，精力集中，摆出不同姿态，其中有两个人乳房裸露，头发束缚在头顶，两手交叉置在小腹，专家猜测，这两人应该是乐伎。剩下的四人有的在吹笙，有的在抚琴弹拨，有的则手拿棒槌在击鼓，还有一人则正拿着小棍击筑，显而易见，这些人应该是乐师。

伎乐铜屋是目前为止所发现的唯一一座先秦时期青铜房屋模型，这种经过艺术加工的模型或许无法非常准确地展现民间住屋的详细情况，但是通过它，我们却可以对当时的建筑构造情况有所了解。故而，春秋伎乐铜屋的发现不仅对考古界来说是一个有价值的发现，对于研究古建筑来说，也具有很大的意义。春秋伎乐铜屋整体以云气纹为主要纹饰，不仅制作非常精致，而且看得出其工艺也是非常繁复的。从构造方法上来看，专家们在经过研究和讨论之后认为，此建筑采用的建造方法是分筑法，即首先将屋顶、乐器、乐师逐一浇筑，然后再打制铜屋主体，最后将它们进行焊接而成的一种铸造方法。可惜的是由于历经了上千年的地下生活，春秋伎乐铜屋的外层生成了锈斑，影响了它原本的颜色，但却又为它增加了一些不一样的风采。

背后的故事

春秋战国时期，周王室势力衰弱，诸侯征伐混战，此时的中国正处于一个非常混乱的时期。但是同时，诸侯国之间的混战也为思想文化等方面的交流提供了条件，在思想相当开放的当时，学术讨论激烈至极，形成了百家争鸣的文学盛世。当时大部分的文化是以融合文化为主，各种文化的相互交流不仅促进了文化的融合、吸收与发展，也使它们相互影响，相互学习，更好地完善自身。

从文物学上来看，近年来出土的春秋战国文物主要包括青铜器、金银器、陶器。这座春秋伎乐铜屋在当时属于一种明器，也就是现在人们所说的冥器，通俗地说，就是陪葬品。陪葬品源于古代的生死孝养制度，其数量以及规格是以死者生前地位、与宗族的血缘亲疏、信仰的宗教、拥有的财产以及爵位势力等为依据的，而这件青铜器屋宇绝对是先秦时期陪葬品中的一个精品。

青铜是由铜、铝、锌、锡等金属按照相应的配置比例进行冶炼之后做成的一种合金金属物。在我国目前出土的青铜器上，大部分都刻着文字，这种文字被专家称作铭文，也称金文。一般而言，青铜器根据地域不同、地位不同，可以分为许多不同类型，而作为陪葬品的青铜器主要分为酒器、食器、水器、乐器、兵器 5 种。由于古人相对来说比较迷信，他们认为人都是有灵魂的，故而希望人死之后可以在阴间继续生活，所以便产生了陪葬制度。伎乐铜屋作为春秋时期的一件青铜明器作品，可以称为是春秋战国时代礼乐制度的真实写照。

3. 返璞归真的泥塑极品
——北宋泥塑彩绘观音立像

名称：北宋泥塑彩绘观音立像

年代：北宋

题材：佛教泥像

材料：泥土

规格：高 60 厘米

价值：宋代泥塑中的典范，泥塑界的顶尖作品

出土情况和馆藏

1965 年，考古人员进入温州白象塔对其进行清理、整治的时候，从塔内清理出了很多件和佛教有关的文物，这些文物以造像为主，其中包括铜像、青瓷像、陶塑像、木雕像、砖雕像、彩绘泥塑像、纸绢本画像等不同类型的造像，可谓是独具特色。据可考文献记载，白象塔始建于北宋崇宁三年（1104 年），历时 11 年，直到政和五年（1115 年）才全部落成。此次塔内清理一次性出土的 42 尊北宋彩塑佛教造像被称作是白象塔里最有价值的文物，这些彩塑佛教造像不仅题材多样，形态生动，而且极其惊艳，是目前为止出土的宋代彩塑中堪称经典的作品。

在温州白象塔出土的彩塑佛教造像中，泥塑彩绘观音立像一经出土便被誉为“宋代彩塑于江南绽放的艺术之花”。这尊立像的整体造型和北魏的佛身像相比虽然已经产生了非常大的改变，但是它的神韵仍然存在，而且在长期的发展与演变过程中变得更加世俗化，同时也变得愈发中国化了。

这尊立像不仅面容非常俊美，形态也极其修长优雅，观音衣着简单，衣纹简单实在，肌肤匀称优柔，全身上下无处不释放着返朴归真的自然美感。有专家认为，这尊立像不仅完美地展现了宋代彩塑最为经典的艺术特征，同时在它的制作工艺上也表现出了瓯塑的地方气息，这种自成一派的特色在和晋祠彩塑进行比较之后，俨然变成了宋代彩塑的又一个典型，故而可以毫不夸张地说，这尊立像的出土为宋代的彩塑业增添了浓墨重彩的一笔。

作为目前已出土的观音形像中的优秀代表作品以及宋代观音造型中的经典形象，这尊立像在 20 世纪 70 年代初便被浙江省博物馆特地从温州博物馆借用，时至今日，北宋泥塑彩绘观音立像不仅成为了浙江省博物馆的十大镇馆之宝之一，而且还是国家一级文物。

艺术价值

这尊立像通高大致为 60 厘米，虽然保存相对完整，但由于时间过久，其身上大部分色彩都已经脱落了。这尊立像面相长圆、下颌丰满，眼睛平视着前方，一对长眉显得和婉大方，细目中茶黑点画的眼珠里充满了虔诚和希冀，除此之外，观音的脸颊上施着淡淡的粉色，双唇也被朱红点染，颈部刻着肉纹，项部用璎珞装饰，挽成螺形的发髻高高的耸立着，其中线刻和线描相融合雕饰形成了整齐而又形象的发丝。观音胸部袒露，臂膀上也没有衣饰，肩上搭着宝绿色描金缠枝纹帔巾，帛带绕过颈部在胸前贴身体一侧垂在座上，里面是粉红色描金菱格纹贴体垂曳长裙，裙摆像花瓣一样垂覆在脚面，衣褶自然悬垂在膝部，非常自然地显示了绮罗衣料柔软飘动的感觉。臂、腕上都带着钏饰，粉色的皮肤被晕染得极其自然，发辫、宝缯向下垂落搭在肩头，稍稍有些下垂的双肩看起来非常柔美。一双手平举到胸前合十，非常庄重。腰肢稍稍前驱，臀部向左扭动，右膝微微弯曲，整个身体化作一道曲线，充满律动感，细微的动作极其传神动人。腹部系带打结，腰部系有墨绿色描金蜂窝纹腰带，裙带表面所带的图案纹饰极其精致美观，色彩简单整洁。两只金莲八字外分，赤脚站在双层仰莲座上，莲台色彩和观音服饰色彩融为一体，观音修长的身形又和精致的水莲台化为一物，整体造型可以说是非常别致的。

在白象塔出土的这批彩塑造像中，打造出了形态各异的佛界神像，专家认为，这些造像中之所以菩萨占了大部分，是因为那时候的菩萨崇拜是一种流行趋势，菩萨一词来自于梵语的“菩提萨埵”，意思就是“觉有情，道众生”。据传，菩萨是帮助佛祖来宣扬佛法的使者，而大乘佛教尤其强调此类“上求菩提，下利有情”的精神，故而菩萨的本体是“真善美”，也是佛教理想主义的完美展示。

背后的故事

在我国，有关泥土塑像的传说可以说是有些年头了，从女娲娘娘造人开始，就有了泥塑的出现。众所周知，泥土来源于自然，是我们触手可及的东西，而且非常便于揉捏，故而以泥土作为原材料的泥塑艺术才会起源早，拥有悠久的历史。梁思成先生曾说过：“艺术之始，雕塑为先。”而泥塑是雕塑的一个分类，所以说在一定意义上也能够称为雕塑的先祖。

在宋朝，不仅宗教题材的大型佛像持续繁盛，小型泥塑玩具也获得了很大程度的发展。在当时甚至有很多人以泥人制作为生，他们往往制作泥菩萨头像，当作商品进行售卖。在北宋的时候，东京（今开封）就有一种非常出名的泥玩具，叫作“磨喝乐”，这种玩具只在每年农历七月初七左右售卖，当时，这种玩具十分受欢迎，不止平民百姓会买回去乞巧，那些贵族同样也会去购买。

诸如北宋泥塑彩绘观音立像之类的彩塑佛教造像很多都是被供奉到石窟和寺庙里面的，例如甘肃永靖炳灵寺石窟、敦煌莫高窟、天水麦积山石窟，以及河北正定龙兴寺、山东长清灵石寺、山西大同华严寺等。据有关调查显示，被供奉在塔里的彩塑造像可谓少之又少，但是温州的白象塔中却出现了如此规模集中、数量庞大、造型精致的彩塑造像，让人惊叹之余又有些好奇。

在白象塔出土的这批彩塑造像，大都是中小型的圆雕彩塑，便于移动，和石窟、寺庙中形体高大的彩塑造像进行比较，白象塔彩塑造像本身带着一种纤巧灵秀的美感。根据四身造像须弥座上遗留着清晰的墨书题记，可以十分清楚地得知此造像是太白星、木星、北辰和太阴天子造像，是因至道二年（996 年）替皇上及四县百姓祈福消灾，而在白塔寺中修建盛光道场特别供养的，直到白象塔建造完成之后，此四身造像才被封藏在塔中供养。

4. 美到极致的青瓷
——元龙泉窖青瓷舟形砚滴

名称：元龙泉窖青瓷舟形砚滴

年代：宋代

题材：渔船人物储水器皿

材料：青瓷

规格：通长 16.2 厘米，宽 6.5 厘米，高 9.1 厘米

价值：元龙泉窖青瓷船型砚滴的烧制工艺是龙泉青瓷在鼎盛时期最高水平的象征

出土情况和馆藏

20 世纪 60 年代初，一位龙泉当地的农民在外面闲逛的时候走到了一处名为“严儿”的古窖里面，不经意间踢到了一块硬东西，他拔出来一看简直惊喜万分，因为被他无意中捡到的这件东西做工非常别致。虽然老人对这件精致的物件爱不释手，但是深明大义的他还是主动把这件东西带到了当地文物部门，而且他自己并没有索要任何形式的奖励。正是因为老人的这个举动，才使得这件绝世仅有的宝贵青瓷文物得到了保存。

这件珍贵的宝贝便是大名鼎鼎的元龙泉窖青瓷舟形砚滴，一开始的时候，它的收藏地是老人交管文物的温州市文管会，当地的收藏家以及考古学家们一致认为，这件青瓷舟形砚滴属于烧制水平过低的古窑窑底货，再者，在当时它还是一件出土情况模糊的采集品，所以他们便没有对这件文物再做进一步的研究。于是这件青瓷舟形砚滴便被遗落在了这个小地方，直到某次展出时，这件文物被一位专家看到，它才重新出现在了世人面前，并且获得了陶瓷界专家的一致认同。1966年在文物出版社出版的《龙泉青瓷》图录，便是用这件元龙泉窖青瓷舟形砚滴做封面的。至此，这件毫无瑕疵、展现了我国古代劳动人民的高超技艺以及浓厚文化底蕴的青瓷才闯出了自己的名气。最终，这件元龙泉窖青瓷舟形砚滴的收藏地址也从温州市文管会转到了浙江省博物馆，并且变成了浙江省博物馆的镇馆之宝之一。

艺术价值

这件元龙泉窑舟形砚滴全长16.2厘米，宽为6.5厘米，通高9.2厘米，是一件宋元时期出现的新式文具。这件器物的表面是一艘小船的形状，整体看来优雅又不失大气，小船的造型十分精巧别致，线条流转也很是自然，在这艘小船的中后方位置上，架着一顶船篷，船篷的旁边立着一位披着蓑衣、身子微微佝偻的艄公，船舱下面是掏空的用来储存水，船首的位置上雕刻着花朵样式的流水口，水流便是从这个地方流出来的，这件元龙泉窑舟形砚滴的制作技术之精良，实在是让人惊叹。

目前为止，我国出土的瓷质文具最早能追溯到三国时代，比如圆盘形三足砚、蛙形水盂、兔形水点等。像元龙泉窑舟形砚滴这种类型的砚滴在明朝的时候还称为水中丞、水注、水丞。专家介绍，砚滴不仅是用来储存水的文具，还是书房里重要的摆件。在我国古代，有许多技艺高超的工匠能够依照文人墨客的喜好把砚滴制造得优雅、怪异，故而具有极佳的装饰性。我国宋代文化昌盛，瓷器制造工艺十分发达，而这件龙泉窖的青瓷舟形砚滴便是龙泉青瓷在最昌盛的时候的代表之一。

背后的故事

龙泉青瓷依据胎体可以分为两类：一类是白胎和朱砂胎青瓷，以弟窑以及龙泉窑制作的最为有名；另一类是釉面开片的黑胎青瓷，以哥窑制作的最为有名。龙泉窖制作的青瓷不仅釉层水润，釉色青碧，而且光泽秀丽，晶莹剔透，如同翡翠一般。龙泉窑中出产的瓷器釉色主要包括梅子青、月白、粉青、豆青、淡蓝、灰黄等颜色。其中哥窑的青瓷善于将华丽、古朴的纹片作为瓷器身上的修饰，比如流水纹、牛毛纹、鱼子纹、冰裂纹、蟹爪纹、鳝血纹等，这些纹片使得瓷器的釉层更加丰润、冰洁，和釉面纹片互为映衬，愈发显得雅致、朴素，被人们赞为瓷中珍品。

五代到北宋中期，国内各大窑场排名发生了重大变化，龙泉窑成为了江南第一名窑。南宋时期，龙泉窑进入最佳阶段，青瓷也以另一个面貌现世。同时，当时的统治者为了解决财政困难，极力支持商家的对外贸易，而龙泉青瓷就是借搭了这次政策的“顺风车”，最终得以从海路大量出口，行销全世界。历史上有著名的丝绸之路，后来便有日本的陶瓷学者将这条运输瓷器的海上航路称为“陶瓷之路”。对外贸易产生的大量需求导致新的制瓷作坊大量涌现，为了吸引顾客，锻造出更好的青瓷，产品烧制技术不断提高。南宋末年，粉青以及梅子青的开发对我国瓷器工艺产生了极其重要的影响。作为当代人们共同认可的青瓷釉色的最高水平，它不只象征了龙泉窑制瓷技术的高超，同时也展示了当时人们非凡的审美水平。虽然说当下并没有出土南宋时期龙泉窑是否被设立为官窑的确切记录，但是可以根据很多迹象看出，在那个时候，宫廷非常有可能让官员以及技术人员在龙泉窑进行监督。元代，龙泉窑主要替皇宫烧制瓷器，出土于龙泉窑的八思巴文瓷器，就是一个力证。当时龙泉窑的瓷器已经有了自己的特点，蒙古文化中那种来自草原的奔放、大气，以及当时统治者在贸易上的宽大政策，大大推动了龙泉青瓷发展。

如今，龙泉青瓷不仅延续了传统的艺术特色，而且还借助新时代的科技，在继承以及仿古的基础上，进行新的突破，并且成功开发了高温黑色釉、虎斑色釉、紫铜色釉、赫色釉、茶叶末色釉、乌金釉及天青釉等。龙泉青瓷的好评如流，不仅被称作“世界瓷器皇冠上的璀璨明珠”，而且被誉为“中华民族艺术百花园中的一朵奇葩”。

5. 青铜器的巅峰之作
——错金银重络铜壶

名称：错金银重络铜壶，又称陈璋圆壶

年代：战国时期

题材：青铜盛酒器

材料：青铜合金

规格：残高 24 厘米，口径 12.8 厘米，腹径 22.2 厘米，圈足径 13.8 厘米，重 5590 克

价值：文物的装饰举世无双，别具一格

出土情况及馆藏

1982 年 2 月 10 日，天气十分晴朗，江苏省盱眙县马湖店马湖村公路小队队长万以才正带领小队里十几名农民清理稻田，修挖水渠。中午阳光高照的时候，万以才的三弟万以全突然喊大家过去看，他在地里挖到一个硬东西，众人连忙围了过去，看到淤泥里躺着一个黑漆漆的圆形器物，不知道是什么东西。

经过万以才的仔细辨认，感觉好像是某种器物的盖子，然后他让众人继续向下挖了大约两尺深，这时一个大壶映入眼帘，壶里面装满了金灿灿的东西。大家小心翼翼把壶挖出来。万以才把壶带回家，认真清洗干净，大壶的真面目才显露出来。

他们发现这个壶有 20 多厘米高，壶口盖着一枚金光闪闪的豹形金兽，形状怒目圆瞪、呲牙咧嘴，壶里面满是金块，包括爰金、马蹄金、麒麟趾等很多类型。整个壶身制作极其精美，唯一可惜的是，铜壶外套的下部严重腐蚀，和圈足脱离开来，有残缺的地方。

当时大家看到这种情况，全都激动万分，因为都是第一次见到这么多金子，认为这是老天爷让万家发财。家人提议将这些金子都平分了，然后把这个大壶给老三作为奖励。虽然这个建议让人心动，但是万以才和万以全兄弟比较明白事理，他们坚决不同意这种做法，并且提议将这些东西送到当地政府，找相关专家鉴定一下，如果真是一件国宝，就应该属于国家，谁也不能自己私吞了。最后，金壶被送到政府部门，经过考古专家鉴定，确认这是一件战国时期的珍贵文物，对历史和考古研究具有极其重大的影响，当地政府专门对万家兄弟进行了表彰，颁发奖金 5000 元。

考古专家对发掘文物的地点进行实地勘探，认定为盱眙县南窑庄文物。南窑庄位于盱眙县东南 22.5 千米，此次共出土珍贵文物 38 件，其中一件为错金银重络铜壶，还有一件形似虎豹的金兽，重达 9100 克，含金量达 99%。此外，又有“郢爰”金版 11 块，金饼 25 块，共计重量 11000 克，是我国至今出土古代金器最多的一次。经专家考证，盱眙北部是管仲鲍叔牙分金故事的发生地，这一窖藏的最后入藏年代应在西汉时期。

错金银重络铜壶，又名陈璋圆壶，是一件镂空纹饰的青铜器。此文物埋藏地下已有 2000 多年，由于壶内装了 20 千克的黄金，壶身不仅受到持续的重压，而且存在双金属和应力腐蚀现象，因而壶身腹下部的镂空纹饰略显破败残缺。但是瑕不掩瑜，这样的缺陷并未影响青铜器泥范铸造工艺最珍贵精美的部分。

错金银重络铜壶制作精巧，异常华丽，是国宝级别的重要历史文物。目前，此壶收藏在南京博物院，成为十大镇院国宝之一。

艺术价值

错金银重络铜壶，就是带有多层缨络和错金银丝装饰的青铜壶，这是战国镂空工艺的特色名称，也是目前青铜器里仅有的一件用工艺命名的青铜器。此壶总重量 5590 克，加上壶盖一共高 24 厘米，口径 12.8 厘米，腹径 22.2 厘米，圈足径 13.8 厘米。

错金银重络铜壶的基本造型在战国青铜器中比较常见，但它的装饰风格却非常奇特，可称得上举世无双。在壶的颈部、腹部有一道道错金银的斜方格云纹，壶体外面还有一圈网络状外套，笼罩在壶的肩部和腹部，这一外套是用盘旋蜿蜒的蟠龙以及华丽繁盛的梅花交错套扣而成，壶的肩部装饰了 48 条蟠龙，48 行梅花，一共 144 朵，极为绚丽奢华。壶的腹部雕刻了首尾交错的蟠龙，总共是 48 条，又有梅花 48 行，一共是 432 朵。在装有网络套的横箍表面，装饰有 4 只伏兽与 4 个兽面衔环。伏兽的形态如同老虎，全身遍布错金银的方格纹。而衔环兽额头上则装饰了绿松石，衔环上雕刻着一道道错金流云纹，精细程度犹如发丝一般粗细。

整尊壶体看上去浑铸成型，但其实上面所有的铸件都是一个个先浇铸完，然后再逐一进行焊接，连成一个整体。此外，还要在壶身上装饰绿松石和错金银丝，工艺不仅精巧细腻，而且极为繁杂费工。壶身的透空重络上下交错，参差不齐，圆体重络上带着庄严的滞涩感，用普通的浇铸焊接方法不可能有此类效果，专家认为这或许是蜡揉凝结后的形态，完美地展示出战国青铜制作的高超技艺。

除了繁丽华美的装饰以外，考古学家发现，铜壶上还有 3 处铭文：一处在壶口里面，内容是“廿五重金铬壶受一孛五纣”，是器皿编号、名称和容积。“然”“孛”“纣”是战国时代燕国的专用量词，是当时的斗、升之意，因此能够推测此壶铸于战国时期，属于燕国器物。第二处铭文位于铜壶圈足里面，专家在残迹里发现了三四个字，大约为“王后右酒”，据推测是使用者的记铭。第三处铭文位于铜壶圈足外缘，一共有 29 个字，内容是“佳王五年，奠易（阳）陈旻，再立事岁，孟冬戎启，齐藏戈子斿。陈璋内、伐匽（燕）邦之获”。起初考古学家对密码一样的文字毫无头绪，最后与晚清流落美国的陈璋方壶联系起来，经过对比研究以后，最终确认这把壶和陈璋方壶文字相同。

错金银重金络铜壶造型奇特，纹饰华美，一身集合了三处珍贵铭文。其价值不仅是一件汇聚先秦金属工艺大成的青铜器，也是现存青铜器中泥范铸造工艺顶尖水准的典范，同时也展示出重大的历史事件，对今天的历史和考古研究都具有重要意义。

背后的故事

在错金银重金络铜壶的铭文中，记录了战国中期一件重大历史事件。当时燕国的国相子之得到燕王哙的信任，位高权重，把持朝政。有人建议燕王哙说："大王不如将王位禅让给子之。人们称道尧舜是贤圣，就是因为他们要将天下禅让。现在大王将国家让给子之，这样，大王与尧舜就具有同样的德行。"燕王哙听了很高兴，于是将王位禅让给子之，并将俸禄300石以上官吏的印信收起来，全都交给子之。从此子之独断专行，行使国王之权，燕王哙年老不理政事，所有的国家大事都由子之裁决。

子之执掌朝政三年，民不聊生，燕国大乱。燕国将军与太子密谋，准备攻打子之。而此时齐国将领对齐宣王说："我们趁机偷袭燕国，必能攻破它。"燕国太子派人包围王宫，攻打子之，但未能取胜。将军、太子、百姓互相残杀，造成数月的动乱，死者多达数万人。燕国内战愈演愈烈，贵族不合，百姓离心，齐国趁机出兵攻击燕国都城，势如破竹，获得大胜，掠夺了燕国王室的大量宝物。这一历史事件记载于《史记·燕召公世家》和《战国策》中，错金银重金络铜壶铭文的出土，证明了2000多年前的历史真实存在。

但是一件事让专家们感到奇怪：为何这件燕国文物在盱眙地区发现呢？战国时期，盱眙隶属于楚地，不是齐地，更不是燕地。专家经过考证发现，齐军攻占燕国都城后，燕人奋起反抗，同时各国也向齐国施压，使得齐国不得不撤兵。可是燕国内忧外患的战争令国家元气大伤，燕太子即位后为燕昭王，他亲自备下厚礼招募贤士，并让乐毅当上将军，重振燕国的国威。

公元前 284 年，乐毅聚合秦、魏、赵、楚国攻打齐国，以报当年之仇，这次战役共侵占齐国 70 余城，连齐国都城临淄也未曾逃过劫难。各国军队冲入临淄，疯狂掠夺，或许就是在混战之时，错金银重金络青铜壶被楚人抢走，在战争结束后带回了楚国。

战国末年，楚国迁都寿春（今安徽寿县），淮北以及苏皖边界的盱眙成为楚国重地。后来秦统一六国，又有刘邦、项羽楚汉相争，盱眙地区经历了许多次战乱，拥有铜壶的楚人后裔为了避难，在壶里装满黄金，为了保险起见藏到地下，以留作后用。不知是什么缘故，埋藏黄金的楚人始终没有取出铜壶，而当铜壶重现人间时，已经是 2000 多年之后。

6.“证史”与“补史”之典范
——东汉广陵王玺金印

名称：东汉广陵王玺金印

年代：东汉时期

题材：龟钮印玺

材料：黄金

规格：印通高2.121厘米，印面长2.375厘米，宽2.372厘米；龟钮高2.121厘米，台高0.945厘米；共重122.87克

价值：此印以黄金为材料，全印设计独特，汉印中的精品

出土情况及馆藏

1975年，扬州甘泉砖瓦厂的工人在取土时，发现了古墓群，南京博物院得知情况，派出专家和考古队员，对甘泉山附近的古墓进行了抢救性的挖掘。考古专家分别在1975年和1980年，发掘出双山两墓，其中西山为1号墓，东山为2号墓。

两座墓葬原本是高12米、直径60米左右的两个大土堆，古墓发掘之前，甘泉砖瓦厂已经将土堆上部的封土挖去了5米，并将一些碎砖杂土堆置在墓葬南侧。发掘的结果表明，这两座墓葬座北朝南，都是极为古老的砖室墓，早年曾经遭到盗掘，在1号墓的墓室前部东侧，尚留有直径1米左右的盗洞，而2号墓的墓室中部偏东处，则有直径4米的大盗洞。

考古专家从两个墓葬中清理出一些残留的随葬品。1号墓的随葬品有铜雁足灯、釉陶五支灯、双鱼盘、罐等20件文物，其中雁足灯底盘的宽沿上铸有阴刻篆体铭文:“山阳邸铜雁足短灯建武二十八年造比二十”,总共18个字。

与1号墓葬相比，2号墓的规模较大，而且以两个棺室为主要墓葬，共出土残留的随葬品90件，其中有大量的陶器，包括鼎、盒、壶、盆、炉、杵臼等陶制品。此外，墓中还出土了一批具有较高工艺价值的珍贵金属器物，铜器有雁足灯、错银牛灯、鎏金博山炉、鎏银盒形灯等，金器有双龙纹王冠形圈饰、嵌水晶凸镜圈饰、龙形、盾形、品形等饰物，以及用细小金丝、金珠焊接成的各种纹饰，上面镶嵌了水晶、玻璃、绿松石等，工艺十分复杂。除了中国本土的器物，还有来自于地中海沿岸的玻璃器等，如罗马帝国的玻璃钵形器残片。

从两个墓葬出土的陶器形制看，属于东汉前期的物品。其中雁足灯铭文“建武二十八年”，专家根据“山阳邸”铭和《后汉书·光武十王列传》考证:2号墓是东汉广陵王刘荆夫妻的合墓葬，而1号墓是其家族墓。

1981年2月24日，邗江县甘泉公社老山大队的社员陶秀华，在公社的组织下去甘泉山附近修路，当她用工具扒土的时候，偶然看到了一个金黄色的小东西，顺手拾起来放到了裤兜里。等她回到家以后，把金黄色的东西细心清洗一番后，才看出来是一枚金色印章。陶秀华的丈夫以前曾是考古队的民工，认为这个小物件来自甘泉山附近，肯定很不一般。因此夫妻二人立刻赶往南京博物院，把印章交给专家进行鉴定，然后才得知，这样一枚不起眼的小印章竟然是个大宝贝。

据考古专家推测,1980年南京博物馆的工作人员发掘甘泉2号汉墓时，由于这座古墓早已被盗，墓葬里面满是碎砖、杂土和陶瓦片，这些垃圾物品经过整理后，全部堆积在考古工地的周围。而刚巧陶秀华修路的地方就在这附近，因此，这件印章应该是当时没有整理出来的一件物品，与碎砖杂土堆在一块。

陶秀华夫妇得知情况，将这枚东汉广陵王玺金印捐给了国家。此印收藏在南京博物院，成为十大镇院国宝之一。

艺术价值

东汉广陵王玺金印，是至今发现的唯一一件汉代诸侯王金印，印章通高 2.121 厘米，印面长 2.375 厘米，宽 2.372 厘米，印章的上端有龟钮，钮高 2.121 厘米，台高 0.945 厘米。金印重 122.87 克，龟钮方台，纹饰优美，铸工极为精巧，印面上阴刻篆文“广陵王玺”四字，行笔直中有曲，笔划疏密有致，流畅和谐，坚挺饱满。全印的设计工整精妙，是汉印中的绝佳精品。

这枚东汉广陵王玺金印之所以成为国宝级文物，不仅因为它年代久远，精工细致，更重要的是它拥有巨大的历史价值和文化价值。此汉印出土之后，在日本引起强烈的反响，因为此印章的形制、刻文和工艺都与日本出土的“汉委奴国王”金印相同。此前在 1784 年春，日本九州福冈县志贺岛曾经出土一枚金印。金印为蛇钮方形印章，边长 2.3 厘米，阴刻篆文“汉委奴国王”5 个汉字。这枚印章自发现之日起，就遭到很多人的质疑，认为此印的真实性十分可疑，值得推敲商榷。最主流的观点是“私印说”，意思是“汉委奴国王”金印并非汉朝赐予的，而是委奴国王自己所制的“私印”，甚至属于兵卫等人谋划的一个大骗局，是江户时代的伪作。

一直到 1981 年东汉广陵王玺金印出土，专家认定两枚印章在印面尺寸、印面鱼子纹饰，以及篆体风格等诸多方面完全相同。在充足的证据面前，人们终于完全相信“汉委奴国王”金印的真实性，而且证明了在 2000 多年前，中日之间以金印为信物，已经开始了往来交流。这最终解决了“汉委奴国王”金印的真伪争论问题，并证实了《后汉书·东夷传》记载的“建武中元二年，倭奴国奉贡朝贺，使人自称大夫……光武赐以印绶”这一段历史真实存在，从而确认“汉委奴国王”金印在日本古代史和中日交往史上具有重要价值。

背后的故事

东汉广陵王玺金印的主人是广陵王刘荆，关于刘荆的生平背景，在《后汉书》等史书中有文字记载。刘荆是东汉光武帝刘秀的第九子，建武十七年（41 年）被册封为山阳王，汉明帝永平元年（58 年）被册封为广陵王，死后夫妻合葬在扬州甘泉山。

据文献记载，刘荆并非寿终正寝，而是死于自杀。东汉光武帝去世之后，第四子刘庄继承皇位，即为汉明帝。刘荆与刘庄是同一个母亲所生，但他不甘心让哥哥当皇帝，于是他冒充大哥东海王刘疆的舅舅郭况，给刘疆写了一封密信，信中鼓动刘疆造反叛乱，刘疆发现了其中的蹊跷，立刻将送信人扣押，送到京城洛阳交给汉明帝查办。汉明帝知道此事后十分恼火，但看在刘荆是自己亲弟弟的份上，并没有惩罚他，而是让他尽快返回自己的王府，并暗中派人对刘荆进行严密监控。

刘荆见汉明帝没有降罪下来，以为可以再次图谋造反。没过多久，西羌发生了叛乱，刘荆趁机要图谋篡位，没等他开始造反，汉明帝早已发觉，将他册封为广陵王，命他迁往扬州。被封为广陵王之后，刘荆仍然不甘心，他找一个看相的人说："所有人都说我和先帝很像。先帝 30 岁取得天下，我如今也 30 岁了，现在能够起兵了吗？"相士知道他要造反，不想陪着他一起死，于是悄悄向官员告密。

汉明帝知道此事之后，并没有过分追究，而是裁减了刘荆的卫队和随从，并让国相、中尉暗中"保护"他，希望他能悔悟自新。但刘荆仍不悔改，不久之后安排巫师诅咒明帝，结果很快又被明帝发现了。刘荆到这时终于明白，自己的一举一动早就被明帝掌控，这一生想造反是不可能了。想当皇帝的梦想由此破灭，于是刘荆在绝望中自杀了，死后被明帝赐谥号为"思王"。

汉代分封诸侯王都是以金印为代表，因此印钮细节非常多。经过考古研究得知，汉代分封四周异姓王时所用的金印，南方是蛇钮，北方是羊钮，西北是驼钮，分封刘姓诸王的金印则用龟钮。这种说法只在史料中记载，后人千百年中未曾见过龟钮金印，直到广陵王玺被发现后，人们才得以见到龟钮金印的真面目。

7. 穿越岁月的沉香
——七宝阿育王塔

名称：七宝阿育王塔，又称鎏金七宝阿育王塔

年代：北宋

题材：佛教宝塔

材料：金、银、珠宝

规格：塔高 1.2 米，宽 40 厘米，总重 50 千克

价值：目前中国乃至全球出土的规格最大的阿育王塔，而且也是中国制作最细致、出土的体积最大、工艺最繁杂的阿育王塔，可以称为世界阿育王塔之王

出土情况及馆藏

2008 年 4 月的一天，南京博物院的一批古文物专家们在对南京城南金陵大报恩寺遗址进行发掘时，意外地找到了宋代长干寺的地宫。发掘工作持续下去，在 7 月 18 日凌晨，考古遗址中找到了金陵长干寺地宫的石碑。专家仔细研究石碑，发现上面雕刻了一篇名为《金陵长干寺真身塔藏舍利石函记》的铭文，里面记录的是北宋大中祥符四年（1001 年），守滑州助教王文以及金陵长干寺住持大师可政等人，获得宋真宗批准后，建造一座九层宝塔，此塔高“二百尺”，并称“十颗感应舍利、佛顶真骨、诸圣舍利、内用金棺、周以银椁，七宝造成阿育王塔，用铁函包裹安放”。

铭文中的信息让专家们十分振奋，立刻对地宫展开发掘，很快就发现了一个巨大铁函，高 1.3 米，重 50 千克，根据铭文所说，铁函里面装载了一座七宝阿育王塔。为了给文物提供最好的保护，铁函出土之后，没有立刻打开，而且将它送到了南京博物院的地库中封存起来。

2008 年 8 月 6 日，南京博物院联合南京卫视、凤凰卫视，对铁函的开启进行了全球性现场直播。考古人员准备就绪，然后缓慢地将铁函的双层铁盖板打开，映入众人眼帘的是一尊金光闪耀的塔刹，塔的四周装满宝石及金元宝。这个场景让当时在场所有专家惊叹不已，一位具备数十年考古经验的老专家表示，他自己从来没有见过，也没听说过如此大的鎏金宝塔。至此，南京发掘的这尊鎏金七宝阿育王塔成为目前中国和全世界范围内形体最为庞大的阿育王塔，它的精细程度足以“称霸”世界。

但是接下来取塔的工作却出了问题，由于铁函深埋地下已经数千年，铁函内壁和阿育王塔之间的空隙过于狭窄，塔体的一部分被“锁住”动不了。对此，国家文物局特别强调，必须要保证塔、铁函、缎面不出现任何损坏，由于难度过大，取塔的工作被迫停止。

2008 年 8 月 7 日至 11 月 11 日，我国顶级古文物专家组对取塔工作进行研究，制作了取出七宝阿育王塔的具体步骤。专家们经过仔细研讨并反复测试，终于在 11 月 22 日将举世瞩目的塔王成功取出。此后，专家们又依据石碑铭文所说，从地宫的隐秘位置出土两套金棺银椁。直到 2009 年 3 月，考古人员将金陵长干寺地宫中所有的文物全部发掘出来，送到南京博物院珍藏。

艺术价值

目前全世界已经发掘出很多阿育王塔，但是无论在艺术价值还是历史价值方面，都没有任何一座能与七宝阿育王塔相媲美。七宝阿育王塔高 1.2 米、宽 40 厘米，总重 50 千克。塔身、塔座及山花蕉叶上，都用不同的珠宝进行装饰，其中塔身装饰了佛家七宝——金、银、水晶、玛瑙、玻璃、琉璃及砗磲，仅水晶就多达百颗以上。这些珠宝品质上乘，晶莹透亮，镶嵌在金塔上，更是显得华丽异常，正因为有七宝，所以此塔被叫作鎏金七宝阿育王塔。

除了镶嵌宝石以外，塔身的铸造也十分精细，底部的方形须弥座是它的主体，上面有四片山花蕉叶，用长链和塔刹连接，链条上面悬有铜铃。塔身表面有着极其精致的纹饰，雕刻的佛像生动传神，山花蕉叶虽然只有20厘米，但在它的侧面有三幅图像，分别是佛教故事白象转世、菩提树下成佛及佛祖涅槃。此外在其他山花蕉叶的表面，也雕刻许多与佛祖有关的故事。

在塔身的四个方向，有四幅巨型图像，分别是萨垂太子舍身饲虎、快目王舍眼、光明王施首及尸毗王割肉饲鹰救鸽。这些故事全来自于佛教，讲述的是佛主“舍己救人”。另外，塔身上部几面全部雕刻着文字，包括“皇帝万岁”“天下民安”“众臣千秋”及“风调雨顺”。另有近百字的发愿文雕刻在塔上，讲述了宝塔的由来。在文字的下面有一个凸出的鹿角龙头，塔身的全部边缘用金翅鸟图案进行装饰，形状很像凤凰。据专家称，在佛教文化中，大鹏金翅鸟是佛祖的护法。

这座塔一出土便在全球范围内引起轰动，成为中国的国宝级文物，不仅仅是因为它造型完美华丽，更重要的是塔内存放着一块佛顶真骨。在《大唐西域记》《法苑珠林》等书中记载，佛顶真骨是释迦牟尼佛祖的头骨，是一块直径10厘米、周长35厘米的整块头骨。佛顶真骨被发掘出来的时候，颜色呈黄白色，有清晰的发孔，而这块佛顶真骨就放置在七宝阿育王塔里面。

佛顶真骨经历千年之后再次露面，成为世界上目前仅有的一枚佛祖真身顶骨舍利，也是释迦牟尼佛祖涅槃后保留下来的珍贵头骨，堪称佛教圣物。

背后的故事

有史料记载，阿育王塔这个称呼来自印度孔雀王朝第三代君王——阿育王，阿育王的年代距今2200年，据说他在世界范围内建塔，专门供奉佛舍利，其中有19座塔建在中国，此次考古出土的长干寺阿育王塔是第二座。

传说在 2500 年前，释迦牟尼涅盘，佛身火化之后，弟子们从灰烬中得到了佛祖的头顶骨、牙齿、中指骨，以及 84000 颗舍利子。此后佛顶舍利流传在南亚地区，并被视为佛教圣物，受到隆重的供奉和广泛的敬拜。唐显庆二年（657 年），大唐使者出使印度，将佛顶骨取回来。

从公元 7 世纪以后，一直到 2008 年，世人已将近 1400 年没见到佛顶骨。此次参与发掘的考古专家已经证实，在石碑、X 光片及塔身文字综合考证下，阿育王塔里保存的顶骨舍利属于佛祖释迦牟尼，这是毋庸置疑的。

此外，唐代长干寺存有 21 颗舍利，唐代李德裕曾迁走其中的 11 颗，而此次出土的“感应舍利十颗”恰恰就是剩下的 10 颗，在数字上也完全吻合。

由于宝塔圣物的特殊身份，头骨舍利出函时依据佛教的规矩，由南京五大寺院的 5 位住持亲临现场，供台左右分别有 20 位法师颂唱佛经。最后，在一位大师的引导下，全部法师朝“西方三圣”行拜礼。直到这时，这个被淹没了千年的珍贵文物，才算真正重见天日。

8. 一泓清漪的春水
——秘色瓷莲花碗

名称：秘色瓷莲花碗

年代：五代十国

题材：佛教莲花供奉器皿

材料：青瓷

规格：碗高 8.9 厘米，口径 13.9 厘米。盏托高 6.6 厘米，口径 14.9 厘米。底径 9.3 厘米，通高 13.5 厘米

价值：中国陶瓷史上的巅峰之作，包含浓厚的文化底蕴和价值，给秘色瓷的辨认提供了参照物

出土情况及馆藏

1956 年，苏州市文物局对当地一批珍贵文物进行抢修，其中虎丘塔也在这次抢修活动范围之内。虎丘塔于五代后周显德六年（959 年）建造，直到北宋建隆二年(961 年)才彻底完工。由于此塔被建造在虎丘山的山顶，因此得名为虎丘云岩寺塔。这座塔高达 58 米，为平面八角形，分为七层。此塔属于飞檐栏杆的楼阁式下沉砖塔，是苏州现存最早的古塔之一。

据相关史料记载，虎丘塔的天门曾经七次被烧，由木质材料所搭建的塔檐被全部烧毁，幸好塔身是砖砌而成，才得以保存到现在。但是自明代末年开始，砖塔地基缓慢下降，造成塔身逐渐朝西北方向倾斜。因此，苏州市在 1956 年开始对虎丘塔展开抢修。为了不破坏塔身原本的面貌，当时提出的口号是“修旧如旧”，根据这个原则，专家们最后选择了加箍喷浆法，

不仅成功保住了虎丘塔，而且使塔身在修复后仍然有古老的庄严感。

1957 年 3 月 30 日，修塔工作正进行得如火如荼，工人们在第二层塔心处突然发现一个暗格，里面藏有大量经箱文物，后来工人又在第三层和第四层发现大量文物，其中最为珍贵的是一件越窑青瓷莲花碗。此件文物一经出土，就引起国内外考古界的高度重视，认为这件青瓷碗无论是艺术价值，还是历史价值，都堪称国宝级文物，具有非凡的意义。

1995 年，上海举行国际秘色瓷研讨会，来自各地的秘色瓷精品齐集上海，越窑青瓷莲花碗由专家共同鉴定为五代越窑青瓷之典范，是秘色瓷中的稀品。此后这件文物由苏州博物馆收藏展出，给大众提供了一览的机会。

艺术价值

越窑青瓷莲花碗由碗和盏托两部分组成，碗高 8.9 厘米，口径 13.9 厘米；盏托高 6.6 厘米，口径 14.9 厘米。整个碗的底径为 9.3 厘米，通高 13.5 厘米。此碗是越窑青瓷的代表作，可称得上秘色瓷的稀有作品，造型精美绝伦，颜色出类拔萃。

莲花碗的造型为直口深腹，外壁装饰三组莲花的浮雕，盏托的形状有如豆器，上部是一个翻口盘，雕刻出两组双钩仰莲，下部有向外撇的圈足，用两组浮雕覆莲作为装饰。整个碗的瓷胎呈灰白色，共由 7 组莲花组成，莲花形态各有不同。此碗之所以是秘色瓷的精品，是因为它的胎质细腻致密，瓷质颗粒均匀纯净，托心十分平整，器底正中镂有一小圆孔，孔边刻有“项记”二字，据专家推测是窑工的名号标记。碗的外层施有青釉，釉层厚重而且通体一致，看上去光洁如玉，清澈碧绿，好像宁静的湖水一般。

整个莲花碗釉色油润含蓄，线条流畅，比例适度，给人一种美玉般的柔和之感。整体器型整肃巧妙，外表雕刻着大瓣的莲花，给人一种清新脱俗的感觉；又施以青色，更显得玉洁清新、敦厚端庄、丰腴华美，通体看去，恰似一朵盛开的莲花，可谓是构思巧妙，浑然天成。

唐代著名诗人陆龟蒙曾写过一首诗《秘色越器》:“九秋风露越窑开，夺得千峰翠色来。好向中宵盛沆瀣，共嵇中散斗遗杯。”“秘色”一词就是来源于此，根据诗中的描写，秘色瓷的颜色青翠，如同美玉一样，它的烧制过程极其复杂，因而非常难得。

据相关史料记录，五代时期，吴越的君王曾经制订了一项政策，越窑只烧制佛教供奉所用的瓷器，平民不可以使用，所有的相关技术工艺都保密。由于仅仅有文字记载，极少有相关的器物流传下来，后世人们无法了解更多的信息，因而秘色瓷几乎成为绝响，也就显得愈发神秘。秘色瓷莲花碗的出土，为秘色瓷的相关研究提供了很多宝贵信息，莲花碗不但揭开了虎丘塔埋藏千年的秘密，同时还为人们展示了五代十国时期的瓷器文化，具有相当高的艺术价值和历史研究价值。

背后的故事

1995 年以后，越窑青瓷莲花碗正式改称为秘色瓷莲花碗。莲花碗从此被确认属于秘色瓷，专家们提出的证据，就是来自陕西省法门寺地宫里的秘色瓷。

1987 年，考古人员对陕西法门寺地宫展开大规模的发掘，出土了一些重要的佛教文物，其中包括释迦牟尼的指骨舍利，14 件唐代瓷器以及一块石碑。在石碑上雕刻有一篇《衣物帐》，碑文极其细致地记录了皇家为佛祖进贡的一系列奇珍异宝。碑文上记载，“瓷秘色碗七口，内二口银棱，瓷秘色盘子碟子共六枚。”瓷秘色器物正是五代以来供奉佛祖的宫廷瓷器。

法门寺地宫出土的秘色瓷器，是迄今为止世界上出土最完美的一套宫廷瓷器。专家们经过对比研究，发现苏州博物馆收藏的青瓷莲花碗从质地、釉色上都与秘色瓷极其相似，最终鉴定它为五代秘色瓷，并且它的年代比法门寺出土的秘色瓷器更早一些。

莲花碗的秘色瓷鉴定，证实了秘色瓷工艺在中国五代时就已经登峰造极，现今全世界的秘色瓷器皿不足 30 件，任何一件都属于举世罕见的珍品，而秘色瓷莲花碗又是其中的翘楚，不仅保存得最为完好，而且工艺也最为精美。

秘色瓷莲花碗是佛教的供奉器皿，莲花出淤泥而不染，自古被誉为君子品德的象征。在佛教文化中，莲花代表极乐净土以及重生的生命含义，是佛教文化的重要主题之一。据考古专家推测，秘色瓷莲花碗的制者，不仅是一位别出心裁的瓷器艺术家，同时也应是一名佛教徒，只有投入全部的热忱，才能制作出如此美轮美奂的艺术精品。因此，越窑青瓷莲花碗也属于一件精神和宗教世界的宝物，是佛法与艺术完美融合的瓷器，不但风格独一无二，精神意义也源远流长。

NO.3

天下至宝：
中原文化之绝响

中原，狭义上指今天的河南省。这是一片具有悠久历史的神奇土地，走进中原大地，每一寸土地都有自己的历史。在这里，有安阳殷墟的神秘传说，有郑州商城的悠久历史，有古都洛阳的文化传承，有汴京开封的帝王之气……河南博物院作为我国建立较早的博物馆之一，占地面积 10 万平方米，近百年来收藏了 13 万余件藏品，其中有杜岭二号方鼎、妇好鸮尊、西周“父乙”角、莲鹤方壶、云纹铜禁、青铜神兽、七层连阁式彩绘陶仓楼……馆藏精品多不胜数。中原大地上出土的文物宝藏，足以谱写一曲中华文化的千古绝唱。

1. 黄帝作宝鼎
——杜岭二号方鼎

名称：杜岭二号方鼎

年代：商代前期

题材：饕餮纹青铜礼器

材料：青铜合金

规格：通高 87 厘米，口沿边长 61 厘米，腹壁厚 0.4 厘米，重约 64.25 千克

价值：商代中期青铜器造型中最为典型的代表，为后母戊鼎的发现提供了最有价值的线索

出土情况和馆藏

1974 年 9 月，河南省郑州市的几个老百姓在张寨南街挖地道的时候，无意中挖出了两只锈迹斑斑的巨大铜器，河南省博物馆的工作人员得到消息后立即赶到了现场。工作人员发现，他们挖地道的地方就在距离郑州商城遗址的西城墙大约 300 米的杜岭土岗上，这块地比周围地面大概高出了 4.4 米。

这次地道内出土的文物除了并排放在一起的一大一小两个青铜鼎之外，还有一只铜鬲放在大的那只青铜鼎里，这两只鼎的形制相同，它们都是双耳、斗形方腹造型，而且都有四个圆柱形的空足。虽说这两只青铜鼎大小不一，但是当初的埋藏者为了让高低不一的两件青铜鼎能够摆放整齐，便将那只略大的青铜鼎下面的生土挖低了一些，这样一来，从视觉效果看上去，这两只鼎的口沿就在同一个水平面上了。

根据这次文物出土的具体情况，工作人员将坑内出土的这两只青铜鼎命名为杜岭方鼎，大的一只称作杜岭一号方鼎，现在被收藏在中国国家博物院内，小的那只称作杜岭二号方鼎，如今被作为河南博物院九大镇院之宝之一。

郑州是商代中期的都城，而且近些年来，在这里陆续出土了许多商代中期的青铜器，作为商代中期青铜器造型中最为典型的代表，杜陵二号方鼎的出土可以说是为后来后母戊鼎这一青铜器代表器物的发现提供了最有价值的线索，在文物界、历史界均具有不可忽视的重要意义。

艺术价值

杜岭二号方鼎是商代中期制作的一种礼器，它通高87厘米，腹壁厚0.4厘米，口沿边长61厘米，重约64.25千克。杜岭二号方鼎的鼎口是向外折的，鼎唇方正，立耳两侧呈凹槽状，口部和腹部的截面大多都以正方形为主，它的四只鼎足为上粗下细的柱状，根部十分粗壮。

杜岭二号方鼎上的纹饰主要有兽面纹和乳钉纹两种，并且都用弦纹做配饰。其中，兽面纹主要装饰在鼎足中部，使用的是突起的阳线，在视觉上不仅造成了半浮雕的艺术效果，而且构成了十分抽象的兽面形象。乳钉纹主要装饰在鼎内壁的两侧、顶部、下部及底端，为杜岭二号方鼎增加了厚实之感，凸显了它作为礼器所呈现的宗庙威仪感。

在杜岭二号方鼎出土之后，专家们惊讶地发现，从某种程度上来说，故宫大门上的门钉简直就是杜岭二号方鼎的翻版。杜岭二号方鼎上有作为装饰的乳钉纹和兽面饕餮纹，而饕餮和乳钉都是“吃”的一种象征，在故宫大门上一共有81颗刻有兽面饕餮纹的乳钉，颇显皇家威仪。自皇帝开始，往下各级人员大门上的乳钉逐次递减。

杜岭二号方鼎不仅是商代中期的一件青铜礼器，更是中国乃至全世界在青铜时代所创造出的青铜器文明的纪念碑。目前为止，杜岭二号方鼎是人类所能认知的青铜器中年代最早、体量最大、铸造最完美、保存最完整的一件青铜重器。杜岭方鼎二号作为河南博物院九大镇院之宝之一，在人类古代文明中散发着耀眼的光芒，作为历史遗存的璀璨明珠，它汇成一种独特的文明，可以说价值颇为重大。

背后的故事

虽然说人们已经约定俗成地将郑州挖掘出来的商代遗址称作郑州商城，但是从出处上来说，这个称呼是无考古实例验证的。早在 1959 年，郭沫若先生提出郑州商城可能是商代都城遗址的时候，考古专家就在努力地寻找可以证明这一点的证据。但是直至 1974 年，杜岭方鼎发现之前为止，他们找出来的证据最多只能把郑州商城当作商代早期一座普通的城市遗址。而杜岭二号方鼎的发现，使郑州一跃成为中国八大古都之一，证实了郭沫若先生以及诸多学者专家提出的郑州商城乃商代都城遗址的说法。

郑州商城是迄今为止发现的商代中期规模最大的一座王都，打破了过去学者所认为的在郑州商城遗址先后出土的青铜器皆是商王室遇到意外事件仓皇逃亡时随意埋藏的说法。

有专家将青铜器产生的时代称为人类文明的青铜时代，青铜器主要由青铜合金组合生成，在世界各地均有青铜器出土，故而它是一种世界性的文明形式。据考证，世界上最早的青铜器出土于古巴比伦的两河流域。而中国的青铜器以其精良的制作，高超的技艺，在世界青铜器文化中有着极高的声誉和艺术价值。各种考古资料显示，虽然说中国青铜器的出现晚于世界上的有些地方，但是中国的青铜器使用范围更广，制造技艺更高，除此之外，它在造型审美上的造诣与繁多的种类，是其他地方的青铜器所无法比肩的。

杜岭二号方鼎和杜岭一号方鼎的成对出土证明了郑州商城不仅是一座商代城市遗址，而且是一座曾经在历史上辉煌过的王者之都。因为这个地方既然有一座如此大的方鼎，那这里必然是一个和商王室的祭祀有着密切联系的地方，更何况这里出土的是两尊整齐有序地放置在一起的大鼎，这一点更为郑州在商代并不是一座简简单单的都邑这一说法提供了佐证。

如今，距杜岭方鼎出土的时间已有 40 年之久，但是河南省文物考古研究所的研究员杨育彬先生在接受采访时每每提到杜岭方鼎，还会说起 1974 年 9 月他在地道里透过微弱的灯光看到杜岭方鼎后的第一感受：“两尊青铜大鼎，破土欲出，峥嵘乍见，这种不言自威，这种冲天霸气，非王莫属！”

2. 传奇女性的“代言人”
——妇好鸮尊

名称：妇好鸮尊

年代：商代

题材：鸮形青铜盛酒器

材料：青铜合金

规格：通高 45.9 厘米、口径 16.4 厘米、重 16.7 千克

价值：妇好墓是唯一一座因能与甲骨文相印证而确定年代和身份的商王室墓，所出的铜器大多是可以作为判断标准的器物

出土情况和馆藏

1975 年的冬天，全国范围内掀起了“农业学大寨”平整土地的浪潮，安阳殷墟小屯西北地的岗地也成为了被平整的目标。当地的负责干部意识到这里作为商代遗址，定然需要好好保护，可他也明白在“文化大革命”期间，要想保护这处到目前为止没有什么大发现的遗址就必须提出充分理由。因为当时在这一带还没有进行过任何发掘，人们对这片遗址知之甚少。故而他们共同商讨后决定先对重点遗址进行钻探。1975 年 11 月 20 日，当地负责的干部带领着人员在岗地边缘钻探、清理断崖上的文化层剖面时发现了耕土层下出现的殷文化层，并且很快就探到了密集的夯土建筑基址。于是他们专门请来了专家，经过一番鉴定和确认之后，这处遗址终于得到

了国家以及考古部门的重视，但是由于这片岗地距离村子的距离比较近，在人员来往密集的情况下很难对这片遗址做到长期持续有效的保护，一番考量之下，考古专员们做出了尽快对这片遗址进行有组织发掘的决定。

从 1976 年春季开始，对殷墟小屯西北地的发掘紧锣密鼓地开展起来，经审报审批，当时重点发掘的是建筑基址。这一天，有一位考古人员在自己负责的探方内发现了一座残存的房基，房基的南端已因取土而遭到破坏，房基中部也被灰坑打破，这位考古人员在灰坑下发现了长方形坑的夯土，这些夯土较房基土来说更为坚硬厚实，而且如果通过断崖下残存的边缘形状来判断的话，这一处很像一座墓葬，于是他决定通过钻探来确定自己的猜测。当探铲被提上来的时候，当时的气氛立刻活跃了起来，因为探铲内满是鲜艳的红漆皮，如此看来，此处正是一座墓葬的遗址。

1976 年 5 月 17 日，考古人员开始集中力量发掘这座墓葬，最终挖出了一座长 5.6 米，宽 4 米，总面积仅有 20 多平方米的竖穴墓。一开始，这些考古专家并没对这座墓葬抱有过高的希望，但是随着接连几个文化层的发现，他们再也按捺不住内心的激动了。这次挖掘行动在接近椁顶的第六层出土的器物最多，共有 80 件，其中最重要的是 3 件象牙杯，另外还有 3 面铜镜和一些诸如大石蝉、骨笄、骨刻刀之类物件。

后来这座墓葬遗址被命名为妇好墓，在这座墓葬中挖掘出了许多玉器、铜器、象牙器等近 2000 件随葬品，其中在共计 468 件铜器里有 105 件上铭刻着“妇好”或“好”字的铭文，这一发现使得妇好墓成为唯一一座因能与甲骨文相印证而确定其年代和身份的商王室墓葬，因其中所出的铜器大多是可以作为断代标准的器物，故而具有极高的研究和收藏价值，而妇好鸮尊就是其中一件代表，目前这尊鼎鼎有名的青铜器被收藏在河南博物院。

艺术价值

妇好鸮尊是一件通高 45.9 厘米、口径 16.4 厘米、重 16.7 千克的商代礼器，它的整体造型是以鸮为原型的，整件青铜器是一只首微扬起，眼圆耳小，胸部略微突出，双翅并拢，四爪抓地，双足有力，形似站立状的鸮鸟造型，非常生动形象。妇好鸮尊的表面布满了花纹，鸮的喙部和胸颈部分是用蝉纹修饰的，而它的高冠内外侧分别以倒夔纹和羽纹做饰，两侧各有一身双头的怪夔，除此之外，在这只鸮尊造型上，还有一条用来装饰的卷曲长蛇，中间间或用菱形纹修饰，颈后饰有兽面纹，又有一只弯曲变形的鸮鸟造型作为把手，方便使用，而鸮尊背后鋬下有展翅飞翔的鸮纹修饰，纹饰种类虽然繁杂但却绝对不重样，其中包括蛇纹、蝉纹、羽纹、饕餮纹、云雷纹、夔龙纹等八种。妇好鸮尊整体造型浑然天成，制作技艺令人感叹不已，甚至可以毫不夸张地说，它体现着匠人高超的铸造技巧和妙绝的设计理念，同时呈现出了商文化中追求创新、追求极致的精神。

鸮，也就是枭，俗称猫头鹰，是商代时人们十分喜爱并且崇拜的一种鸟。关于鸮的看法，可谓是众说纷纭，有专家认为，商代人把它看作战神鸟，因它能够克敌制胜，故而象征着勇敢；也有专家认为，鸮被商代人当作地位和权利的象征；更有人认为，鸮是商代的一种文化符号，因为从现今出土的所有商代铜器、玉器、陶器、石器等器物来看，它们上面都有鸮的形象。

妇好鸮尊是迄今为止人们发现最早的鸟形酒尊，它不仅造型实用，纹饰精美，有极高的艺术审美价值，同时也是我国青铜时代鼎盛时期的产物，造型独特，铸造精良，纹饰繁复细腻。在这件作为酒尊的礼器上，匠人将自己奇特的想象通过合理的物化呈现了出来，将艺术写照和现实世界相融合，反映出殷商晚期青铜文明在取材和装饰的审美倾向上十分强烈的宗教色彩以及庄严狞厉的特色。

背后的故事

据专家证实，妇好鸮尊是商代时期一个名为妇好的女人所有。妇好即妇好墓的女主人，根据史书文献记载来看，她是商王武丁的妻子，本姓并不是妇，而是指她嫁到商王室，成为了异姓妇女，“好”是因为她在嫁给武丁成为王妻之后，因战功显赫，武丁送给她十分丰厚的封土和士民，而在她的封地上，她得到了“好”的氏名，故而这个传奇女性被世人称为妇好或后妇好。

商王武丁与妇好夫妇二人共同致力于商朝的发展大业，使得商朝出现了武丁中兴，在政治、军事、文化各方面达到鼎盛时期。除了商王之妻这个身份以外，妇好还是有史可查的第一位文武双全的女将军，她不仅主持过祭祀，还曾带兵出征伐敌，参与多次重大作战，这些事件都有大量的甲骨卜辞作为证明。

据甲骨文资料记载，妇好在战场上十分英勇，堪称巾帼不让须眉，她不仅能做到在帐中运筹帷幄，巧设妙计，还能在面对敌人时毫不胆怯，打出漂亮的伏击战。因为她常年在外征战，使得自己积劳成疾，身体每况愈下，早早辞世。因感念她的功劳，商王武丁专门为她建了一座享堂，并把她安葬在了宫殿区。

在商王武丁 60 多位“诸妇”中排第一后位，对于妇好来说是合情且合理的。因为她不仅是商王的王后、一座封邑的诸侯，还是一位能征善战的统帅，如此看来，在妇好墓中能出土上千斤的铜器，600 多件玉器以及 7000 多枚商朝货币也就不足为奇了。

这件出土于妇好墓的鸮尊不仅风格雄壮威武，而且纹饰主次分明，层次鲜明。它之所以被作为河南博物院的九大镇院之宝之一，不只是因为它有极高的历史价值，还因为它伴随了这位传奇女性的大半生，是她辉煌人生的最好印证。

3. 西周第一角
——“父乙”角

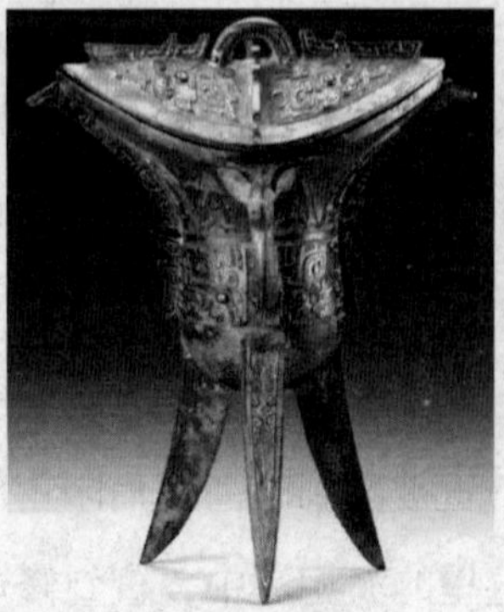

名称：“父乙”角

年代：西周

题材：角形雕纹酒器

材料：青铜合金

规格：通高 27 厘米，口长 20.3 厘米，口宽 9.8 厘米

价值：青铜角仅流行在商末周初，出土器物较少；而“父乙”角铭文清晰，制作工艺、纹饰俱佳，在文物界和考古界都十分珍贵

出土情况和馆藏

1986 年 8 月的一天，河南信阳浉河港乡的农民在石狮滩修筑水坝的时候，突然在河道中黑色和黄色的淤泥之间挖到了一件宝贝。当地文物局和公安局在得到消息之后，第一时间赶到并控制了现场，通过一番挖掘之后，他们一共找到了 14 件青铜器。

考古专家根据青铜器上的铭文和锈色不同，将这 14 件铜器分为“父乙”“父丁”两群，所谓的“父乙”和“父丁”指的是两个和父辈有关的名字。而“父乙”角就是“父乙”青铜器群的代表之一，“父乙”角在出土的时候一共找到了两件，它通体乌黑而且很有光泽。这两件“父乙”角不仅形饰相近，而且尺寸和铭文也大抵相同。据史料与文献记载，仅在我国商代末期和西周早期流行过青铜角，又因其流行时间过短，故而“父乙”角在文物界和考古界都十分珍贵，更何况是这种带着盖子的“父乙”角。

在“父乙”和“父丁”两个青铜器群中，有一部分青铜器的底部刻着“作父乙宝尊彝若”或者“作父丁宝尊彝若”的铭文字样，这些字的字体都十分工整有劲，古朴厚重，保留了商代铭文的遗风。专家研究调查之后，认为这段铭文中出现的“若”指的是若国，也就是现在的湖北荆门，这里曾是周王分封的一个小国，后来被楚国吞并，成为了楚国的兵源和物资供给的重要基地。这些青铜器本应该被随葬在湖北荆门地下的诸侯贵族墓葬中，可它们为什么会出现在河南信阳的河流淤泥中呢？信阳的浉河港乡位于河南省的南部地区，和湖北省相邻。据记载，以前曾有一座位于湖北荆门的贵族墓葬遭到大水冲毁，如果说古墓葬中的随葬器物随着奔涌的河水一直被冲到了河南信阳古河道的转弯处，最后因水流冲击力不够而沉积在这里的淤泥层中，直到修筑水坝时才被世人发现，倒也是解释得通。

如今，这件被大自然的“洪荒之力”从湖北荆门的墓葬中带到河南信阳的“父乙”角被收藏在河南省博物馆。

艺术价值

“父乙”角通高 27 厘米，口长 20.3 厘米，口宽 9.8 厘米，是一件饮酒用的器具。“父乙”角分为盖和身两个部分，盖在上，它的顶部是拱起呈屋脊形状的，脊中有桥形钮，“父乙”角的器口大体呈现出竖着的椭圆形，颈部微微有些收敛，腹部又变得直挺并有些鼓起，整个“父乙”角的中部呈环形下凹，两侧高扬，其中一侧为兽首状，圆形底端的下面是做成三棱锥形状的足。

“父乙”角巧妙地采用三层花的装饰手法进行表面布局，它的角盖和器身是用以雷纹为底纹的饕餮纹与蕉叶纹来装饰的，因为它的盖子呈屋脊状，故而在两组兽面纹外侧的两翼增设了一对三角纹饰，使整件器物在视觉效果上达到平衡，不会有失重之感。除此之外，为了在视觉上形成对称美，工匠特意在“父乙”角的腹部增设了一条竖向的龙纹，这条龙纹的设计不仅细腻而且精巧，盖内和器身壁部对铭着“晨肇贮用作父宝尊彝册”等字样，“父乙”角用它整体造型的华丽和巧妙向人们展示了制作者的匠心独运以及精湛技艺。

虽然说“父乙”角被深藏在地下4000多年，其中还在淤泥底下埋了那么多年，但是它在被发现的时候却没有变得锈迹斑斑，反而很是光滑有亮泽，考古学家认为，这一点多亏了信阳湿润的气候，以及酸性的土壤，因为这些对于青铜器来说都是良好的储存环境，器物表面在淤泥里形成的氧化层，隔绝了氧气，进而减缓了它的氧化过程，才使青铜器的色泽又亮又黑。正是因为借着这样天然的保护环境，“父乙”角才会比其他地方出土的青铜器更具有观赏性，而作为中国西周早期青铜器作品中的上等精品，哪怕称它为国宝级的文物也毫不为过。

背后的故事

“父乙”角是青铜角的一种，青铜角是古时候人们用来饮酒的一种酒器，它的盛行时间大约在商末周初，故而它的出土数量较少。

角的造型和爵有些类似，但也存在一些不同。经过研究调查以后，有专家认为，角是在爵的基础上进化来的。青铜角的口沿处虽然是没有柱的，但却有和爵尾相同的尖形角。大多的角都是有盖子的，它们中大多数被做成了飞鸟展翅的形状，看起来十分美观。现在流传在世的角中有一件有一个管状的流，它的形制与二里头文化时期的陶角比较相似，目前为止，被专家学者认定为迄今为止人类发现的最早的角。

根据史典文献可以得知，青铜角的消失时间大约是在西周中期以后，而有盖的青铜角是在商代和西周早期使用。因而我们可以判定，这件“父乙”角应该是西周之前的，西周之前的青铜器是被普遍使用的一种器物，除了作为酒器的“父乙”角之外，青铜器还被应用到炊器、水器、乐器、食器等器物中，在当时的社会中，青铜器可以说是一种十分常见的日用品。

作为一种世界文明的象征，青铜器在世界各地都曾出现过，根据考古情况与文物资料记载，最早的青铜器出现在距今约6000年的古巴比伦两河流域，而早期青铜器的代表器物是苏美尔文明时期的铜刀。中国的青铜器虽然出现得比世界上有些地方晚，但却一直以其精美的制作而闻名于世，并且代表着中国4000多年的青铜冶炼技艺和青铜器文明发展。

从尧、舜、禹时期的食器开始，人们已经发现并开始冶炼和铸造青铜器，这一时期主要出现的是小型工具和装饰品。到了夏朝，青铜合金被用来冶炼容器以及兵器，而商周时期的青铜器可以说是冶铸得最为精美的，不仅品种丰富，而且还刻有铭文和细腻精美的花纹。商代末期至西周初期，青铜器发展到顶峰时期，这一时期的青铜器形式多样，神韵浑厚，铭文渐长，花纹逐渐繁杂富丽。在这之后，青铜器的胎体逐渐变薄，纹饰也开始趋于简单化。到了春秋战国时期，铁器的广泛使用，铜质器物因其繁琐的制作工序和较高的成本渐渐被减少使用。直至秦汉时期，又因有了陶器和漆器的出现，青铜器的品种更少了，存留下来的也多为薄胎少纹饰的素面青铜器。随着历史的发展，辉煌一时的青铜器逐渐退出了历史舞台，被深埋在了土壤之中。

虽然说在青铜器的冶炼时间上，我国晚于其他一些国家或者地区，但是青铜器在我国的使用规模之大，冶炼铸造工艺之高，造型艺术之华丽以及品种之繁多却是世界上任何一个地方所无法比拟的，这正是我国古代青铜器在世界艺术之林中不仅拥有独特地位而且享誉世界的原因。

4. 颠沛流离的经典之作
——莲鹤方壶

名称：莲鹤方壶

年代：春秋时期

题材：鹤莲图案盛水器皿

材料：青铜合金

规格：高 120 厘米，长 30.5 厘米，宽 54 厘米，重 64.28 千克

价值：被誉为“青铜时代的绝唱”，首批禁止出国展览文物之一

出土情况和馆藏

1923 年，河南省新郑的李家楼发掘出了一座春秋时期郑国国君的大墓，这座墓葬中出土的随葬品里有数百件种类繁多的青铜器，大名鼎鼎的莲鹤方壶就是其中之一，它的出土时间比河南省博物馆筹委会的成立时间还要早 4 年。

专家介绍，这批出土于郑国国君墓的文物是郑国公在位时期祭祀所用的重器，故而具有很高的研究价值，甚至有专家评价道：“先有郑公大墓，后有河南博物馆。”而这批文物也正是因此才成功入选为河南省博物馆（河南博物院前身）的第一批镇馆之宝。包括莲鹤方壶在内的这批青铜器可谓是大大充盈了河南省博物馆的馆藏内容，也丰富了河南省博物馆的馆藏种类，提升了河南省博物馆的馆藏价值，也使得河南省博物馆在许多方面均

被提升了至少一个等级。

但是，让人无奈并且痛惜的是，在河南省博物馆接纳这批文物之后没过几年，因为日本全面侵华战争，使得包括莲鹤方壶在内诸多文物迫不得已走上了“背井离乡”的道路，开始了它们颠沛流离的流浪历史。

在战事吃紧的紧急时刻，河南省博物馆计划将馆藏的这些珍贵文物先运送到武汉境内的法租界藏起来，然而在和武汉距离相近的几座城市接连被攻占之后，武汉也面临危机。河南省预想的将文物暂时存放在法租界里以保安全的想法就变得无法实现了。后来，经过馆内专家多次讨论之后，他们决定将文物送往四川磁器口中央大学的学校宿舍保存。

8 年之后，抗日战争终于取得了胜利，然内国内形势依旧风起云涌，内战的情况仍然十分不容乐观。地方动乱时有发生，铁路交通运输受到了很大的阻挠，河南省博物馆接这批文物回来的时间也被迫一拖再拖。解放战争时期，这批文物几经周折，最终来到了重庆，这一次的临时周转对于这批文物来说，可谓是羊入虎口，国民党势力很快开始觊觎这一批文物，他们打算将这些文物迁往台湾，好在这个计划并没有全然得逞。由于战争原因，其中的一部分文物被迫运到了台湾，另一部分则留在了重庆，而莲鹤方壶更是在已被装箱，马上就要在重庆机场起飞运往台湾的紧要关头被中国人民解放军成功解救，留在了祖国大陆。

1950 年，河南省博物馆的代表赶赴重庆，终于将留下来的文物接回了它们的故乡。与之同行的还有国家文化部的代表，在文物被送回河南之后，国家文化部在其中挑选了有特殊意义的文物分别收藏到故宫博物院和中国历史博物馆（中国国家博物馆前身）。原本一对莲鹤方壶中尊底残缺，高 125.7 厘米的一只被故宫博物院收藏，另一只则成为了河南博物院的镇院之宝。

艺术价值

目前收藏于河南博物院的这件莲鹤方壶的高为 120 厘米，长 30.5 厘米，宽 54 厘米，重 64.28 千克。壶身主题部分采用的是西周后期流行的方壶造型，壶的重心在它的下腹部，顶盖、双耳、圈足及遍布全身上下的精巧装饰，完美地反映出了青铜器艺术在西周时期发生的变化。

春秋时期，青铜器的铸造工艺技术已经基本完备，故而这件莲鹤方壶无论是从造型还是工艺上来看，都是一件不可多得的精品制作。莲鹤方壶的壶身部分，每一层的雕刻手法都各不相同，从圆雕、浅浮雕、细雕再到焊接等技法。它的每一只莲花花瓣都是采用了镂空的手法精雕细琢出来的。与此同时，莲鹤方壶还在许多方面都向我们完美地展示了古人追求成双成对的思想，比如，莲鹤方壶本为一对，还有就是莲鹤方壶在一些细节的工艺上采用了对称的设计思维。

除此之外，莲鹤方壶在纹饰造型上拥有多种中国古代的特色文化标志，以龙、凤、虎作为点缀，极大地丰富了它自身的文化底蕴。从外观上看，莲鹤方壶大气磅礴，装饰精致，精美异常，正是因为其具有高超的复杂的工艺技巧、细腻新奇的纹路装饰及堪称完美的对称结构，才被人们当作春秋时期青铜器的典范，同时也和前一历史时期臃肿笨重的青铜器铸造风格形成了鲜明的对比，反映了春秋时期郑国的工业技术，尤其是青铜业的发展水平。

在春秋战国时期，随着政治经济水平的发展，人们的思想意识形态也变得自由活跃起来，整个社会自上至下都崇尚张扬个性，追求浪漫趣味。到了东周时期，这一时代趣味终被物化成形，表现在青铜器造型上就是由厚重走向轻盈，由威严庄重走向新颖精巧，由神秘走向通俗，由抽象难解走向易于理解。

莲鹤方壶作为春秋时期新的审美精神的象征，不仅折射出了正在萌芽的新的生活观念和艺术观念，也体现出了活跃自由、奔腾向上的时代精神，寓意着当时的那个时代也像方鼎最上部的鹤一样展翅高飞，向往着自由与解放。

背后的故事

作为古代的一种常用来盛放酒水的器物，壶这种日常必备品，不仅受到上层社会王公贵族、达官贵人的喜欢，也深受广大人民群众的喜爱。也正因为这种不分阶级的喜欢才促进了壶身造型及雕刻技术的发展，为了迎合人们的喜好，匠人们根据不同阶级的消费标准及使用情况制造出了形态变化各异的壶身，并有选择地在壶身上雕刻出多种图案。

莲鹤方壶上的图案之繁复，可谓是令人眼花缭乱，制造这件壶的匠人用他高超的制作工艺和巧妙的设计把各种动物图案混合，从而赋予了莲鹤方壶一种大气典雅的感觉。其中的一只鹤可谓是这件宝物的亮点，同时也是其装饰最为华美的部分。在方壶的盖顶上刻着盛开的双层莲瓣，一只仙鹤亭亭玉立，双翼自然舒展，引颈向上，似乎想要高声鸣叫一般，如此一只仙鹤欲鸣形态再加上底端莲花座的衬托，塑造出一种清新自由、舒服畅然的感觉。

莲鹤方壶栩栩如生、惟妙惟肖的造型不仅受到了研究文物的专家们的赞赏，更让国内外的游客们叹为观止。也正是因此，莲鹤方壶一经出现便被人们誉为“青铜器时代的绝唱”。在它身上，集中体现着我国春秋战国时期的重工业发展技术，尤其是青铜器铸造工业技艺的高超，也是它有资格成为河南博物院镇院之宝之一的重要原因。

不论是一件什么样的器物，都有它存在的理由，都需要制作它的工匠付出时间，花费精力，用尽心思，才能制成堪称人间精品的作品。郭沫若先生曾经指出，莲鹤方壶的艺术风格不同于商周时期笨拙臃肿的青铜器铸造风格，看起来十分精致，对此他称赞道：“此鹤突破上古时代之鸿蒙，正踌躇满志，睥视一切，践踏传统于其脚下，而欲作更高更远的飞翔。”

郭沫若先生认为，这对莲鹤方壶精炼地归纳出了春秋时期的人们在青铜器审美方面的取向，也间接地向我们证明了一个道理，那就是当时旧的礼制正在崩坏，新的思想观念正在成形，故而作为重工业的青铜器制造，才能在艺术上开创出新一代的审美趣味。

5. 春秋宫廷盛况之剪影
——云纹铜禁

名称：云纹铜禁

年代：春秋时期

题材：青铜案台

材料：青铜合金

规格：通高 28.8 厘米，长 103 厘米，宽 46 厘米，重 90 多千克

价值：将中国失蜡法铸造工艺的历史向前推进 1100 年

出土情况和馆藏

1978 年，在河南省文物局对楚墓的抢救性发掘过程中，有 24 座规模大小不等的春秋楚墓得以重见天日，这次挖掘出土了大量的精美文物。其中仅下寺 2 号楚墓就出土了 80 多件大型青铜器。在这 80 多件铜器中，就有大名鼎鼎的已经被列为河南博物院九大镇院之宝之一的云纹铜禁。

这件云纹铜禁在出土的时候，因为长时间受到地下水的浸泡和腐蚀，已经不幸碎裂成了数百块碎片。后来，在铜器修复专家王长清兢兢业业耗费两年之力的修复之后，现在的我们看到的云纹铜禁已经大致成型。很多人在看到这件造型奇妙、庄严瑰丽、霸气自然天成和铸造工艺巧夺天工的稀世珍宝的时候都会感慨，幸好有王长清先生这样的文物专家不辞辛苦的努力，我们才有机会窥探这上古珍宝的本来面目。

据专家介绍，这只云纹铜禁整体是用失蜡法铸就而成的。从目前可考的文献来看，我国最早使用失蜡法工艺的时间是在唐代初期，《唐会要》

中曾记载高祖武德年间铸造开元通宝时所用的就是失蜡法。因为我国能见的关于失蜡法的文献记载都比较晚，故而学界一般认为我国的失蜡法工艺来源于印度，而这件云纹铜禁的出土，可以说将中国失蜡法铸造工艺的历史向前推进 1100 年，根据下寺 2 号墓的墓主葬卒年份可知，云纹铜禁的铸造年代不晚于公元前 552 年。

据此推断，学界一致认为失蜡法的铸造工艺至少在 2500 多年前的中国就已经发展得相当成熟，那么这道工艺自然不会是源于印度的舶来品，而是中国固有的一项传统铸造技术。此论断一出，引得国内外一片震惊，我国学界更是将失蜡法列入了我国三大传统铸造技术之一。目前，这件不仅精美瑰丽，而且刷新世界失蜡法历史，并为我国铸造技术正名的云纹铜禁被保存在河南博物院。

艺术价值

迄今为止，我国已经出土的云纹铜禁一共有 7 件。如今保存在河南博物院中的这件云纹铜禁是其中体积最大、年代最久远的一件。这件云纹铜禁通高为 28.8 厘米，长达 103 厘米，宽 46 厘米，重 90 多千克，整体造型呈长方形，和现代人所使用的茶几与案台有些相似。

云纹铜禁的四周透雕着层层相叠的云纹，用它做装饰不仅具有很好的通透性，而且看上去就好像天边漂浮着的朵朵白云一般，给人一种如梦似幻、飘飘欲仙的感觉，这也正是“云纹铜禁”这个名字的由来。在云纹铜禁的上部，攀附着 12 条龙形异兽，它们的造型均为凹腰卷尾、探首吐舌的样子，12 条异兽的兽首皆面朝铜禁的中心，从整体上看来，形成了群龙拱卫的形态。

在云纹铜禁的下方，另有 12 条龙形异兽做足，而铜禁本身则是由 5 层粗细不同的铜梗支撑的，位于最内也是较粗的一层叫作梁架，这一层的每根梁架又延伸出了层层相叠、纵横交错的支梗，值得一提的是这些支梗与支梗之间虽然不相连，但是却都借着内层的支撑力相互卷曲盘绕，使整件铜禁的制作工艺在此处达到高潮，尽显其制作技艺之精良。

云纹铜禁制作时采用了十分先进的失蜡熔模铸造工艺，所谓失蜡法就是用蜡的可熔性来铸造出器物的复杂结构以及人工不容易刻画形态的部件造型。工匠们一般会选用比较容易融化的材料先制成所要铸造器物的蜡膜，然后在蜡模表面仔细的浇上一层细泥浆，等到泥浆干透之后便会形成一层泥膜，此时在泥膜表面均匀涂抹一层耐火烧的材料，等它硬化后，铸型就算完成了，接下来要做的就是用火烘烤铸型来融化最内部的蜡油形成型腔，最后只要往腔内浇注溶液，待其冷却凝固后便会得到光滑亮洁的铸件。

背后的故事

据史典文献记载，禁是一种古代用来盛放酒器的案具，其作用大概类似于现代人所使用的茶几。不过要是说起酒禁的由来，倒也算是跟酒相生相克的了。令人十分诧异的是，作为置酒的案器，这个“禁”字取得居然是禁忌饮酒的意思。

据说，禁起源于西周初年，灭亡于战国时代。而它之所以被称“禁”，是因为周王上位之后，总结夏、商两代灭亡的原因时发现，两代之亡均因其主嗜酒无度，故而周王命人造出禁来置酒，用以时时警醒自己以及天下臣民，切莫嗜酒贪杯。其实，在中国历史上，最早提出禁酒的帝王是禹，有史料记载：“帝女令仪狄作酒而美，进之禹，禹饮而甘之，遂疏仪狄而绝旨酒，曰：‘后世必有以酒亡其国者。’”

周王以史为鉴，颁布了中国最早的禁酒令《酒诰》，虽然只允许在祭祀的时候喝酒，但却也造出酒禁时劝勉，专家推断，云纹铜禁便是在祭祀时用来置酒的案具，铜禁四周的龙虎神兽造型就有警戒提醒的意思。

铜禁这一物件对于考古界和史学界来说都是一件罕见的宝物，因为无论是在考古过程中还是在家族传家文物中，都很难见到铜禁，云纹铜禁这种主要用来放置尊、卣、壶类酒器的案具可以称得上是禁类青铜器中的上品之作，它不仅工艺精湛，令人惊叹，而且为研究春秋时期的礼仪和风俗文化提供了重要的史实资料。2002 年国家文物局发布的《首批禁止出国展览文物目录》中，河南博物院有两件镇院之宝赫然在列，其中一件是莲鹤方壶，而另一件则正是这件云纹铜禁，如此看来，其重要性和珍贵性不言而喻。

6. 形象诡谲的楚铜器
——青铜神兽

名称：青铜神兽

年代：春秋时期

题材：兽形青铜陪葬品

材料：青铜合金

规格：通高 48 厘米，长 46 厘米，宽 24.6 厘米

价值：充分体现出春秋时期我国青铜器铸造业高超的技艺

出土情况和馆藏

20 世纪 70 年代初期，在兴建丹江口水库大型水利枢纽工程时，施工队无意中在河南淅川下寺发现了一座楚墓室。1989 年 10 月，在距离下寺楚墓群很近的和尚岭出现古墓盗掘现象。次年，考古人员对和尚岭及其附近的古墓群进行了抢救性的挖掘。

在这次墓葬挖掘过程中，出土了许多件青铜器，其中包含了一对大小相等、造型和纹饰也几乎相同的青铜神兽，这两件文物后来被分别馆藏于河南省博物馆和河南省文物考古研究院。被收藏在河南省博物馆的这件青铜器神兽因为造型怪异，风格诡谲，华丽夸张，一出土便吸引了许多人的眼球。

由于出土这尊青铜神兽的徐家岭楚国墓室曾经遭遇过盗掘，青铜神兽的摆放位置发生了重大偏移，故而影响了考古专家对这两尊神兽作用的判断，给文物研究带来了极大的困难，使得这两只神兽在墓室中的用途成了难解之谜，一时间，各界人士众说纷纭。

其中，有一部分考古专家认为这两只神兽是镇墓兽，也就是《楚辞》中曾经记载过的“土伯”。但是如果真是这样的话，似乎又有些不妥，因为在这一对青铜神兽的脸颊上有两丛柿蒂形花卉，和其他镇墓兽相比，多了一份俏皮，却少了几分狠戾。如此，单从它们的造型特点上来看，它们便与镇墓兽相差太大，故而这种说法备受质疑。还有一种说法认为，这两只青铜神兽是一种乐器支架，因为在这两只神兽的腹侧部位都有环钮，故而这些考古专家猜测，这两个环很有可能就是用来拴住物体的，那么青铜神兽既有可能是某种乐器的支撑底座，又有可能是用来悬绳系鼓的，还有可能是鼓架或者编磬架……在各种各样的说法之下，至今也没分出个是非高低来，这对青铜神兽的真正用途也就无人知晓了。

但有一点考古学家是普遍认可的，那就是大家一致认为，这件青铜神兽可以充分体现出春秋时期我国青铜器铸造业技艺之高，这繁复的造型以及精美的纹饰也从另一方面折射出了当时楚国人的审美趣味，以及这种趣味为中国的青铜器铸造业带来的发展。

艺术价值

这尊馆藏于河南省博物馆的青铜神兽制造于春秋时期，它的通高为48厘米，长度为46厘米，宽达24.6厘米。从造型上来看，青铜神兽可以说是颇为诡谲的，它的全身是由龙、虎、龟三种动物组成的，分开来看就是龙的首部、虎的颈部、虎身、虎的尾部及龟的足部，这种集多种动物的外形于一体的造型，哪怕只看一眼便能吸引住人的注意力。

青铜神兽的头部造型非常奇特，总体而言是呈倒梯形的，龙首上的双眼小而锐利，细看之下，你会发现，这只青铜神兽的龙口张牙吐舌，看起来十分犀利，但若从正面看去的话，这只青铜神兽的神态又显得十分专注，它好像正在侧头注视着什么似的，表情不仅令人捉摸不透，带着几分神秘色彩。在它的两颌处装饰着两团花卉，使得它在气势威猛之余又多了几分憨态。青铜神兽的触角由 6 条弯曲向上的龙形小兽组成，兽脚也是由 6 条蜿蜒相互盘旋在一起的小龙构成。青铜神兽背部的曲形架上还装饰着一头有着龙头的小神兽，同样也是虎身，但若仔细观察的话便能看到这只小兽的龙口中还衔着一条吐舌的曲体龙。

从整体上来看，青铜神兽十分具有动感，如此这般流畅的线条为神兽增添了不止一份的矫健和灵动。青铜神兽的全身上下都是用龙凤纹、云纹、涡纹装饰，再用翠绿的绿松石通体镶嵌的。据专家介绍，这一技艺不仅是对中原文化的传承，也使得整个神兽的造型雍容华贵，华美异常。

除此之外，在青铜神兽的身体上还采用了错金银、包金银、线刻等复杂工艺，不过最为奇特的当属神兽那可以随意拆卸和组装的头部及舌部，虽然可以拆卸，但是这些部件之间的对接却是十分紧密的，因为这些部件在制作时采用的是当时最为先进的铸造技巧——失蜡法，这一方法的使用，使得青铜神兽不仅造型精致巧妙，而且又别具一格。

这对充满着神秘色彩的青铜器艺术品，不仅寄托着楚地人民无限的遐想，也向世人展示了楚地人绝妙高超的工艺技巧，有很高的审美价值和鉴赏价值，表现出了春秋时期楚国青铜铸造业的伟大成就，有着同期其他器物无法比拟的特点，是青铜器优秀的代表作品。

根据青铜神兽的造型特征、制作工艺，以及随葬物品的规格，考古专家推测，这座楚国墓室的主人可能是楚国的一位王室贵族，楚国曾是春秋战国时期的一个诸侯国，虽然后来被强大的秦国灭掉了，但是却为世人留下了非常丰富的楚地文化，尤其是对龙的崇拜。

背后的故事

春秋战国时期，楚国是地处南方的一个诸侯国。最初的时候，它是被周成王分封在河南境内丹阳地区的一块土地，后来国境逐渐南移，楚国最终发展成为一个经济实力雄厚、文化独具特色的大国。

翻阅史书典籍，我们不难发现，楚国可以称得上是我国浪漫主义的发源地，当时的楚国人皆以崇敬鬼神为时尚，以“驾蜿龙以周游八极”为最为自由美好的境界。楚地人不仅想象力极为丰富离奇，喜欢通过诗歌抒发其内心浪漫无比的激情，而且还会通过各种各样造型的艺术品释放自己内心深处奔放、浪漫、绚丽的精神世界。而青铜神兽就是在这种思想氛围中诞生的艺术珍品，故而在它身上既充满了神秘的色彩，又寄托了丰富的想象力。

当时，中原文化已经逐渐摆脱了巫术宗教的束缚，但是楚国却依然沉浸在一片被奇异想象和炽热情感充斥的神话世界之中，相信鬼神并且喜好祭祀的楚地人经常举行各种各样的祭祀活动，而且每逢祭祀，必然载歌载舞，便使得春秋战国时期整个荆楚大地出现了巫风盛行的情况，也正是在这种思想意识的影响下，才演绎出大手笔的、富有浓郁巫术色彩的艺术作品。

历史上赫赫有名的屈原、老子等都是出自楚地的名人，楚国虽然最终难逃历史的桎梏，在七国的战火中走向了灭亡，但是楚国的文化却被保留了下来，世代相传，具有不可磨灭的印记，甚至影响至今。

中国人对龙文化的喜爱和传承就来自于楚文化的影响。“叶公好龙”的故事说的就是春秋晚期，楚国的一位贵族叶公子高对龙非常痴迷的故事，只是故事中的转折颇有些讽刺的意味，但当叶公子高有幸看到真龙的时候，却害怕得躲到了桌子下面，险些被龙的真身吓死。至于叶公看到的那条龙到底长得什么样子，我们都无从知晓，有专家认为，这或许正是这件青铜神兽的样子如此诡谲的原因吧，也许青铜神兽诡谲的头部造型让人们看到了春秋时期楚国人眼中的龙首形象。

除了对龙文化的崇拜和热爱以外，楚人大都向往着自由超然的境界以及心神，这种思想观念影响了他们的生产生活方式，所以楚地才出现了那么多华丽、蕴含着浓郁巫术色彩的艺术作品，这些工匠们通过制作器具抒发他们饱含浪漫的感情，释放内心的多姿多彩。河南省淅川徐家岭楚墓出土的这对青铜神兽就是在这种思想观念的影响下产生的极具代表性的时代产物。

7. 神仙思想的瑰丽史诗
——《四神云气图》

名称：《四神云气图》

题材：王族陵墓壁画

材料：彩色颜料

规格：南北长 5.14 米，东西宽 3.27 米，面积 16.8 平方米

价值：中国目前所见时代最早、画面最大、级别最高、保存最为完整的壁画

出土情况和馆藏

1986 年 5 月，在河南省永城芒砀山镇的柿园村，一位叫赵德友的农民在自家承包的采石塘里爆破了一处山体之后，发现了地下埋藏已久的墓室。这个消息传开之后，河南省商丘文物队的工作人员迅速赶到现场，对这座墓室进行了抢救性挖掘。

这座被意外炸出来的墓葬结构非常繁复，规模也十分宏大，后来经过考古工作者的辨认之后证实，这个墓室是西汉时期梁王的陵墓。这座梁王墓的墓室依托山体凿山为室，将整个墓室分为甬道、主室、厨房、便房、更衣室及诸多耳房，总面积共计 385.5 平方米，由于该墓位于柿园村，故而专家将此墓室命名为芒砀山西汉梁王陵区柿园墓，1991 年这座梁王刘买汉墓被评为“中国十大考古发现”之一。

这座梁王墓的墓室主人是西汉时期梁国的第二代君主，也就是历史上的梁共王刘买。他是赫赫有名的开国藩王梁孝王刘武的儿子。刘武是汉文帝的次子，当年“七国之乱”的平定有刘武一半的功劳，故而他的封地范围从河南开封到山东泰安一共划定了 40 多个城市，不仅疆域辽阔，而且生产力也非常高，在刘武的治理下，梁国很快成为了西汉早期最为强大的藩国之一。

据史料记载，刘武自恃功高，再加上他的母亲，也就是当朝太后窦氏对他颇为宠爱，于是他逐渐生出了异心，想要夺取皇位。念头一起，刘武便在梁国境内广收豪杰，大敛钱财，炼制兵器。据传，后来他的钱财甚至超过了当时长安中央政府国库里的钱财，这一点在这座梁王墓，也就是刘武的儿子梁共王刘买墓室中出土的 225 万枚铜钱（约 5500 千克）上可以得到间接的验证。

当年，文物队的考古队员顺着狭小的墓道进入墓室的时候，在微弱的灯光照射下，被墓室顶部一条飘逸摆尾的青龙吸引了注意。后来，经过文物专家运用特殊的科技手段对这幅墓顶壁画进行了等比例切割，分块运送到了河南博物院，它就成为河南博物院的镇院之宝之一——《四神云气图》。

艺术价值

《四神云气图》这幅绘于墓室顶部的壁画，南北长为 5.14 米，东西宽为 3.27 米，总面积达 16.8 平方米。据当时进入墓室的考古队队员介绍，当时先是被一条大青龙引起了他们的注意，经仔细观察发现这幅壁画实在是太形象生动了，只见它自西而起，向东延展。作为壁画的主角，那条位于中部昂首摆尾的大青龙，大概占了整个墓室顶部的一半多，这条张牙吐舌的巨龙异常威猛，它的舌尖微微卷起，好似还衔着一只怪兽，一只前足踩在一团云气上，另一足踏在一只猛兽的身上，一只后足和一只朱雀相接，另一只则延伸出了一支花。从整体上来看，整个龙体虽然逶迤弯曲但却不失粗犷、勇猛，再配合上四边的云气纹图案，简直就是对飞龙在天最完美的诠释。

在这幅四神云气图上，除了作为主体的大青龙之外，还有白虎、朱雀、玄武等形象，它们作为中国古代神话中四神兽，一直以来都是法力无边的瑞兽，素来就有左青龙、右白虎、上朱雀、下玄武的说法，其中青龙、白虎负责掌管四方，朱雀、玄武负责和顺阴阳，这四只瑞兽配上灵芝、花朵及四周的云纹共同构成了大气磅礴、充满神气，且十分具有灵动性的一幅画面，故而专家将其命名为《四神云气图》。

在《四神云气图》里，那条大青龙从头到脚到尾，可以说是身上处处都生着莲花，除它以外，朱雀的胫尾生莲，白虎的两耳生莲，莲花堪比云气，寓意“升仙”。有专家认为，从这幅画中可以看出中国的神仙世界中有关莲花的“联想”，这一点甚至要比佛家的莲花更加大气磅礴，中国神仙世界中的莲花形象与释迦牟尼一步一莲花的传说相比较而言，后者落到了实处，前者则更加大胆、浪漫。在这幅画中，灵芝虽然也参与了“升仙”，但它只是一个“点缀”而已，从这一点可以看出，或许对于西汉人来说，灵芝的重要性是不能和莲花、云气等相提并论的。

除此之外，在绘画技巧上，《四神云气图》气势磅礴，描绘手法也不失细腻，画家用顺畅飘逸的线条配上大气恢弘的色彩，不仅折射出了王室的霸气与恢宏，也证明了墓室主人绝非一般的身份地位。

背后的故事

壁画是人类社会最早采用的创造艺术的一种方式，目前为止已发现的壁画中历史最早的要数摩崖石刻及洞窟壁画这些能够反映原始人类的生活状态及狩猎对象的壁画了。汉代是壁画创作的鼎盛时期，尽管到目前为止，许多出土的汉代壁画大都是残缺的、不完整的，但是仍旧为研究汉代壁画的创作水平提供了最为真实重要的依据。

在古代人的眼中，尤其是对于西汉时期的人而言，人死后是可以“升仙”的，他们都相信，死亡不是生命的尽头，而是生命的另一种延续，因而才会有《四神云气图》这类表现墓室主人死后乘龙飞仙、继续享乐的美好愿望的墓室壁画的存在。

在《四神云气图》出土之前，有关我国西汉早期壁画的文物内容非常稀缺，而《四神云气图》的出土，可以毫不夸张地说它在很大程度上填补上了我国西汉早期壁画文物的空白，拥有很高的艺术价值和历史价值，同时它也是迄今为止在我国发现的年代最早、墓葬级别最高、画面最大、保存最完整的壁画珍品，是一部承载了西汉初年中国文化中神仙思想的壮丽史诗。更重要的是，这幅壁画要比大名鼎鼎的敦煌壁画还早600多年，故此，在壁画领域，《四神云气图》有“敦煌之前的敦煌”的美誉。

8. 汉代的高层住宅建筑
——七层连阁式彩绘陶仓楼

名称：七层连阁式彩绘陶仓楼

年代：东汉

题材：建筑明器

材料：陶土

规格：高 192 厘米，面阔 168 厘米

价值：目前发现的层数最多、最高且最具代表性的汉代建筑明器，被称为“华夏第一陶仓楼”

出土情况和馆藏

2008 年 10 月 28 日，考古专家在焦作市李河墓进行抢救性挖掘文物的工作。进入最后阶段时，却意外地发现了一件文物，它的宝贵程度之高让辛苦多日的众人一扫疲惫，变得兴奋不已，这件文物就是后来被称为“华夏第一陶仓楼”的七层连阁式彩绘陶仓楼。

七层连阁式彩绘陶仓楼刚被挖掘出一部分的时候，现场的文物工作人员就已经为它的规模惊叹了，等到整个陶仓楼出土的时候，文物工作人员们看到了更大的惊喜，他们不仅仅为这座陶仓楼的规模惊喜，更为它的建筑特点及它所展现出来的汉代的先进建筑水平和极高的艺术设计与雕刻水平而赞叹不已。

这座七层连阁式彩绘陶仓楼建筑可以分为院落、主楼、附楼及连接两

楼的阁道四个部分，更值得一提的是，这座古代版的摩天大楼不仅十分雄壮，而且很是精致，从院落门口的狗和它旁边栩栩如生的鹅，到佝偻着腰背着粮食入门的人物，无处不在的小细节很好地显示出了这座七层连阁式陶仓楼的艺术美感。除此之外，它的精致之处还表现在主楼上每一层都各不相同的建筑风格上，那些雕刻出来的图案、在秦朝风格影响之下建立的阁道及秀丽别致的副楼都对我们研究古建筑有着诸多可供参考的地方。

目前，这座七层连阁式彩绘陶仓楼已经被列为国家一级保护文物，收藏在河南博物院。而河南省焦作市更是计划将要投资 2 亿元，以七层连阁式彩绘陶仓楼为设计蓝本，将它放大 20 倍作为当地的文化地标性建筑建造出来。

艺术价值

这座七层连阁式彩绘陶仓楼高 192 厘米，面阔 168 厘米，整座建筑模型的各个部分均可以分拆组装，其构件多达 31 件。七层连阁式彩绘陶仓楼的主楼是一座七层的仿木构建筑，其中第一、二层是一个整体，第一层无门，一、二层间设有平座，可以从第一层外置的斜坡式楼梯通向二层平座；二层的正面开着四个方形的进粮口，周围阴刻细线，第二层上覆腰檐，腰檐上置平座，檐下出挑斗栱；第三层是置于第二层的平座上的，楼体前壁有两个长方形的门，周边用凹凸的棱纹刻出门框，前壁和四角上部共出三根挑梁，挑梁上是一条正交枋木，枋木两端各承着一朵一斗三升栱，一侧的山墙上开着方形的洞口，用来承纳阁道的榫头；第四层坐落在第三层上，顶覆腰檐，腰檐上置平座，前壁中部开着一个长方形的门，左右开方形小窗，窗户两边雕刻着对称的网状菱形纹及对顶的三角纹几何图案；第五层楼体置在第四层的平座上，前壁开着一个竖长方形的门和一个正方形的小窗，门窗周围和墙面上镂刻着凹凸棱纹、圆点纹、三角纹等几何图案；第六层前壁上部同第二层一样出三个挑梁，梁上各置一朵一斗三升栱，楼体顶部覆着庑殿顶，前后坡上有多道瓦垄；第七层接近正方体，楼层的底部接近马鞍形状，横向开袑跨在第六层屋顶的正脊上，正面中部开着一个正方形窗户。

长方形的院落位于主楼之前，三面围墙上皆有平板式围墙帽，前墙的正中开了一个长方形双扇门，可以开启闭合，周围凸起的门框及装饰图案都是刻出来的，大门两侧的上部檐下各出两个挑梁，梁上各置一斗三升斗栱，门楼两侧上置着双阙，阙上有屋顶。门口有一个扛着粮的人俑正迈着腿向院子里面走去，院内则俯卧着一只看门狗；附楼是一座通高 128 厘米的四层建筑，楼体坐落在高台上，附楼第一层前壁正中开着一长方形的门，第二层到四层的前壁均开着一个方形的窗户；横向长方体的阁道架在主楼和附楼的三层之间，将两座楼阁建筑连成了一体。

从整体上来看，七层连阁式彩绘陶仓楼的主楼高大雄伟，附楼挺拔秀丽，再加横架两楼的空中阁道，完美地体现了汉代时期高超的建筑技艺。这座陶仓楼的装饰中综合运用到的线刻雕刻、绘画及镂空使得这座陶仓楼看起来异常的绚丽多彩，且更具艺术美感，反映出了我国汉代时期辉煌的建筑装饰艺术，对研究我国汉代古建筑的传统装饰手法来说具有非常重要的意义。

背后的故事

自古以来，我国推崇的都是重农抑商的政策，尤其是在两汉时期，统治者对农业发展尤为看重。《汉书·食货志》记载："至武帝之初七十年间，国家无事，非遇水旱，则民人给家足。都鄙廪庾尽满，而府库余财。"每到粮食丰产的时候，要考虑的问题就是如何储存粮食、延长粮食的可食用时间。故而，当时从中央到地方都建立了大型官仓，同时也建立了十分严格的仓储管理制度。

纵观陶仓模型随葬的历史，其中最早的典范当属东周时期的关中秦墓，汉承秦制，故而西汉的丧葬习俗也自然而然地受到了秦文化的影响，在这一阶段的墓葬中，普遍会加入陶仓模型等明器随葬。从咸阳京师仓的建筑遗址提供的线索来看，汉代的粮仓大多是木架结构的，这些粮仓一般前后檐墙严实，室内地板悬空，室外用板瓦和筒瓦覆盖披檐。不仅有单层粮仓，也有多层粮仓。此外，除了粮仓模型之外，粮仓建筑在两汉时期墓葬中的壁画和画像石上也多有表现，比如和林格尔汉墓壁画中的繁阳县仓城图及乌桓校尉幕府谷仓，都是高大的双层谷仓建筑，从建筑规模特色上可以很明显地看出，它们是官府的仓储。

焦作地区出土的高层楼阁陶仓楼从功能上来看，不仅仅是用来储藏粮食的，这座陶仓楼上彩绘的云气纹饰和端坐在阁楼内代表墓主人的陶俑，与汉代画像石及壁画中的“升仙”场景相符，都表达了汉代人“居高楼以成仙”的美好祈望。

从建筑艺术上来看的话，汉代可以说是中国建筑史上的第一个高峰，当时的建筑大都以木质结构为主，故而由于战乱及年代已久等诸多原因，地面上的建筑是无法被完好保存至今的，但是好在当时的人们会让建筑明器随葬，才为我们研究当时的建筑风貌和建筑水平提供了依据。

目前，我国出土的陶仓楼主要集中在焦作市，这说明焦作地区在两汉时期经济繁荣，人们安居乐业，这一发现也弥补了因战乱导致建筑损坏的遗憾。陶仓楼模型反映了我国汉代辉煌的建筑装饰艺术成就，不仅有助于研究汉代建筑技术，还可以帮助我们了解古人的生死观念，在欣赏建筑之美的同时，了解古人的智慧并借鉴其中的技术，让它在现代建筑中也能发扬自身优势，让其中具有的建筑学研究价值、美学价值及艺术构造价值可以在后世继续流传下去。

NO.4

万邦之珍：齐鲁风韵之流转

齐鲁文化历史悠久，从远古的北辛文化，到大汶口文化，再到龙山文化，一系列原始文化的谱系连接起来，组成了齐鲁地区的史前文化。西周初年，姜太公被分封于齐地，周公被分封于鲁地，标志着史前文化向齐文化和宗周文化演变。此后齐文化和鲁文化走向融合，共同构筑了延绵数千年的齐鲁文化。

齐鲁文化受到儒学和齐学的影响，既有儒家守礼重教的特点，又有齐学奔放任达的风韵，因而这里的古代器物多是礼教与放诞的融合。有肃穆威严的王权礼器，比如“亚醜”钺，也有两性趣味的闺房弄器，比如裸人铜方楱。这些珍贵文物彰显了齐鲁文化的风韵特质，构成了严肃与随性、保守与奔放的独特风貌。

1. 憨态可掬的夭夭陶色

——红陶兽形壶

名称：红陶兽形壶

年代：新石器时代

题材：兽形陶器

材料：夹砂红陶

规格：高 21.6 厘米，前后长 22.4 厘米

价值：表明了大汶口文化时期，中国的陶器制作在原料的选择、对火候的掌握、器型的塑造及图案的装饰等方面，都已经达到了相当高的水准

出土情况和馆藏

1959 年 6 月，山东泰山汶河南岸的磁窑镇堡头村西发掘一处新石器时代遗址，遗址总面积达 82 万平方米，已挖掘出 5400 平方米，墓葬 33 座，出土随葬品 2100 余件，包括陶、石、玉、骨、牙器等不同质料的生产工具、生活用具和各类装饰品。其中发掘出 1000 多件精美的陶器，以红陶居多，有三足器、圈足器、平底器、袋足器等物品。经专家研究判断，这处文化遗址属于大汶口文化中期和晚期，距今已有 6000 多年。

大汶口遗址的年代处于母系氏族社会末期向父系氏族社会过渡，遗址中有墓葬、房址和窖坑等。墓葬以男女单葬为主，也有成年男女的合葬，女性明显处于从属地位，而随葬品都集中在男性一侧，这说明当时父权制已经产生。这一时期的灵魂观念发生了明显变化，墓地中出现了无尸富墓、断头富墓，说明已不再单用死因区分灵魂善恶，这些凶死者是氏族中的新贵族，他们虽然是凶死者，但也均得到了厚葬。

在遗址中发掘的墓中随葬品，数量和质量差别较大，有的墓葬空无一物，有的墓随葬品多达 180 件。在一些大墓中，随葬品品种丰富，制作精致，有很多珍贵的碧玉铲、透雕象牙梳、玉指环、玉臂环、绿松石镶嵌象牙雕筒、象牙梳、骨针等。除此以外，出土的生活用具也十分丰富，造型精美，主要有鼎、豆、壶、罐、钵、盘、杯等器皿，其中以彩色红陶的器具最为绚丽耀眼。

从遗址中出土的红陶兽形壶是红陶生活器皿的精品，专家们经过对出土陶器的仔细研究，又根据地层叠压关系对之进行鉴定，得知这种色泽明丽的红陶是新石器时期产生最早、延续时间最长的陶器。红陶的颜色如鲜血一般灿烂，又像火焰一样热烈，符合原始先民对血与火的图腾崇拜。红陶兽形壶被掩埋了 6000 年而完好无损，光润亮泽的器身在阳光下熠熠生辉，反映出当时制作陶器的高超水平。

红陶兽形壶出土之后，便被收藏在山东博物馆，成为十大镇馆之宝之一。

艺术价值

红陶兽形壶不仅是大汶口文化遗产之一，也是红陶器皿中的典型代表。它精巧的造型无疑具有极高的艺术价值，而且还是盛放酒或水等液体的实用器皿。

红陶兽形壶高 21.6 厘米，模仿猪的造型制成水壶。壶身是夹砂红陶质，通体是鲜艳的红色，猪形壶身圆面耸耳，拱鼻张口，有四足，短尾上翘，耳朵上穿有小孔。红陶猪的尾部有一圆筒形状的口，可以向里面注水，嘴巴张开可以出水，背部有一个提手，便于提拿。最巧妙的是它腹部隆起，四条腿又粗壮，这样不仅可以增加陶器的盛水容积，又可以把它放在火上加热。以当时的生产条件来看，这无疑极大地方便了人们的生活。

此壶的造型憨态可掬，红陶猪的身体肥壮，张着嘴巴，仿佛向它的主人乞讨食物。全器构思巧妙，造型生动，饶有趣味，既有审美价值，又有实用功能，是早期先民制陶工艺的代表作品。据传，最早的陶器是由一个名叫嫘祖的人发明，并传授给后人。恩格斯认为："人类学会制陶术，标志着人类蒙昧时代的结束，野蛮时代的开始。"陶器的发明使用，是先民对大自然的探求发现和运用的结果，正如郭沫若在《西江月》中所写："土是有生之母，陶为人所化装，陶人与土配成双，天地阴阳酝酿。水、火、木、金协调，宫、商、角、征交响。汇成陶海叹江洋，真是森罗万象。"

有考古资料表明，新石器时代的先民已经在生产陶器，红陶兽形壶的出土证明当时的制陶工艺已经十分成熟。红陶器皿的制作是先用泥一遍遍地揉搓成条，再一圈一圈盘在一起，盘筑成各种形状的陶器，这就是先民使用的盘筑法。从造型和工艺来说，红陶兽形壶的陶猪形象逼真又实用，表明大汶口遗址的先民已经掌握了动物部位的比例结构及体形外表的凹凸高低，并能将动物形象运用到日常器皿制作当中，这也是新石器时期家畜饲养业的生动反映。

一件红陶兽形壶包含了古代先民的艺术智慧和生活体验，陶器的绚丽颜色，器皿上的点、线、色、韵的和谐融润，造型自然流畅，浑然天成。陶猪圆面、耸耳、拱鼻与肥硕的体型比例匀称，各部位相互呼应，线条凹凸有致，生动自然，无论从哪个方向观赏，都能感受到它的逼真与灵动，彰显出先民们在陶塑造型方面的艺术技巧和精深造诣。

背后的故事

红陶兽形壶的出土，为新石器时代先民生活状况的研究提供了重要资料，尤其反映出6000多年前的先民已掌握家畜饲养。据专家统计，在大汶口文化遗址的发掘中，大约1/3的墓葬都使用猪来随葬，这说明当时的人们不仅在生活中需要猪，而且将猪作为一种私有财产进行随葬，猪成为计算财富的重要标志。大汶口文化的晚期，生产力得到长足发展，私有财富的增多使得私有制出现。家猪成为大汶口氏族家族的一种重要动产，在随葬品中，家猪与各种珍贵器皿一样，都是墓主身份地位和财富的象征。

在一些大汶口墓葬里，随葬品有很多猪头骨和猪的下颚骨，这些随葬品显然不是活猪殉葬，应是墓主人生前的私有财产。此外，随葬的私有财产还有用猪骨制成的装饰品、猪形陶器、猪形玉器等，都说明猪在当时的生活中占有极其重要的地位。

2. 王权礼器，肃穆威严
——“亚丑”钺

名称：“亚丑”钺，又称亚丑钺

年代：商朝晚期

题材：人面纹形兵器

材料：青铜合金

规格：高 32.7 厘米，刃宽 34.5 厘米

价值：一般由身份尊贵的王侯贵族所拥有，是权力与社会地位的象征，具有很大的考古价值，同时也是古典艺术中的瑰宝

出土情况和馆藏

1920 年，在距离青州市东北 10 公里的苏埠屯村东的埠岭上，村民陈俊在南岭挖土，在一处断崖上看到了 8 件铜器，就用抓钩去抓，将一件青铜觚抓碎，另一件青铜觯上也有抓钩的痕迹，青铜器被县里收购。1926 年，村民杨明喜又在北岭中段挖出 4 件青铜器，其中有一件底部带有铭文的鼎器。当时国内收藏和买卖文物之风盛行，大量文物被倒买倒卖，很快这件带有铭文的青铜鼎便下落不明。1931 年，苏埠屯村又两次发现了青铜器，有一个拾柴的小孩看到地面露有陶器，于是往地下挖，结果挖到一批铜器。后来这些青铜器卖给了潍县的古董商，县长只追回 7 件，存于本县的民众教育馆。

1965 年秋，山东博物馆数名学者组成考古队，对苏埠屯墓地进行探索和发掘，而发掘出的一号大墓引起了世人的广泛关注，这座商墓是迄今为止，除安阳殷墟以外规模最大、规格最高的商代墓葬。参与发掘的有一位姓张的老汉，用锄头刨地的时候，只听“咣当”一声响，挖到一件青铜器，这就是后来轰动一时的“亚丑”钺。

令人遗憾的是，正是这“咣当”一声，使得“亚丑”钺的左下角断掉一小块，但是这点小残损，相对其自身的巨大价值，可谓瑕不掩瑜。“亚丑”铜钺造型独特，铸工精美，尤其是铸刻的“亚丑”铭文引起人们的广泛关注。这件文物一经出土便轰动了整个中国考古界，甚至影响了全世界的考古学家们。因为钺的正反两面都铭有“亚丑”二字，因此考古学家们便将它命名为“亚丑”钺。

考古学家发掘的一号墓葬共有 4 条墓道，墓口南北长 15 米，东西宽 10.7 米，墓深 8.25 米。墓中有“亚”字形椁室，由木板筑成，墓底有腰坑和奠基坑各一个。墓内共有人牲 48 个，另有狗 6 只和小兽 1 只。由于此墓早年被盗，所以在发掘时仅出土了鼎、斝、爵、矛等青铜器残片，及钺、戈、镞、铃、斧、锛等青铜器，还有一些零碎的陶器和玉器等。

在“亚丑”钺出土的同时，也发现此墓殉葬的人数较多，这说明墓室的主人身份地位较高，而且墓中有 4 个墓道，更能证明墓主人不是普通的地方小贵族。在出土的两件大铜钺中，一件有“亚丑”的铭文。据专家研究，此墓的形制与安阳侯家庄商王陵的“亚”字形大墓相似，墓主人可能是仅次于商王的贵族人物，大概是“亚丑”族的墓地，或是殷商王朝在东方同盟国之一的国君陵寝。

专家根据古文献记载推测，这里有可能是商末周初薄姑氏的文化遗址，《汉书 · 地理志》有言：“少昊之世有爽鸠氏，虞、夏时有季萴，汤时有逢公柏陵，殷末有薄姑氏，皆为诸侯，国此地……至周成王时，薄姑氏与四国共作乱，成王灭之，以封师尚父。”可见，在殷末周初，青州苏埠屯这一带确是薄姑氏所居。

“亚丑”钺的人面造型怒目圆睁，庄严肃穆，令人心生敬畏，是商代青铜器物中难得的上乘佳品。这件文物目前收藏在山东省博物馆。

艺术价值

“亚丑”钺也称人面铜钺，高32.7厘米，刃宽34.5厘米，肩宽23.3厘米，器身呈长方形，两肩有棱，外形作镂空双穿的人面，纹眉、瞳和鼻向外凸起，口稍凹下，面部表情狰狞可怖。铜钺有弧形刃，刃部宽大，钺身刃角外移，在人面口部的两侧，各有一个“亚丑”的铭记，左为正写，右为反书。

钺这种器物大约出现于新石器时代晚期，最初分为石质和玉质。在一些规模较大、规格较高的墓葬中，石质或玉质的钺往往是标志墓主人身份地位的重要随葬品。到了商代之后，出现了种类繁多的青铜钺，曾有考古学家将出土的商代铜钺按铸造大小顺序分为三型八式，其制作精美程度亦有不同，而最令人震撼的当属从山东青州苏埠屯出土的“亚丑”铜钺。

“亚丑”钺出土以后，有考古学家发现，它的纹理构造、图案脉络等与同期在黄河流域出土的殷商青铜器极为相似，其中许多细节之处都有雷同，或者双方互为影响。考古学家经过不断挖掘与探索，终于得出结论，在文化演进的过程中，商朝以前，齐鲁文明与华夏文明基本处于各自独立的状态。然而从殷商建立后，两个文明之间因为战争与民间交流，开始发现碰撞、交汇、融合，最后互相影响。毫无疑问，“亚丑”钺是受到华夏文明的影响制作出来的。

背后的故事

在中国古代，钺从产生开始就有很多种用途，其中一种用途便是作为实战性很强的武器。钺的表面大多都有狰狞或威严的面目纹饰，这些纹饰铸于斧钺类兵器上，凸显出一种利兵的肃杀之气，可以令敌人心生畏惧。《说文解字》解释道：“钺，大斧也。”《史记·鲁周公世家》中记载：“周公把大钺，召公把小钺，以夹武王。”周公与召公手里所持的用来保护王的钺，便是一种武器。

钺的另外一种用途，是象征权力的器物。在古文献中，钺常被称为王斧或者天钺，甲骨文和金文中“戉”字与“王”字在结构和读音上有对应关系。除此以外，考古发掘的形制巨大的青铜钺多出自帝王墓，古籍文献中记载有商王和周王出征时“执钺”“把钺”的描述。据《史记·殷本纪》记载：“汤自把钺，以伐昆吾，遂伐桀”，这表示，钺不但是一种武器，而且还是王公贵族所佩的器物，加之从大型墓葬中出土的钺都有威严之势，更说明钺是当时一种权力的象征，代表了王公贵族的社会地位与权力，因此铜钺也象征着王权。

钺作为王权象征始于夏代，这一礼制被商周承袭。商代几座王墓出土的巨型青铜钺都铸刻有暴突环眼、阔嘴獠牙的狰狞面目，呈现出一种令人不敢正视的狞厉容貌，给人以强大的震慑力，有不得冒犯天威的态势。这些铜钺都是帝王贵族的随葬品，与王权的关系不言而喻。

殷商王朝处于奴隶制社会，常以一种狰狞的审美风格作为标榜权力的标志。因此，“亚丑”钺上的纹饰虽然丑陋狰狞，却象征了当时神圣的王权。手持人面铜钺，他们就是至高无上、不可冒犯的主人，同时也表明他们具有神的权力，是神之子的化身。

3. 贵族女性的闺房弄器
——裸人铜方楱

名称：裸人铜方楱

年代：约在西周晚期至春秋早期

题材：青铜首饰匣

材料：青铜合金

规格：高 11.6 厘米，长 12 厘米，宽 7.5 厘米，重 875 克

价值：与人种起源传说和祈求本种族繁衍生息的思想有关，寓意着子孙繁衍

出土情况和馆藏

清朝末年，山东莒县出土了一件裸人铜方楱，被当地一位有名的收藏家庄恩泽收藏。后来，它几次经历战火，1951 年，庄恩泽的后人将青铜器捐献给山东博物馆。

而谈到这件宝物的年代，则不得不说铸造在这件宝物上的纹饰了。裸人铜方楱纹饰是双层垂鳞纹，接近底部的地方有两圈凹弦纹，而在弦纹与弦纹之间，两个弦纹中间的空白处又雕饰有“L”形状的纹。器物底部则有阳铸交错菱形网纹，铸有一男一女的器盖上，铸饰着对称的梯形回纹。如此丰富多样且华丽的纹饰，在那个以青铜器为尊的年代里并不多见，因此，许多考古学家一致认为，这件青铜器的时代最晚不会晚过春秋早期，而再早的话，也不可能超过西周晚期了。

这种铜方楱其实并不罕见，除了这件裸人铜方楱外，考古学家还发现了至少9处墓葬都有这样的铜方椟。这些铜方椟均是以裸人为器足，并且这些作为器足的裸人都没有铸造出性器官。比如山东曲阜故城出土的西周时期的鲁司徒中齐盘、枣庄小东江小邾国墓葬中虎钮方奁，又或者是晋侯墓葬中所出的立鸟人足筒形器，都装饰有作为器足的裸人。裸人铜方椟与其他铜方椟好像并无太大区别，因为它亦是以6个无性别的裸人为器足。然而它之所以具有超凡的艺术价值，受到人们的重视，关键便在于器盖上的两位裸人。

在青铜器中，以裸人为钮，并且形状为男女相向跽坐，而性器官在整个造型中突出的形象，是极为少见的。其他墓葬中出土的同类器物大多是动物单钮或者双钮，如虎钮方奁，便是两只老虎作为钮，一只蹲着，另一只伏下身子，作欲扑状。整个场面好似两只老虎争斗，极为形象生动。这样以兽为钮的铜方椟，在周代的青铜器中并不少见，但是从目前出土的青铜器皿来看，用裸人为钮的铜方椟仅此一件。因此许多专家认为，这种造型是早期人类对子孙繁衍昌盛的一种祈福与教导，与人种起源的传说及祈求本种族繁衍生息的思想有关。从民族学的资料来看，这样的观点不无道理。

艺术价值

椟，在古代是用来装珠宝首饰的匣子或小柜子，裸人铜方椟通高为11.6厘米，长为12厘米，宽为7.5厘米，重量是875克。整个器身呈长方体，四面都是直壁，略微呈内收形状。呈长方体的器身由6个裸人支撑，底部的四个角各有一个，两个宽边又各有一个。它们都以背部托着器身，作为这件裸人铜方椟的器足。位于器物顶部的器盖，左右双开，分别铸有一男一女，两者俱是裸体。铸造的造型中，男女双方相向跽坐，而男性的生殖器表现得十分清晰。其中，男性身体微微前倾，生殖器高高勃起；女性则是长发盘起，双手抱在腹前，刻画形象生动，很是逼真。

这件裸人铜方椟有器足、有器盖，器身为一个长方体，然而这个长方体内部是空的。经学者考证，这类铜方椟又名为匮、柜，是贵族女性闺房中装首饰的一种匣子，虽然用青铜制成，但不属于礼器，绝不可能用于庙堂祭礼。西周春秋交际时，青铜器的制作有了长足的进步，许多新型产品横空出世，这类闺房弄器和容器，便是其中的代表作品。裸人铜方椟内部中空，器形精小，作为贵妇闺中盛放珠玉宝石一类精巧华美的物品，其本身的制作也是工艺精良，异常华美。

背后的故事

椟作为中国古代盛装珠宝首饰的器具，男女皆可使用。在古代《买椟还珠》的故事中，商人用椟来装珠子，携带出门进行交易。裸人铜方椟是周代青铜器物，经过专家考证，此器为周朝贵族已婚女子的闺房用品，用来装珠宝首饰。周王朝时期礼仪严谨，裸人铜方椟造型大胆，似乎不符合对女子守贞从德的要求。但是据专家推测，此物极有可能是女子出嫁时，娘家陪送的一份嫁妆，作为嫁到夫家使用的首饰盒。

据史料记载，古代贵族女子较早出嫁，缺乏性教育的知识，因而娘家母亲会为出嫁的女儿准备与性知识相关的器物或书籍，作为陪嫁的嫁妆，比如春宫图画等。裸人铜方椟作为女子的首饰盒，铸造为一对男女裸人，构图清晰大胆，有明显的性意味，因而可以推断，此器物应是女子出嫁时娘家陪送的首饰盒。

古代女子出嫁，娘家要送一份丰厚的嫁妆，首饰盒是必不可少的。椟、匮、妆奁等都是女子盛放首饰或梳妆用品的器具，早在周朝时期就已经流行，一直延续到明清时期，因此首饰盒的文化历史十分悠久。中国制造器物的传统工艺追求器以载道的意境，首饰盒的发展经历了青铜器、金银器、瓷器、木器等，各自代表了不同阶层的审美情趣及时代的价值取向。

女子首饰盒是中国传统文化的一个重要组成部分，在西周至秦汉时期，首饰盒多为青铜器和漆器，王公贵族出身的女子才能拥有。这一时期的首饰盒多为小巧的单层器物，有四足和盖子，但没有配置铜镜，因为要适合席地而坐时使用。到了唐宋以后，人们的生活习惯发生变化，坐姿从席地跪坐发展到垂足而坐，出现了腿床和桌椅等高家具，女子的首饰盒也从单层演变成多层套奁，并且在首饰盒上加装了镜子。后来随着明式家具的发展，最终出现了大型梳妆台和便携式梳妆匣的类型。

4. 巧夺天工的琢玉工艺
——鲁国大玉璧

名称：鲁国大玉璧，又称藏鲁国大玉璧

年代：春秋战国时期

题材：三层雕纹陪葬玉器

材料：玉石

规格：周径 32.8 厘米，孔径 11.6 厘米

价值：为目前所发现的战国玉璧之中最大的一件，为考古学家研究战国时代的玉璧与琢玉工艺提供了最可靠的实物资料，现为国家一级文物

出土情况与馆藏

山东曲阜故城，是周朝时期鲁国的都城，周武王弟弟周公的封地，也是儒家文化和鲁文化最重要的发源地。故城从西周到汉代，共经过 8 次大规模的兴建，在宋代以后逐渐毁废。抗日战争时期，日本人一直对鲁国故城的地下宝物垂涎三尺。1940 年，日本人对故城遗址进行勘查，并且采取小规模的发掘，但是他们并没有发现鲁国遗址或墓葬。20 世纪 70 年代，国家组织了一批考古学家对山东曲阜的墓葬进行挖掘，首先发掘曾作为鲁国都城的故城。经过考古学者的努力，很快在山东故城发现了一个战国墓。1977 年，鲁国故城遗址被发掘出来，出土了一件陪葬礼玉——鲁国大玉璧。

山东博物馆对故城遗址进行全面勘查和发掘，遗址周长 11.9 千米，城垣东西长 3.7 千米，南北宽 2.7 千米，城的四周有城壕，东、西、北三面各有 3 座城门，南面有城门 2 座，门道宽 5—7 米。内城约占遗址面积的 1/4，内城中心有一片高地，是宫殿区和太庙，高地四周分布着衙署、住宅区和商业区。城北部和城西部是冶铜、冶铁、制骨、烧陶等手工业作坊遗址，房屋排列十分密集。城西部有墓葬区，考古学者发掘出 100 余座周代墓葬，出土了许多的青铜、陶、骨、蚌等器物，这些随葬品均有商周文化的共同特征，证明周朝鲁文化融合了商文化和周文化。

鲁国大玉璧一经出土，很快在国内引起了轰动，考古学家从来没有见过如此大的战国玉璧。不仅如此，在这个墓葬里，他们还发现了大大小小共 18 块玉璧。考古学家很快便意识到这座墓的不寻常，因为一般公侯墓葬不可能用 18 块玉璧作为陪葬品。经过考古学家与历史学家的研究探讨，最终他们认为，这些玉璧放在一起很可能是用来防腐的，而最大的鲁国玉璧，还有祭祀上天的作用。在当时，能用 18 块玉璧防止尸身腐烂的墓主人，极有可能是鲁国的某一君王。在周朝时期，以河南为中原，山东地区被称为东夷，被分封到这里的人们便开始崇尚东方。在中国五行文化中，东方属木，属青色，因此，用来祭祀上苍神灵的鲁国大玉璧通体呈现青色，以此显示纯正的齐鲁文化。

这件鲁国大玉璧出土之后，便被保存在山东博物馆，成为十大镇馆之宝之一。

艺术价值

鲁国大玉璧是战国时期的随葬礼玉，周径 32.8 厘米，孔径 11.6 厘米，由于器型较大，成为国内发现的战国玉璧中最大的一件。大玉璧器型规整，玉质莹润呈青碧色，整块玉璧纹饰繁缛精美，璧身的纹饰分为内、中、外三层，内外两层装饰有双尾龙纹，中间装饰谷纹，象征五谷丰登的美好寓意。璧身饰纹紧凑匀称，线条流畅，做工十分精致，为研究战国琢玉工艺提供了实物资料。

玉璧自古有苍璧礼天之寓意。作为玉制礼器之一，玉璧最早出现在新石器时代。《说文解字》释璧:“瑞玉，圆器也。”《尔雅》记述:“肉倍好，谓之璧；好倍肉谓之瑗；肉好若一谓之环。”这里所说的“肉”，是指玉璧的璧体，“好”则是指玉璧中间的圆孔。因此，玉璧是一种扁圆形环状的玉器。在春秋战国时期，制玉业发展迅速，当时的贵族们为了区分身份地位，便依据每人所处的爵位等级，如公、侯、伯、子、男等，制作了不同的玉璧佩戴，用以显示各自的身份。这件出土的鲁国大玉璧，便是其中的玉璧作品之一。它既彰显出拥有者的高贵身份，又在祭祀神灵时作为礼器，由于它的地位非比寻常，因而制作上也精美无比。

鲁国大玉璧颜色发青，而且由于年代久远，表面色泽发暗粗糙，并没有光泽润滑的感觉。但是从规格来看，鲁国大玉璧的外周径超过 30 厘米，堪称玉璧界的翘楚。而且玉璧上纹饰复杂，雕琢难度较大，艺术价值极高。同时，这样的玉璧并不适合随身佩戴，应该不是墓主人在生前的佩戴之物，而是作为祭祀礼器，用于随葬，防止尸体迅速腐烂。因此鲁国大玉璧的制作并非是为了欣赏，而是具有一定的文化功用和实用功能。它的艺术价值和实用价值，对后人研究周朝文化具有非凡的意义。

背后的故事

说起玉璧，便不得不提玉璧的用途。随着朝代的更迭和时代的进步，玉璧的用途也不断演变。商周时期是奴隶制社会，生产力较为低下，开采玉矿、雕琢玉器都十分困难，因而玉器制品比较少见，玉璧便成为当时贵族阶层的专属物品。玉璧作为一种尊贵的礼器，不仅被用来祭天、祭神灵、陪葬，也是王公贵族用来象征身份的器物。

玉璧的“璧”通“毕”和“毙”之音。因此在古代，人们常使用玉璧作为随葬玉器，一种用法是将玉璧置于死者身下，表示必死；第二种是将玉璧含于死者的口中，称为含璧，表示无生，灵魂不再生还，而是进入另外一个世界。

同时，正是由于玉璧具有以示生死之意，所以在商周时期，地位较低的人，会向地位高的人赠玉璧，以示愿生死效劳。后来这样的礼节逐渐发展，成为好友之间的互赠，用来表示知心之交。

从战国到两汉时期，国家礼崩乐坏，传统礼制逐渐衰落，生产力的提高之后，玉器制品不断增多，玉璧的地位也开始下降，最终变为纯粹的配饰玉及被埋进墓葬中的陪葬品。宋代以后理学建立，人们重新开始重视玉璧的作用，再次将它提升到重要位置，在祭祀和好友赠送的礼节中，使用玉璧作为礼器。元明清以后，玉璧的礼器寓意逐渐衰亡，多作为一种观赏品，人们也很少佩戴玉璧。

5. 千年墨痕，留于竹节

——银雀山汉墓竹简

名称：银雀山汉墓竹简

年代：西汉

题材：竹简

材料：竹质

规格：共有长 69 厘米、长 27.6 厘米、长 18 厘米 3 种，包括完整简、残简等共 4942 枚

价值：其中所记载的内容对于研究中国的历史、简册制度、古代兵法、古文字学、哲学、历法及书法艺术等，均提供了宝贵的资料

出土情况和馆藏

1972 年 4 月 10 日，山东临沂银雀山的工人来到基建工地上班，在施工现场意外发现了一座古墓。临沂城关建筑管理站的技工孟季华听闻此事，立刻赶到现场查看。待他确认这是一个古墓葬之后，意识到事情的重要性，随即将情况上报给临沂文物组。

3 天之后，临沂文物组派出 4 名工作人员到现场参与挖掘。考古专家在银雀山一共发现了两座墓葬，都是长方形的竖穴，而且都是一棺一椁。椁室共分成棺室和边箱，大部分随葬品都放置在边箱内，其中有各种陶器、漆器及铜镜和钱币等物品。专家们对古墓进行编号，在 1 号墓的边厢中清理发现中，除了几枚铜钱之外，工作人员杨殿旭还发现一些竹片。经过仔细清洗后，考古专家辨认出，上面写的字迹竟是“齐桓公问管子”。这一巨大发现非同小可，震惊全场人员。

临沂军分区得知在墓葬中发现古竹简，担心文物出现意外，当即派遣一个班的战士昼夜看守，保护现场。经过 6 天的紧张挖掘和勘察，最终在 4 月 20 日完成了古墓的现场发掘工作。随后，这批珍贵的竹简被专家清点、核对、造册、登记，在军区战士的保护之下封箱、装车，并于 4 月 30 日送往北京，由国家考古学者进行整理研究。

学者们接到竹简之后，立刻展开认真的整理和研究，然而这件工作并非想象中那么简单。由于竹简在溢满泥水的墓中长期浸泡，已经腐蚀了千年，表面质地已经朽烂，竹简在发掘出土时，稍有不慎便可能变成一堆烂泥。竹简上的文字是千年前古人用毛笔蘸墨书写而成，整理时稍有失手，上面的墨迹也会被抹得一干二净，即便竹简不毁，失去字迹的竹简价值也几乎丧失殆尽。另外，这些竹简由于浸泡在泥水中已达千年之久，被其他一同随葬的物品挤压，竹简已经散乱无序，竹片上呈现一种深褐色，与墨色相混，难以辨认。这些棘手问题都给考古工作造成相当大的难度，因此考古专家经过研究讨论，最后采取用毛笔蘸着清水的方法，一点一点地对竹简进行耐心擦洗。在考古专家不懈的努力下，终于洗去了竹简表面的水锈，逐渐显示出了它们本来的面目。除了极个别的字迹难以辨认外，绝大多数竹简上的字迹都很清晰地呈现出现，为专家们研究辨认提供了必要条件。

竹简出土之后，其影响和价值轰动了海内外，成为 20 世纪 100 项考古大发现之一。1981 年，银雀山汉墓竹简博物馆破土动工，占地面积约 10000 平方米，建筑面积达 2400 平方米。博物馆于 1989 年竣工，正式对外开放，主要馆藏是银雀山 1、2 号墓发掘出土的 7500 余枚竹简。银雀山汉墓竹简博物馆位于山东省临沂市兰山区银雀山西南麓，现为全国重点文物保护单位，也是我国第一座汉墓竹简博物馆。

文物价值

竹简上的文字全部为隶书，而且都是用毛笔蘸墨书写。这些书体有的端庄工整，有的潦草难辨，显然并非出自一人之手。专家们经研究后认为，这些隶书字体是由篆书逐渐隶化过程中的早期隶书，因此发掘的墓葬应是汉墓，而这批银雀山竹简应是汉朝初年的作品。这个时期的隶书虽然已经有了隶意，但许多地方还保留着明显的篆书痕迹。

在这批竹简中，有一部分是完整简，穿引竹片的皮绳早已腐烂，但有的竹片上还能看到些许绳索痕迹，从这些编痕留下的空白可以判断，竹简是先编联成册，然后再进行书写的。每片简上的字数不等，一片完整竹简上有35—40字。在银雀山汉墓出土的竹简共有完整简和残简4942简，此外还有数千的竹简残片，有的甚至只剩下一块竹片。这些竹简的长度有三种：第一种长69厘米，约合汉尺三尺，这类竹简被称为“三尺简”，在汉代时多用来书写法律条文，出土的此类竹简经缀联共得32简。第二种长27.6厘米，约合汉尺一尺二寸，约5000简，数量最多，其中有《孙子兵法》《孙膑兵法》《晏子》《尉缭子》《六韬》《守法守令十三篇》《阴阳时令占候之类·天地八风五行客主五音之居》《元光元年历谱》等先秦古籍及古代佚书。第三种长度为18厘米，约合汉尺八寸，此类竹简仅有10简。

这批银雀山汉墓竹简具有重大的历史研究意义。首先，它对研究汉字的隶变过程及隶书文字历史有重要参考价值。其次，它使现代人能够更直观地了解隶书的艺术风格，探讨隶书的源流和发展演变，为现代的隶书研究提供了一个临摹的方向。此外更重要的是，竹简中的文章内容解决了延续千百年来的一些历史谜题。比如它解释了《孙子兵法》和《孙膑兵法》的作者是孙武和孙膑，这两人并非后人假借，而是历史上确有其人。总之，这些银雀山汉墓竹简为研究中国历史、中国兵法学、文学、书法艺术等提供了宝贵的材料。

背后的故事

银雀山汉墓竹简中，有相当一部分是记录古代兵法的圣典。其中，《孙子兵法》整理出了105枚，而失传了1700多年的《孙膑兵法》整理出了

222 枚，其中完整简就有 137 枚，《孙膑兵法》内容加在一起达 6000 字以上。除此之外，专家们还发现了《六韬》和《尉缭子》两部兵书。这些兵法的发掘出土，解开了千年以来的许多谜团。

关于古代的兵书，长久以来存在许多疑问。尽管《史记》中有明确记载："孙子武者，齐人也，以兵法见于吴王阖闾"，"孙武既死，后百余岁有孙膑……世传其兵法"。司马迁记录，在春秋战国时期，确有孙武与孙膑的存在，而且二人俱是兵法大家，前后相距百年，各有兵书传世。然而，后人却对这些描述提出了许多异议。

《孙子兵法》虽然有文本延传至今，但并没有证据表明此兵书为孙武所作，甚至有人认为，兵书的作者并非孙武，只是后人假借他的名气，为了抬高兵书的身价作伪而已。更有研究者认为，历史上根本就没有孙武这个人，那些孙武将兵法用于战争的事迹，仅仅是后人杜撰而已。除此之外，还有人认为先秦著作大多是几代积累而成，并非出自一人之手，因此《孙子兵法》的作者大约是源于孙武，历经百年之后，至孙膑而完成，那么所谓的"孙子"，既是孙武，也是指孙膑。更有研究者大胆臆测，孙武和孙膑本是同一个人。此外，还有人认为《孙子兵法》乃是出自曹操之手，他根据前人的兵法著作，加上自己的看法和作战经验，最终整合编撰而成。总之，对于《孙子兵法》的来历和作者，各代研究者莫衷一是，无法确定哪一种观点是正确的。

银雀山汉墓竹简的发掘出土，一下子解决了所有的历史难题。在此之前，由于《孙膑兵法》早已失传，世上没有人见过这部兵书，几乎所有人都认为，即便历史上有孙膑这个人，但他并没有兵书传世。直到这次的竹简出土，使得埋藏于地下近 2000 年的《孙膑兵法》重现人间，澄清了以往所有的谣传、猜测和谬论。这些竹简不仅证明了历史上确有孙武、孙膑这两个人，而且他们各自都有兵法存世。除了这两部兵书，以前人们对《六韬》和《尉缭子》两部书也是颇有疑问，许多人认为它们是后人伪托之作，汉代以前并没有这两本书。但是出土的竹简，证明这两部兵书在西汉初期已经传世，并非后人伪作。

竹简的出土，使得许多历史公案得到解决，也令历史学家对一些历史事件有了新的看法，例如《史记》记载，庞涓战败后乃是“自刭”而死，但这些竹简中却有“禽（擒）庞涓”的字眼与篇章，与《战国策》的“禽庞涓”不谋而合。就这样，千年延续的许多谜团迎刃而解，真可谓是“千年聚讼，一朝得释”！

6. 漂洋过海的蝉文化
——蝉冠菩萨像

名称：蝉冠菩萨像，又名蝉冠女神、东方维纳斯

年代：东魏至北齐时期

题材：佛造像

材料：石质

规格：通高 120.5 厘米

价值：在山东博物馆评选十大镇馆之宝与特别奖项中，被评选为为“最具故事情节奖”

出土情况和馆藏

1976 年 3 月的一天，山东省博兴县陈户镇张官村的一位村民，在自己的宅基地中挖地基的时候，挖到了一些佛像，村民不以为然，因为这种东西他并非第一次遇到，以前也曾经挖到过。于是村民随手将这些文物当作废石头扔了，其中便包含了一尊段成三截的蝉冠菩萨像。村民扔掉的石像被附近居民捡走，当作石料使用，有的石像被用作宅基石和猪圈门，还有的被用作柴油机的机座，也有村里的老人把砸下来的佛头拿回家供起来。当时在文物管理所担任所长的是李少南，他听说张官村的村民挖地基扔了许多石头，而且这些石头上都带着花纹，于是他便亲自下乡查看。当他看到这批佛像时，多年的工作经验使他意识到，这些东西并不是一般的石头或者佛像，而是具有重要历史价值的文物。他将所发现的情况进行整理，最终经过博兴县文物部门的勘探与测定，确定这批佛像已有上千年的历史，可以追溯到中国南北朝时期。

经过调查勘探，村民挖掘地基的范围属于古代龙华寺遗址，李少南等工作人员前后花了三年时间，找回了几百件石像残块，后来经粘接修复，共寻回佛像、佛像座等残缺体 73 件。在众多佛像当中，有一尊蝉冠菩萨像最为珍贵，在发现之时只剩下一截残断的石头，后来李少南在三位村民家中找到三截断石，终于拼接成一尊较为完整的菩萨像。

1976—1983 年，博兴县文物所的工作人员将这些佛像进行整理，此后蝉冠菩萨像就一直保存在文物所里。这尊菩萨像工艺超群，在世界范围内十分罕见，吸引了日本、美国等国的学者前来研究。1994 年 7 月初的一天，当时大雨滂沱，博兴县文物所的工作人员早早下了班，但第二天早上雨停，他们照常上班时，却发现蝉冠菩萨像不翼而飞。国宝被盗一事非同小可，工作人员立即上报国家，请求国家派人寻找菩萨像的下落。但是一连调查了几年，这件佛像竟然真的消失不见了，一点音信也没有。

1999 年 12 月，国家文物所接连收到两封神秘信函，都是说一些关于佛像的事。2000 年，《纽约时报》报道了一些关于蝉冠菩萨像的消息，国家文物所的专家这才意识到，这尊佛像很可能就是山东省博兴县文物所丢失的蝉冠菩萨像。国家文物所的专家们立即着手调查这尊佛像的下落，发现它在被盗后流转于英国文物市场，1995 年，被日本美秀博物馆花费巨资买走。

文物局立即派遣人员同日方进行谈判，但他们既非文物的偷盗者，亦非文物的走私者，更不是非法的文物销售者，这件文物是日本人从英国花费巨资购买的。这些因素都给这次谈判增加了许多难度。中日双方经过多场艰难的谈判，终于在 2001 年 4 月达成协议：在 2007 年日本美秀博物馆建立 10 周年之际，日方无偿将蝉冠菩萨像捐还给中国山东，条件是此后每隔 5 年，蝉冠菩萨像必须在日本美秀博物馆展览一次。2008 年 1 月，这尊在外流浪了 14 年的蝉冠菩萨像，终于再一次回到中华大地，入藏于山东博物馆。

艺术价值

蝉冠菩萨像自出土之后，就被这誉为“东方维纳斯”。它通高 120.5 厘米，菩萨身后的圆形背光其直径为 54 厘米，是典型的东魏时期作品。

整座菩萨像身躯修长，上身穿着袒右衣，双肩覆搭披帛，帛带在胸前打结，分别垂于两侧，至小腿侧又向上折，各自绕在两手肘下垂。下身穿着长裙，裙袂处的皱褶分布密集，衣纹与衣褶都若隐若现，密而不厚，流畅潇洒，整个石雕作品给人一种轻灵逼真之感。菩萨面带微笑，嘴角微微上扬，面容和蔼可亲。

菩萨身上的各种装饰品极为华丽，两肩各立着一个圆形装饰品，胸前悬挂着一个坠着宝珠的双层项链，菩萨像的双手在腹前交叉，交叉处装饰着一颗硕大的宝石。它的外形雕刻精美，不仅头部背后硕大的莲花背光华丽优雅，就连身上穿着的微薄贴体的衣服都雕刻得飘逸舒展。特别是在菩萨像的宝冠上，雕饰着十分罕见的蝉纹，这在世界上迄今发现的所有佛像中都是弥足珍贵的。正因为蝉纹的缘故，这尊石像有着“蝉冠菩萨像”“蝉冠女神”等美称。

在古代，蝉冠象征着权力和显贵，最早是汉代侍从官所佩戴的冠，因为侍从官经常陪伴皇帝左右，可以说是皇帝的顾问，而且可以自由出入宫廷，地位很高，有的权力甚至超过宰相，可以代表皇帝与朝臣论政。除此之外，在古人的世界观里，蝉是自然界的一种灵物，因为蝉的幼虫长期蛰居地下，若干年之后才出土、脱壳，然后飞到树上高鸣，蝉死后循环往复，象征生命的复活和循环。蝉蜕被用来比喻羽化登仙，是生命不死的象征。正因为如此，蝉的形象曾经出现在商周时期的青铜器上，在汉代一些贵族的墓葬中，也常常有玉蝉作为陪葬品，寄托着人们对生命复活的希望。

在这尊菩萨像上有蝉冠作为装饰，更具有特殊的意义，象征着无比尊贵，令人仰止崇拜。同时，蝉的生死循环命运，也表达了佛教倡导的轮回观念。

背后的故事

蝉冠菩萨像从博兴县张官村的一个土坑发掘出来，当时挖开土坑，石像整齐地排列坑中，但几乎所有佛像都残破不堪，没有一座是完整的，因此村民才误以为这些都是没用的石头。事实上，这个所谓的土坑，是一座埋藏佛像的窖藏坑。但是古人为何在地下埋一坑佛像？为什么每一座佛像都残破不堪？这得从千年之前佛像经历的坎坷说起。

在北朝时代，中国佛教出现第一个兴盛的高潮时期，但是当时的皇帝和朝臣在佛教传播问题上产生分歧。在北朝短短的 200 年间，出现了两次大规模的灭佛事件，很多佛像和寺院均遭受毁灭性的破坏。山东地区在当时属于北齐管辖范围，在北齐天保八年（577 年）发生了中国历史上的第二次灭佛运动，当时北周攻灭了北齐，此后便在山东推行北周武帝的毁佛政策。经过研究分析，博兴县张官村窖藏坑内的佛像，均属东魏至北齐时期的遗物，因而专家推测佛像是第二次灭佛运动的“受害者”。

大规模的佛教劫难之后，佛像多被段成几截，有的毁成碎石头。当时山东地区的百姓多有信佛者，他们不敢违抗统治者灭佛的命令，但同时又不敢将观音等雕刻佛像彻底毁灭，生怕冒犯了神灵。于是他们便将成堆的残破佛像收集起来，深埋于地底，来躲避官差的搜寻。同时，在佛教文化的理念中，认为佛涅槃会经过“正法”“像法”“末法”三个阶段。“末法”即指佛法的灭绝，要求佛教徒应有忧患意识，竭尽全力使佛法久留，将来造福众生。佛教信众因为相信“末法”，所以逐渐形成埋藏碎佛像的习俗。他们挖一个深坑，将佛像埋葬，像掩藏佛教舍利一样，将佛像留存到后世，以期造福众生。这就是博兴县张官村窖藏坑的来历。

7. 最气派的“乌纱帽”
——九旒冕

名称：九旒冕

年代：明代

题材：王族冠冕

材料：藤蔑、罗绢、玉器

规格：通高 18 厘米，宽 23.5 厘米，板长 49.4 厘米，筒径 18.5 厘米

价值：是我国目前为止保存最为完好的古代冕冠，为历史研究工作提供了极其宝贵的实物资料

出土情况与馆藏

20 世纪 60 年代末的一天，山东邹城的百姓在九龙山挖掘防空洞时，意外地发现了一条墓道，他们立即上报给相关部门。山东省的文物工作者火速赶到现场，对墓道展开勘察和挖掘工作。当地政府、解放军和当地村民积极参与挖掘工作，随着工程的不断进展，专家发现这是一座明代亲王陵墓，墓主人是明代鲁王朱檀，谥号为鲁荒王。

鲁荒王的陵墓位于邹城东北方向，九龙山的南麓，距离市区有 12 千米。这里三面环山，一面临泉，是绝佳的墓葬位置。陵墓规模浩大，明初时期在山上凿石开矿，然后用砖砌垒建成，动用土石方约 20 万立方米。据专家考证，陵区总占地面积为 96 万平方米，原建有内、外城墙，而外城墙周长达 4000 米，发掘陵墓时，仅封土的面积就达到 1.3 万平方米。陵墓内的墓道全长 50 余米，墓室平面呈“T”字形，全长 20.6 米，分为前后两室，发掘前保存完整。陵墓建筑颇为豪华，有明楼、御桥、陵门、享殿遗址等，鲁荒王朱檀与汤妃、戈妃等人的墓室距离地面有 26 米。根据明代陵墓的规格，明朝帝陵的墓室距地面是 27 米，鲁荒王的墓室仅次于帝陵，而明朝其他亲王的墓，大多数距离地面仅有 6 米左右。经过对比研究，考古专家确定鲁荒王的墓葬是明朝所有亲王中规模最大、规格最高的。

当考古人员将整个地下墓室发掘出来后，发现这座陵墓不仅很深很大，而且墓室装饰极其奢华。据专家估计，以明代时期的劳动效率来看，如果由 200 名劳动力参与建造陵墓，至少需要三年时间才能完成这项浩大的工程。墓中的随葬品十分丰富，出土了多件奇珍异宝，包括冕冠配饰、琴棋书画、彩绘木桶、笔墨纸砚、家具服装等等，数量多达 600 余件。许多随葬品拥有元末明初的时代特征，是明初藩王文物的最早代表。1971 年，墓中的文物全部发掘出土，其中有一件鲁王的九旒冕最为珍贵，出土之后收藏于山东博物馆，并成为镇馆之宝之一。

艺术价值

旒冕是我国古代王公戴的一种礼帽，冕上垂下旒，以旒的数量区分官员等级的高低。武梁祠汉代刻石上的黄帝、尧、舜等天子像，以及唐代闫立本绘的历代帝王图都头戴旒冕。《宋史 · 舆服志》记载：“九旒冕，涂金银花额，犀、玳瑁簪导……亲王、中书门下，奉祀则服之。”邹城发掘的明鲁王九旒冕，是我国目前发现的唯一一件保存完好的明初亲王冕冠实物，这件文物的出土，成为研究我国古代服饰和礼制极为珍贵的实物资料。

九旒冕通高 18 厘米、板长 49.4 厘米、宽 23.5 厘米、筒径 18.5 厘米，由藤蔑手工编制而成，表面敷上黑漆罗绢，并镶金圈和金边为装饰。冕的顶部有宽阔的长方形綖板，表示博大之意，綖板上涂黑漆以示庄重。板的前后分别系着一道道垂旒，是表示帝王不视非。九旒冕两侧有梅花金穿，用一根金簪贯穿。冕板下有玉衡，连接在冕上两边的凹槽内。玉衡两端有孔，垂挂两根丝绳一直到耳旁，上面各系着一块圆球形美玉。据专家研究，这两块玉可以作为装饰，好像塞住了耳朵，即是所谓的“充耳”，表示帝王不听谗言，求大德不计小过，有所闻而有所不闻。

在古代冕冠制度中，区别王公身份地位的标志就是旒的数量，据《明史》记载，朱元璋当皇帝后，为了强调“复汉官之威仪”，采用冕冠冕服的制度，以保持皇族亲王的崇高地位。依照明代仪礼规定，明朝天子冕前后分别有 12 道旒，每一道旒上有红黄青白黑 12 颗玉珠，太子用 11 旒和 11 珠，亲王只能用 9 旒配 9 珠。鲁荒王的九旒冕前后共垂 9 道旒，每道旒上有 9 颗五彩玉珠，整个九旒冕共用玉珠 162 颗。

鲁荒王九旒冕的发掘出土填补了史阙，具有极高的历史价值和文物价值，同时这件旒冕也是彰显明代王室威仪的有力佐证。

背后的故事

九旒冕的主人朱檀，是明朝开国皇帝明太祖朱元璋的第十子，生于洪武三年（1370 年），朱檀的生母郭宁妃当时颇为受宠，马皇后和李淑妃死后，郭宁妃曾摄六宫事，是当时宫中地位最尊贵的妃子。因此朱檀在两个月大的时候被册封为鲁王，15 岁被朱元璋立为兖州藩王，藩地统辖兖州府 4 州 23 县。朱檀自幼喜爱诗书礼乐，每天挥毫笔墨，与琴棋书画相伴，不仅品位高雅，文人气质浓郁，而且博学多识，又懂得礼贤下士，深得朱元璋喜爱。

当朱檀分封为兖州藩王，生活在山东孔孟之乡，深受礼仪之邦的文化熏染，娶的王妃是信国公汤和的女儿。但好景不长，朱檀很快信奉了道教，终日烧炼仙丹，一心要羽化飞升，为求长生不老无所不用其极。最终急功近利，适得其反，“金石药，毒发伤目”，19 岁就命丧黄泉，留下一个独子朱肇辉，即鲁靖王。朱元璋见儿子因服丹而亡，悲痛恼怒，认为朱檀的行为十分荒唐，因而在他死后赐下一个“恶谥”——鲁荒王。

历史研究者发现，朱檀少年时期聪慧好学，非常喜欢读诗书和经史，从不喜欢声色犬马的生活，其师周宣一再向朱元璋称赞他“天分过人”。

但后来却突然性情大变，从研习儒学经史转变为修仙炼丹，似乎不可思议。

据史料记载，朱檀在皇宫生活的时候，曾对一个侍奉他的宫女产生感情。宫女名叫方淑秀，皖东嘉山明光人，13 岁被征召入宫。她貌美伶俐，心地善良，又略识一些字，深得马皇后的欢心。朱檀与她情投意合，两人曾经花前月下，交往甚密，宫内传得沸沸扬扬，但朱檀并不理睬。皇后认为此事有碍贵尊贱卑的名份，对皇子的前途有影响，因而从中劝阻，最终上报给朱元璋。

朱元璋大怒，立即下旨将宫女方淑秀赐死，而此时方淑秀已怀孕 6 个月。朱檀被责令闭门思过 3 个月。朱檀深受刺激，心灰意冷，到兖州当鲁王后，娶王妃汤氏，二人感情并不好。从此朱檀不理政事，深居蕃府，终日饮酒大醉，跟从泰山道士学飞升成仙之术，公然在府中设炼丹炉，服食金石丹药，弄得王府内乌烟瘴气。最终因服丹药中毒，朱檀暴死于兖州鲁王府内，死时年仅 19 岁。

朱檀是明代最早去世的亲王，朱元璋对他的夭折极为惋惜，因此给他建造了豪华的陵墓，规格仅次于帝陵。朱檀生前喜欢的笔墨纸砚、琴棋书画等物，还有华丽的王服、冕冠、佩饰等，都成为陵墓中的随葬品，这不仅显示出朱元璋的爱子之情，也能从中看出朱檀生前的一些喜好。

8. 彩漆里尘封的记忆
——戗金云龙纹朱漆顶箱

名称：戗金云龙纹朱漆顶箱

年代：明代

题材：家具

材料：木质

规格：高 61.5 厘米，宽 58.5 厘米，箱板厚 1 厘米，内部分为三层，中间有一个套斗，下有抽屉

价值：山东博物馆十大镇馆之宝之一；三件国宝级文物之一

出土情况及历史

1971 年，山东考古专家从鲁荒王的陵墓中发掘出土一件戗金云龙纹朱漆顶箱，消息一传出去，很快轰动了考古界。这件戗金云龙纹朱漆顶箱与九旒冕，被称为鲁荒王陵墓中最有价值的两件宝物，填补了中国文物界的空缺。这件宝物出土后，立即受到国家文物组的高度重视。随后，箱子被藏于山东博物馆，由山东博物馆安排展览，供全国人民观赏。

这件戗金云龙纹朱漆顶箱的价值不可估量，主要体现在以下三个方面。其一，它的制作工艺推动了现代戗金技术的发展。戗金技法是漆画漆艺中非常重要的一项表现技法，但这种传统的技法随着百年前的战火逐渐消失。现代艺术家一直寻找表现这种技法的实物作品，但苦寻多年而不得。戗金云龙纹朱漆顶箱的出土，正好填补了这一技法的空缺。戗金云龙纹朱漆顶箱作为明代初期的作品，箱身上的花纹与戗金生动挺秀，证明工匠在雕饰时运刀迅疾，使得整个箱子看上去金光闪烁、夺人眼球。这件艺术品几乎代表了明代戗金技术的最高水平，无论从哪一方面讲，都当之无愧是明代戗金技艺的典范。

其二，戗金云龙纹朱漆顶箱解决了历史上一个谜题，为史学家提供了有力证据，证实明朝初期已经存在减金铁件。通常来说，要制作一口好的箱子，装饰与花纹固然重要，但最为关键的还是它自身所用的材料。据零星的史料记载，元代已有减金铁件技术，而且已为世人所共知。历史学者推测，明代的技术如果在元代的基础上有所发展，那么减金铁件的技术必然更加精湛。不过这种技术始终是史料中的记录，缺少实物资料和证据，专家们无法确定元明时期是否真的存在减金铁件，因此这个问题一直是个谜。戗金云龙纹朱漆顶箱的出土，一下便解决了所有的技术困惑，证明减金铁件在明初时期已经达到较高的水平。

其三，戗金云龙纹朱漆顶箱的出土填补了我国考古界关于明代出土家具的空缺。这件漆箱作为一件明代家具，展现出明初王公贵族的尊贵身份。它虽然只是一件随葬品，在制作上难免会偷工减料、华而不实，但它却绝对算得上是一件实用型家具，而且并不缺少重量。与箱子一同出土的，还有 4 张镶石面木桌、1 张朱漆翘头案、4 张朱漆长方桌等，共同填补了明代家具随葬品的空缺，为中国历史考古、古代家具史研究提供了极大的帮助。

艺术价值

戗金云龙纹朱漆顶箱用木胎打制而成，高 61.5 厘米，宽 58.5 厘米，箱板的厚度仅 1 厘米。箱内分为三层，中间有套斗，下面有抽屉，里面放置了弁、冕、袍、靴等随葬品。箱子顶部和四个侧面均用团龙纹作为装饰，箱子边部装饰了忍冬纹。龙纹的头面较长，蛇身五爪，闭口披发，卷尾细鳞，并点缀以骨朵云，团龙纹作为神灵和帝王天子的化身，可以呼风唤雨、腾云驾雾，展示出明朝皇家至高无上的权威。箱子的活页、穿鼻、提梁及锁钥等金属配件，均采用减金铁件，并且饰以云龙纹。所谓的减金工艺，就是在铁器錾出阴纹，将金丝锤上，营造出金铁相映、豪华富贵的绚烂美感。

戗金云龙纹朱漆顶箱的另一艺术价值在于戗金技艺极为熟练，整个箱面涂朱漆，箱里涂黑漆，表面以戗金为纹。戗金技法是在干到适度的朱漆上用勾刀划刻出纤细花纹，然后在低陷的花纹内打金胶，把金箔粘进去，形成闪亮夺目的金色花纹。工匠运刀迅疾，刚劲有力，是明初戗金工艺的典范。据史料记载，这种戗金技法盛行于元代，此箱的减金铁件工艺是从元代减金发展而来的，也是今天能看到的明代最早的减金铁件。

戗金云龙纹朱漆顶箱是用来装殓衣物的箱子，它的尊贵之处在于戗金云龙纹。在古代，戗金与龙纹都是王公贵族的专利，普通百姓无论多么富有，也不能用这两种工艺来装饰箱子。

背后的故事

古代的箱子有两种意义，第一种是今天我们所认为的箱子,《辞源》中解释道:“箱子，收藏衣物的方形器具。”第二种则是指车厢,《左传》中曾经记载道:“箱，大车之箱也。”《辞海》中也说:“车内容物处为箱。”

箱子作为盛放衣物的方形工具，在我国已有上千年的历史。然而用“箱”这个名称，却是汉代以后的事情。《太平御览》记载:“魏武帝曹操为衮州牧上书，山阳郡献梨，谨上甘梨三箱。”唐代《明皇杂录》中也记载:“玉龙子，太宗于晋宫得之，文德皇后常置衣箱中。”

箱子的历史悠久，到目前为止，中国现有的最早实物资料只可追溯到战国。建国之后，考古专家曾经发掘了一座战国墓，墓葬位于河南信阳长台关，从墓中出土了一件衣箱。后来考古学者又在湖北随县（今随州市）曾侯乙墓中发掘一件漆木衣箱，这两种箱子的形制大致相同，箱盖俱有些许隆起，呈现一种弧形状，上面彩绘了扶桑、太阳、鸟兽、蛇和人物等图案，其中一件箱子盖上刻有“紫锦之衣”的字样，盖子与箱身的 4 个边角都有突出的把手，供人搬抬或者捆绑使用。

专家认为，这种衣箱虽然跟后来的箱子不完全一样，但已经有了箱子的雏形。至隋唐时期，这种衣箱便演变到了极致，跟我们今天的箱子所差无几。隋唐之后的千年里，箱子的样式再也没有太大变化，都是呈长方体或者方体，四边棱角处用铜叶或者铁片包镶，不仅能增加美观，而且能让箱子更结实耐用。这件鲁王墓里出土的戗金云龙纹朱漆顶箱，制作于明初，当时衣箱的工艺水平已达到极致。

NO.5

文化“化石”：丝绸文明之渊源

西汉时期，张骞开辟了一条以长安为起点，途径甘肃、新疆，最终到达中亚、西亚地区，并联结地中海地区各国的陆上通道，这条通道便是历史上鼎鼎有名的丝绸之路。几千年来，这条丝绸之路连接的不仅是中外经济、贸易交流，还有文化的碰撞。随着各类遗迹的挖掘与开发，考古专家们在诸多文物中读出了那些曾被深埋地下的历史，也揭开了许多和丝绸之路有关的过往与谜团。这些被挖掘出来的文物，带来的价值不仅是它们的国宝身份，也是曾经的辉煌历史留下来的种种印记。

1. 盛唐的觥筹交错
——镶金兽首玛瑙杯

名称：镶金兽首玛瑙杯，又名唐·兽首玛瑙杯、兽首玛瑙杯等

年代：唐代

题材：兽首号角形杯器

材料：红色缠丝玛瑙

规格：高 6.5 厘米，长度 15.6 厘米，口径 5.9 厘米（内径最宽处 1 厘米，外径最宽处 1.4 厘米）

价值：陕西历史博物馆的镇馆之宝，更是国之重宝

出土情况及馆藏

1970 年秋天，陕西省西安市南郊何家村的一个建筑工地在施工的时候，无意中挖出了一个高 65 厘米、腹径腹径 60 厘米、装满金银器的陶瓮。几天后考古专家赶到现场，又挖出了一只差不多大小的陶瓮和一只高 30 厘米、腹径 25 厘米的小银罐。考古专家初步判断何家村的位置是唐代长安城兴化坊中部偏西南处，故而他们将这处古代遗址命名为何家村唐代窖藏。

何家村唐代窖藏共出土文物 1000 多件，包括金银器皿 271 件，银板 60 件，银饼 22 件，银铤 8 件，金、银、铜钱币共计 466 枚，琉璃器 1 件，玛瑙器 3 件，水晶器 1 件，金饰品 13 件，玉带 10 幅，玉臂环 1 对，另有玉材、金箔、宝石等物。其中 3 件被定为中国国宝级文物，数十件被定为中国国家一级文物。

郭沫若在《出土文物二三事》中考证:“这批文物是唐玄宗天宝十五年因安禄山之乱逃奔四川时邠王李守礼的后人所窖藏。”而陕西省历史博物馆专家和北京大学的学者考证认为何家村窖藏的主人应该是唐代尚书租庸使刘震，窖藏埋藏年代应为唐德宗建中四年（783 年）泾原兵变时。虽然两方关于窑藏时间意见不一，但都同意是因兵乱保存至今这一说法。

在这一批出土的文物中，最珍贵的就是装在小银罐里的镶金兽首玛瑙杯。据考证，这个镶金兽首玛瑙杯是唐代的一种酒器，又名兽首牛角杯。

它从整体造型看上去安详典雅，给人以无穷想象。而兽首的特别之处在于圆眼、大耳、双角，外表似牛非牛，注视远方，眼神炯炯有神又充满气势。整体而言，此杯琢工精细，制作精良，通体呈玻璃光泽，晶莹瑰丽，静中含动，极富艺术感染力，是难得的佳品。

镶金兽首玛瑙杯是至今考古所见的唯一一件唐代俏色玉雕。因其乃绝世仅有的孤品，我国政府明令禁止其出境，目前被藏于陕西历史博物馆。作为馆中 18 件国宝级文物之一，镶金兽首玛瑙杯不仅是陕西历史博物馆的镇馆之宝，更是国之重宝。

艺术价值

镶金兽首玛瑙杯高度为 6.5 厘米，长度为 15.6 厘米，口径是 5.9 厘米，它的制作材料是一块以深红色、淡红色为主调，中间夹有一层乳白色缟带的玛瑙，这种自然而又神奇的变化搭配着鲜润可爱的色泽，使其成为了世间罕见的俏色玉材。用这种材料制作而成的镶金兽首玛瑙杯绝对称的上是唐代玉雕艺术中的精品之作，是迄今为止发现的唐代玉器中做工最为精湛的一件，在中国历史上具有绝无仅有的意义。

这件形似号角的玛瑙杯器型弯曲，富于变化，全杯巧妙地利用玉料的俏色纹理精心雕琢而成。它的上部是圆形，下部是以杯体作为角状兽首、杯柄则作为兽双角的兽首形状，两只炯炯有神的大眼，注视着前方，似乎在寻找或者窥探什么东西，兽耳高高竖起，却又微微内收，仿佛在仔细聆听世间的声音，螺状的兽角看起来粗壮有力，弯曲传神，富丽多色，充满了力量感和生命力，好似两只弯曲的羚羊角，兽嘴部有流口，金帽雕刻成兽嘴与流口紧密相接，使得杯中液体不会随意流出，同时也给玛瑙增加了明快的色彩。

俏色玉雕最大的特点便是依料取题，因材施艺。琢玉高手往往能够“取势造型，依形布局”，“依色取巧，随形变化”。这件兽首玛瑙杯杯体色彩层次分明，富有变化，玉师巧妙地利用俏色技巧，将兽眼刻画得黑白分明，形神兼备，真正达到画龙点睛的效果。整个杯子，无论是外形还是刻画的动态之美，都向我们描述了聚精会神、飞驰疾奔的猛兽向前猛冲的一瞬间，令人叹为观止。而兽嘴镶金的工艺处理，也是独具匠心，与众不同。

据专家介绍，镶金兽首玛瑙杯象征着财富和权力，它不仅是一件技艺高超的艺术品，同时也很可能是唐朝时中西亚某国进奉的国礼，可以说是在东西方文明交流碰撞的火花中诞生的一件难得的佳品，故而具有非同凡响的意义。

背后的故事

唐朝的政治、经济、文化都处于高速发展的阶段，当时的国力昌盛，军事力量强大，故而诸多邻近小国才会时时进奉。既然有学者认为，这件如此完美的玛瑙杯是当时中西亚某国送来的国礼，那么它究竟是产自何地，又具有何种意义呢？

对此问题，目前学术界的争议很大。但是毋庸置疑的一点是，它的造型源自于西方一种叫作“来通”的酒具，“来通”是希腊语的译音，有流出之意。根据史料佐证，早在公元前1500年时，希腊的克里特岛就已经出现了这种器物。

这种兽角形酒杯的底部一般都是有孔的，液体可以从这个孔中流出。当时的人们都认为用这种酒杯注酒可以防止中毒，而举起来通把其中的酒一饮而尽也是向神致敬、敬拜的一种方式，因此兽首玛瑙杯也经常被用于各种礼仪和祭祀的活动中。

后来，来通传到了亚洲地区，并且曾广泛流行于美索不达米亚至外阿姆河地带的广大区域，故而说这件兽首玛瑙杯是当时中西亚某小国奉上的国礼倒也是有理有据的。只不过关于它的明确产地与年代，直到现在还没有明确的定论，对此，有专家认为它是 8 世纪时唐人做出的仿制品，也有专家认为这的确是产自 7 世纪之前的外来物品。

从我国现有的图像资料来看，兽首造型的酒具常常出现在胡人宴饮的场面之中，因为唐朝贵族所追求的时尚风格便是新奇，而兽首玛瑙杯的出土恰巧从一个侧面验证了唐朝贵族崇尚胡风、模仿新奇宴饮方式结论的正确性。

2. 普天之下，莫非王土
——旗鼎

名称：旗鼎

年代：西周时期

题材：三足雷纹圆鼎礼器

材料：青铜合金

规格：高 77 厘米，口径 56.5 厘米，重 78.5 千克

价值：鼎上所刻铭文是研究周初土地制度的重要史料

出土情况及馆藏

20 世纪 70 年代初期，在陕西省宝鸡市眉县马家镇杨家村的农户在坡下挖土垫粪的时候挖出了一件宝物，它就是著名的旗鼎。

据专家介绍，这个鼎的腹内刻有铭文 4 行，共 28 字：“唯八月初吉，王姜，易旗田三于待刈，师栌酤兄，用对王。休，子子孙其永宝。”大致意思是说某年八月初一，王姜将原本准备赏赐给师栌的三块土地转赐给了旗，等到庄稼收割后还会再行赏赐，旗为了感谢这次恩赐，特意做了此鼎表示纪念，希望子孙后世永远铭记。

大旗鼎的发现，在杨家村里成了一件“无头公案”。有人说大旗鼎是地主王五挖出的，但是贫农王双海因为成分好顶替王五当了新闻人物。也有人说大旗鼎就是贫农王双海挖出来的，当时的新闻纪录片就是铁板钉钉

的证据。为了弄清事情的来龙去脉，曾经还有记者专门去杨家村走访。王五与王双海这两个事件的关键人物竟是一墙相隔的邻居，“文化大革命”期间，他们一是管制分子，一是贫协代表。

王五的家人告诉记者，那是年 1973 年夏天的事情，这天本该老光棍王东财挖土垫粪，可他上午挖土时镢头尖莫名其妙地不断起火，以为自已碰见鬼了，害怕之下下午怎么也不敢去了，这才轮到王五和王双海两人去坡下挖土垫粪，结果王五一镢头下去就碰到了宝贝。王五当时很高兴，想着这也算立了一功，自己的成分问题也能改改了。不想，他终究还是白高兴了一场，国家在村上召开万人表彰会时，王双海被请到了台上，而王五什么都没捞着。

王双海的家人却不认同王五家人的说法，王双海的妻子何秀英指着挂在屋内土墙上的光荣榜让记者看，上面写着“王双海在农业生产中发现重要文物，能妥善保护并及时送交文化主管部门，这种认真执行党的文物政策，做好文物保护工作的精神，值得表扬。眉县革命委员会、陕西省文管会一九七二年七月”。何秀英说：“王双海挖出宝贝的时候王五也在现场，他只不过帮忙往回搬了一趟，就起了借这件事摘掉地主帽子的心思。”

当年的走访并没有弄清楚到底谁是挖出宝贝的那个人，王五和王双海两人也早已作古，只剩下这件西周时期的国宝被收藏在陕西省历史博物馆。

艺术价值

青铜器的铭文，又称金文或钟鼎文，这种文字是继甲骨文之后又一种较为成熟的文字，它不仅在我国文字史上具有重要意义，而且对研究古代历史有着特殊的重要意义。根据旟鼎的形制及铭文可以得知，这个鼎是西周早期成王时代的器物，而它之所以被称为国宝，很大程度源于其腹内所刻的铭文。

经过学者研究发现，旟鼎上的铭文反映的是“普天之下，莫非王土；率土之滨，莫非王臣”的土地占有制形态。从中可以看出，在当时，王是最高的土地所有者，他可以随意将土地赐给他的臣子，同时他也有权将这些收回，而被赐予者对于君王所赐的土地只有使用权没有所有权。如此可见，旟鼎对于了解西周时的采邑制具有十分重要的意义。

旟鼎是西周时期的青铜鼎，通高77厘米，口径56.5厘米，重78.5千克。这尊旟鼎腹部鼓起，开口处微微收敛，沿边下折，口沿下方装饰有兽面纹，底衬细雷纹，双耳竖立，耳外侧饰两条蟠龙，下有三只柱足支撑着整只大鼎。专家介绍，鼎上的雷纹作为青铜器上最为常见的纹样之一，是一种带有方折角的回旋曲线，它耳外的蟠龙是指古代传说中的一种像龙但却只有一只脚的动物，也是青铜器上时常出现的装饰纹样。

旟鼎被公认为周康王时期的标准器，它的制作承袭了商代圆鼎的风格，不仅纹饰十分的精妙绝伦，而且鼎上所刻的铭文是当今研究周初土地制度的重要史料，具有十分重要的意义。精美的纹饰、重要的价值、精良的制作和明确的时代，令其成为一尊难得的西周时期的国宝。

背后的故事

20世纪70年代初期，正是我国史学界的专家们围绕西周土地归属问题唇枪舌剑的时候。当时，郭沫若先生认为土地是“周王所有”，而范文澜先生却认为土地当属“国民所有”，因为观点相差太大，两方各执一词。郭沫若先生和范文澜先生都是考古界的泰斗，也是“红色历史学家”，虽然那是一个阶级斗争的硝烟弥漫的年代，但是却丝毫不影响他们对于学术问题的争论，这两人一时间竟也搅得史学界飞沙走石、天昏地暗，最终陷入难决胜负的僵境。

马家镇杨家村的大旟鼎就是在这个关键时刻被挖出来的。它的出现有力地证明了西周时期奴隶社会的社会性质，在史学界，有铭文的文物就是会说话的文物。大旟鼎上的那段铭文在专家研究证实后发现，果然如郭沫若先生所说的那样，西周时候的土地是“周王所有”的，至此，这场争论终于画上了圆满的句号。

专家表示，旟鼎对于证明西周采邑制的存在来说是一件十分珍贵的文物。根据大旟鼎上的记录来看，这一制度虽然在西周已经出现但也可能不会太早。《史记》等文献记载，太王迁往岐山时不仅有“豳人举国扶老携弱，尽复归古公于岐下”，而且还有“他旁国闻古公仁，亦多归之”，而面对如此这般突然增加的大量人口，古公采取的措施是“营筑城郭室屋，而邑别居之”，也就是分别安置在不同的聚落中。对此，考古专家和史学家一致认为这种作法为周人后来实行采邑制提供了借鉴。

事情结束后，郭沫若先生特意给杨家村的人寄来了感谢信和照片，他一生虽然留下的题字和诗词遍布神州大地，但是留下的信函寥寥无几，杨家村人收到的这封信倒也算得上是件珍品，更是文物界、史学界广为传颂的一段佳话。

3. 西周的司法程序
——五祀卫鼎

名称：五祀卫鼎

年代：西周恭王时期

题材：三足铸纹圆鼎祭祀礼器

材料：青铜合金

规格：通高36.5厘米，口径34.3厘米，腹深19.5厘米，重11.5千克

价值：西周青铜器断代的标志性器物

出土情况和馆藏

1975年2月的一天，陕西省宝鸡市岐山县董家村的村民在整理土地的时候无意间挖出了一个窖穴，透过洞口往窖穴里看的时候，窖穴里可以隐约看到很多横七竖八摆放的青铜器，考古专家闻讯赶来后，对此地进行了研究、勘察，最终将此处命名为岐山董家村窖藏。

岐山董家村窖藏挖开后是一个窖藏口距离地表0.35米，口小底大，深度为1.14米的椭方形，开口处南、北长度皆为1.15米，南宽0.85米，北宽1.20米。底部南、北长度皆为1.31米，南宽0.95米，北宽1.30米。岐山董家村窖藏共出土西周时期的青铜器37件，其中有鼎13件、簋14件、鬲2件、壶2件、簠2件，及盘、盉、鋬、匜各1件。不过，这座窖藏的修建却是较为草率的，四壁均是没有经过加工修整的天然土层。

在这一批出土的众多青铜器中，其中有一件就是五祀卫鼎。鼎腹内壁铸有铭文19行，共207字，据专家分析考证，记录的是一场因为土地补偿

而引起的违约案件。大概意思是说：西周恭王五年（前 914 年）正月，有一个名叫裘卫的人向刑伯、伯邑父、定伯等宰辅官员告发了他自己和邦君厉之间发生的一场土地纠纷，经过询问、调解之后，邦君厉同意偿付裘卫土地，并且立下誓言，经过司徒、司马、司空这三有司及内史的实地勘察，这场官司以裘卫用原有的"田五田"交换邦君厉靠近两条河流的"田四田"为结。

五祀卫鼎中对土地变更契约内容的详细记述，对研究西周时期的社会经济和土地制度来说，是非常珍贵的第一手资料，同时这也对史学界和法学界具有极高的科学研究价值。如今，这尊 20 世纪 70 年代出土的西周恭王时期的五祀卫鼎被馆藏于陕西历史博物馆。

艺术价值

在岐山董家村窑藏中，同坑出土的卫鼎一共有两件，一件是具有国宝价值的五祀卫鼎，另一件则为九年卫鼎。两件卫鼎上的铭文内容虽然不同，但是它们的形制、纹饰及大小却是基本相同的。

五祀卫鼎通高 36.5 厘米，口径为 34.3 厘米，腹深 19.5 厘米，重 11.5 千克。它有两个立耳，口沿平向外折，唇口方正，下面用细雷纹填地的变形兽体纹，也就是学术上所说的窃曲纹做饰，下腹向外倾垂，比起其他同类型的青铜器，五祀卫鼎的器腹较浅，鼎外的底部积结着厚厚的一层烟炱，下面有三根较细的柱足。

实际上，在西周早期，青铜器的器类、器形和花纹大都沿用商代晚期的风格，这种在青铜器上铸造铭文的风格是后来才渐渐出现的。西周中期，青铜器的装饰艺术在不断的发展、改进之后，逐渐呈现出了以长篇铭文、精湛铸工、简洁明快为特征的趋势，纹饰布局主要以条带状的二方连续为主，表现手法以平雕为主，造型、纹饰铸造简单，风格优美，在此过程中，商代流行的兽面纹则逐渐被取代了。然而令人遗憾的是，这种风格一直沿用到了西周晚期，在此期间，青铜器的造型和外观基本没有发生什么变化，也使得青铜器文明的发展进入了停滞状态。

除了它的外形、花纹之外，这件五祀卫鼎上记载的这段铭文里有两点信息引起了专家的注意，其一是官司双方所支付的“田”的面积不大；其二是参与“田”交割的人员中有一部分并不是交予方或者接受方的人员。

经过一系列的研究探查之后，专家们一致认定五祀卫鼎是西周青铜器断代的标志性器物。

背后的故事

在西周早期的时候，周天子是全国上下所有土地和奴隶的最高所有者。周王通过“授民授疆土”将自己拥有的土地和奴隶分封或者颁赐给自己统治下的诸侯，然后再由诸侯把自己封区内的土地和奴隶分赐给自己所拥有的卿大夫和士大夫。这些受封的各级贵族最终成为了封地及奴隶的实际占有者和使用者。因此，当时的土地制度具有国家土地所有制的性质，所谓的“田里不鬻”就是说土地不能随意转让、买卖。不过，到了西周中期以后，由于新兴贵族的崛起，当时的土地所有制也随之开始发生变化，这种“田里不鬻”的格局也慢慢地被打破了。

这一点，从五祀卫鼎里面的铭文反映出的信息上可以看出来。专家们认为，西周中期的时候，部分土地实际上已经属于人们私有了，但是在土地的转让方面，仍然需要通过朝廷官员的批准。由此可见，当时的土地交易活动依旧需要得到周王室的认可，这种土地交易也并不是个人之间的私下交易，故而还不能确定当时是否已经存在实际意义上的土地私有或买卖问题，这种情况只不过是当时制度上默认的一种现象罢了。

作为奴隶制国家的经济基础，井田制度在西周时期得到了进一步的发展。到了春秋时期，随着周王室的衰落，井田制度逐渐发生了变化，随着各诸侯的雄起，周天子渐渐失去了自己至高无上的地位，同时失去的还有他对土地的最高所有权。而各诸侯国的日益强大同时也导致了土地所有权的逐渐下移，随着农业技术的不断进步，公田逐渐呈现出衰落的趋势，与之相反，私田则日益兴盛起来了，周天子时所盛行的以井田制为主的土地公有制制度逐渐发展成为土地私有制制度。至此，可以说土地所有权的问题发生了根本性的巨大转变。

4. 唐代艺术之集大成者

——鸳鸯莲瓣纹金碗

名称：鸳鸯莲瓣纹金碗

年代：唐代

题材：饮酒器皿

材料：黄金

规格：高 5.5 厘米，口径 13.5 厘米，足径 6.7 厘米，壁厚 0.2 厘米，重 391.5 克

价值：代表我国盛唐时期北方金银器制作的最高成就

出土情况和馆藏

在 1970 年 10 月的某一天，考古专家在陕西省西安市南郊的何家村地区挖出了一处古迹，那就是鼎鼎有名的何家村唐代窑藏，在这里一共发现了唐代金银器近 1000 件，这是我国考古历史上有记载以来对唐代金银器数量最大的一次发现。这批出土的金银器中，有两件鸳鸯莲瓣纹金碗是最为珍贵的。

在经过一番探测和研究之后，考古工作者发现，如今的何家村窖藏发现地点应该是在唐朝长安城兴化坊的中部偏西南部位。一开始的时候，他们认为鸳鸯莲瓣纹金碗是本就住在兴化坊中的雍王李守礼在安史之乱时埋藏的，但是后来根据考古学的研究及分析，他们发现，这座窑藏中有些器物的制造时间要晚于安史之乱的发生时间，因为在这些器物上出现了枝繁叶茂、鲜花怒放的大型花卉图案，纹饰整体的布局也采取了分单元的方式。

故而，有专家学者论证，这些遗宝的主人应该是唐代时期官位显赫的尚书租庸使刘震，这两件鸳鸯莲瓣纹金碗及窑藏中其他器物的埋藏年代保守估计应该是在唐德宗建中四年（前 914 年）爆发的泾原兵变之时。

清代徐松在《唐两京城坊考》中记载:“泾原兵变时，租庸使刘震让人押着金银罗锦二十驼出城外逃，自己与家人随后赶来。”唐代薛调的《无双传》里也有对刘震一家携带宝藏出逃的记录，据说当时守城的将士知道刘震是朝廷里的重要官员，故而不敢开城门放人，刘震只得又带着数十车宝藏返回自己家。从这些资料不难看出，刘震的确有一批数量不小的宝藏，故而何家村的窑藏十有八九跟他有关。还可以肯定的是这批宝藏并不是刘震的个人财产，而是他收缴上来的庸调及由他保管的宫廷珍宝，这一点从何家村窑藏里埋藏的珍宝上可以看出，它们无一不是体积小、价值高的珍品。据文献记载，刘震后来做了叛军的命官，但很快，唐军就收复了京城，背叛朝廷的刘震被斩之后，他当年想要带出城的那批宝藏也就不被外人所知了。

据专家介绍，它们代表了我国盛唐时期北方金银器制作上的最高成就。同时，从现有掌握的所有资料来看，这两件鸳鸯莲瓣纹金碗也是唐代金银器中少见的、最富丽堂皇的金碗。如今，它们被作为镇馆之宝收藏在陕西历史博物馆。

艺术价值

从何家村唐代窑藏中出土的这两只鸳鸯莲瓣纹金碗，高 5.5 厘米，口径 13.5 厘米，足径 6.7 厘米，壁厚 0.2 厘米，重 391.5 克。鸳鸯莲瓣纹金碗的碗口是敞口的，腹鼓起，底平唇圆，下有喇叭形圈足。除此之外，它的器身还装饰满着各种各样的花纹：腹部是两层仰着的莲瓣，每层 10 瓣，上层莲瓣中绘有鸳鸯、鹳鸰、鹦鹉、鸿雁、獐、狐、鸭、鹿、兔等动物，这些走兽或走或奔，动态十足，禽鸟或飞或栖，动静结合；下层莲瓣中则是各种花草。碗内底部的中心部位有一朵蔷薇样的团花，与之对应的外底中心则是一只錾刻上去的回首鸳鸯，周围绕着一圈忍冬云纹。圈足用方形纹雕饰了一周，看起来好似一整两破的菱形花纹图案，实际上是简化过的四瓣莲花纹。碗的内部刻着一只张开双翼的飞鸟和数朵漫卷的流云，底沿缀着一圈小联珠，内壁书有“九两三”三字。这种在器物上用墨书标重的习惯起源于唐朝，当时的金银器掌管者为了防止库中器物被人以轻换重，就想出了这个方法。不过，后来经考古学家称重发现，鸳鸯莲瓣纹金碗实为九两半。

这两件鸳鸯莲瓣纹金碗上有着流动精致的莲瓣、稳重典雅的双层结构及华美的纹路装饰，体现了典型的唐朝艺制风格，碗上的修饰镌刻又将朝气蓬勃的时代精神和旺盛奢丽的民族基调完美地融合在一起。同时，总体和局部的关系、寓意和写实的平衡也被处理得惟妙惟肖，充分体现出了唐朝时期在金银器装饰艺术上的高超及独绝，可以说是历史上极其罕见的成功之作，更是当时金银器细致工艺的高超表现。

据说，在金银器皿的壁面上捶揲出凹凸起伏的多瓣装饰的风格最早起源于公元前 6 世纪，首先流行于地中海沿岸的希腊、罗马地区，后来西亚和中亚的金银器也在制作上慢慢继承了这一风格。唐代时期，随着丝绸之路的开辟，东西方交往密切，大量工艺精良的西方金银器得以传入，尤其是许多粟特金银工匠进入内地，对我国金银加工工艺的发展产生了巨大的影响。

背后的故事

据考古专家介绍，唐代时，宫廷所用的金银器主要来自于中央金银作坊院。这个地方制作出来的金银器和民间作坊中所制作的金银器最大的不同之处就是，中央金银作坊院为了做出好的器物可以不计较成本，正因如此，由其制作出来的金银器始终都蒙着一层神秘的面纱。也正是因为这个原因，才使得金银器在唐朝时期成为了等级的象征，根据规定，凡三品以下官员，都不得用金银当食器。

虽然在唐代金银器中碗的数量非常多，形制变化也多种多样，其中有多曲碗、折腹碗、弧腹碗、带盖碗等，但是大多数的碗都是银质的，相比之下，金碗的数量少之又少，更别说制作如此精良的金碗了。和鸳鸯莲瓣纹金碗同时出土的还有舞马衔杯纹皮囊式的银壶，那只舞马口中衔着的酒杯，和这两件金碗的形状大致相仿。虽说史料记载，在唐代时期金碗很少被用来当作酒器，但是依旧有一部分学者坚持认为鸳鸯莲瓣纹金碗应是用来饮酒的器皿。

因为金碗实物出土的情况实属罕见，故而有关它的文字记载自然少之又少。在《唐摭言》中有一段这样的记载："王源中文宗时为翰林承旨，暇日与诸昆季蹴踘，毬子误中源中之额，薄有所损。俄有急召比至，上讶之。源中具以上闻。上曰：'卿大雍睦。'命赐酒二盘，每盘贮十金椀，每椀各容一升许。宣令并椀赐之。源中饮之无余，略无醉容。"可见，在唐代，金碗多是皇帝所使用的，由此也可得知，何家村出土的这两件鸳鸯莲瓣纹金碗到底有多珍贵了。

5. 气势磅礴的唐墓壁画
——《狩猎出行图》

名称：《狩猎出行图》

年代：唐代

题材：人物出猎壁画

材料：石色颜料、草色颜料、金属色颜料

规格：高 100—200 厘米，全长 890 厘米

价值：极为壮观的鸿篇巨制，唐代壁画中的精品

出土情况和馆藏

1971 年 7 月至 1972 年 2 月，国家考古队对位于乾陵东南约 3 千米、西兰公路东侧约 300 米，地处乾陵乡杨家洼村北面的高地上的章怀太子墓进行了发掘。这次考古发掘的结果证实，章怀太子墓的地面形制与内部结构和永泰公主墓基本相同，只是相较而言规模小一些而已。

章怀太子墓是唐高宗与武则天的次子李贤及其妃房氏的合葬墓，陵墓封土总体呈覆斗形，高约 18 米，底部长、宽各 43 米，顶部长、宽各 11 米。此次挖掘时，封土堆向南约 50 米的地方留有一对残存的土阙，它的底部长、宽各 5 米，高 4.5 米，土阙得南面并列着一对石羊。四周原有的围墙如今只剩东、西、东北三面墙角残留在地面上，整个墓区南北长 180 米，东西宽 143 米，占地总面积约 26000 平方米。

章怀太子墓是由长斜坡形墓道、4 个过洞、4 个天井、6 个便房，以及砖砌成的甬道和前后墓室组成的，墓道全长 71 米，宽 3.3 米，深 7 米。

在此次挖掘之前，虽然该墓曾经被盗过，但是仍出土了许多文物，其中包含各种陶俑、三彩俑、生活用具等陪葬品共计 600 多件，墓中壁画共计 50 多幅，总面积达 400 平方米，而且基本保存完好。

现存于陕西历史博物馆中的《狩猎出行图》便是章怀太子墓中出土的壁画，画中的人物比例匀称、和谐，造型逼真，绘画技巧圆熟，充分显示了唐代时期绘画艺术水平的高超。这幅画的原图高度大约为 2 米，长度近 9 米，整幅画面大气磅礴，令人叹为观止。

艺术价值

这幅《狩猎出行图》位于章怀太子墓的墓道东壁上，是极为壮观的鸿篇巨制，也是唐代壁画中的精品。画面上用苍劲的枯笔画出的 5 棵大树，显示出了林荫山道的古木森森；上面的鞍马人物、辎重骆驼及殿后轻骑，形成起、承、转、合，有藏有露的画面关系，使画面布局显得深幽空灵；而对斜坡墓道的巧妙利用，使得这支出猎队伍像是要从古木参天的大道上呼啸而出一般奔向山坡。这幅《狩猎出行图》完美地呈现出了大唐时期达官贵族出猎时的壮观景象。

画面上的大队人马中位于最前列的是一个身着紫袍、雍容端庄、骑着一匹白马的男子。有趣的是，这匹白马颈披长鬃，马尾垂散，左边的前后蹄抬起，呈现出来的是一副不同于其他马匹的行走姿态。据文献记载，这种马被称为“走马”，只有极少数地位很高的人才有权使用。不同于一般马行走或奔跑时身体上下摆动，这种走马鞍背平稳，骑之不易疲劳，但速度却也不次于一般的马匹。依照这些线索分析，考古专家认为此人正是章怀太子李贤。

在狩猎的大队人马中可以见到许多架鹰携犬的人，据史料记载，豢养各种飞禽，鹰、鹘是当时社会上层的一种时尚。除此之外，画上的两位骑手身后还蹲伏着猎豹和猞猁，据说唐代时由于帝王大都喜好狩猎，故而西域各国纷纷投其所好，进贡了许多猎犬、猎鹰、猎豹。这一点，在许多唐朝的出土文物中都有发现，在懿德太子李重润墓中壁画上也有架鹰、牵豹、戏犬的场景。由此可见，唐宫廷中以动物助猎的现象十分常见。

在我国古代，虽然有关车马狩猎的画作数不胜数，但是像《狩猎出行图》这般宏大的画幅却是很少见到的。画师将狩猎出行时的情景生动形象地呈现在了画面之上，使我们不仅能够真切地感受到章怀太子李贤生前外出狩猎时的情景，同时也为我们研究唐代王室狩猎时的真实情况及唐代时期的绘画风格、技巧提供了重要依据。

背后的故事

章怀太子李贤是唐高宗李治的第六子，武则天第二子，生于祭祀太宗的途中，“初唐四杰”之一的王勃曾为其做过侍读。长大之后因为容貌俊秀，才思敏捷，举止端庄，深受高宗喜爱。上元二年（761 年），太子李弘猝死之后，李贤被继立。在做太子的时候，李贤曾多次监国，并且深受朝野内外的称赞。但他最终却没能逃脱命运的桎梏，因为才能突出，李贤遭到了自己生母武则天的猜忌，并因此被贬黜，最终被迫在流放之地自尽。

如此看来，章怀太子在中国历史上可以说是一位颇为知名却又身世悲惨的皇太子。论出身，他父母皆为帝王，同母长兄死后被追尊为孝敬皇帝，又有唐中宗和唐睿宗两个皇弟，妹妹是权倾一时的太平公主；论才华，他是唐朝诸多皇子中的佼佼者，20 多岁统召学者注释《后汉书》，由他亲笔写下的点评极具文史意义，被后世称为“章怀注”；作为太子，他曾三次监国，得到高宗褒奖，群臣拥戴。然而却在皇室的母子猜疑中成为了政治斗争的牺牲品。

千百年来，关于章怀太子的死产生的各类评说莫衷一是，两唐书均在言语间暗示章怀太子是被其母武则天诬陷杀害的。《旧唐书》更是直接了当地在高宗诸子列传中评论：“唐年韵德，章怀最仁，凶母畏明，独乐其身。”如此说法在称赞章怀太子是一个品德高尚的孝子同时，也驳斥了他生前冠上的不孝谋逆罪名，将太子是含冤被害之说呈现出来。而章怀太子墓中出土的墓志铭也影射他是被冤杀的，但可惜的是，这些言论都未明言其直接死因。

不论章怀太子是含冤被害，还是被谁所害，他的死，终究与最高权利的争夺及由此产生的忌恨和阴谋是密不可分的。自古以来，多少皇室成员为了夺得皇位，兄弟相残、父子反目，但是再大的腥风血雨也会随着历史的流转消逝。如今，看看章怀太子墓中的这幅《狩猎出行图》，感受一下其中的磅礴大气与潇洒豪迈，希望这位太子可以在另一个世界里远离阴谋纷争，活得潇洒惬意一些。

6. 战国贵族之出行必备
——鼎形铜行灯

名称：鼎形铜行灯

年代：战国时期

题材：鼎形灯具

材料：青铜合金

规格：开启高 30.3 厘米，灯腹径 14 厘米，收合高 16.7 厘米，口径 11.3 厘米

价值：作为当年贵族出行时使用的灯，此灯堪称行灯之标范

出土情况和馆藏

在甘肃省博物馆里有一件被称作镇馆之宝的宝物，它就是战国鼎形铜行灯，文献记载，这件宝物出土于甘肃省平凉市庙庄战国秦墓。

庙庄是一个坐落在甘肃省平凉市城东四十里铺镇外的一处河边高地上，这个地方最有名的就是战国墓葬遗址。严格地说，这里墓葬不仅有战国时期的，也有商代的。1974 年，平凉文物工作者及甘肃省文物考古工作队都相继在此进行了发掘。

此处墓葬的发现是极其偶然的，据当地村民介绍，大概在 1974 年夏天，有一个放羊娃在悬崖边上路过时，看到地上凸起一块，用手一推出来了一个铜香炉，放羊娃觉得没什么大用处，就拿到收购站当成废品给卖了。正是这个铜香炉引来了文物考古队，使这个一直默默无闻的小村庄迎来了一场轰动考古界的发掘工作。

据专家介绍，庙庄战国墓葬实际上已经变成了一个残墓，墓葬的前半部分早就垮塌到了悬崖下边，墓葬中间埋葬着墓主人，两边有两个墓台，右侧墓台殉葬着一名男性奴隶，左侧墓台殉葬着一个大约八九岁的小孩。专家们从墓葬的形式上判断出这是一处非常有价值的战国墓葬，可惜的是仅剩下靠近断崖边的这点残迹。之后，随着考古发掘工作的逐步深入，埋藏在这片大地深处的历史逐渐出现在人们面前，其中出土的文物，至今让无数专家学者孜孜探求。当时从这座墓葬里出土的除了大量贝币以外，还有许多件鼎、戈等青铜器，其中最耀眼的当属蜻蜓眼琉璃珠和鼎形青铜灯，最有意思正是这件鼎形青铜灯。

平凉是丝绸之路从长安出发后途径的一个非常重要的站点。长安、平凉、固原、景泰、武威，这条被人们称为“西汉第一国道”的线路也是丝绸之路上的捷径。而庙庄的战国墓葬的发掘则给人们打开了一扇了解战国时期平凉地区乃至丝绸之路沿线情况的窗户。

艺术价值

这盏鼎形铜行灯支起来的高度有 30.3 厘米，灯腹径为 14 厘米，由器身、盖键、器耳组成，在目前已知的战国行灯中属于设计最为高妙、工艺最为卓越的珍品之一。

鼎形铜行灯的铸造工艺可以说是十分巧妙的，它的灯体坚固却不失轻巧，各部件之间连接密合而又充满灵动。鼎形器中心立着一根烛钎，盘壁外侧有一个扁平鋬，底部有三蹄作足。双附的实耳上有能从两侧穿孔的键槽，双键一端锁在耳上，中部弯成半圆，合起来可以变成圆环扣住顶托。两端上翘，是可以合成上小下大圆柱体的两个半圆，盖坝中心有一个托，两侧是呈旋向状的两个鸭头。

鼎形铜行灯在收合的时候是一个三足圆鼎，里面盛着燃灯时要用的油料，盖坝两侧的两个鸭头宽嘴正好能够衔住双键，从而使鼎盖被牢牢扣住，绝对不会露出来一滴油。等到要用灯的时候就将双键支起，插在鼎盖中心的圆銎中，这时候，鼎盖就变成了灯盏。

这灯盏的构造极其精巧，设计也十分科学，使用起来更是非常方便，可谓是一件巧夺天工的作品。其盖、耳、键、身四部分配置得也十分科学，不但符合运作原理，又能体现出灯身的形态之美，不仅如此，它每一个部分都得到了十分充分的利用。这盏将艺术性和实用性巧妙结合在一起的鼎形铜行灯，即便放在今天，也毫不逊色，可以随意地支、合，用起来依旧畅顺自如。它不仅是古代贵族们外出时随身必不可少的工具，也是一件独具匠心的伟大作品，展现了他们的高超智慧，堪称行灯界的标范。

背后的故事

学会使用火是人类进化史上具有里程碑意义的重要一步，而开始使用灯则是用火的延伸。中国的古灯文化源远流长，在2000多年来流传下来造型各异、千姿百态的古代灯具数以万计，灯具制作不仅具有悠久的历史，而且与灿烂的华夏文明相应相称，达到了非常精湛的水平。特别是在中国工艺美术史上非常重要的战国到两汉时期，随着艺术题材日益广泛化、世俗化，工艺手法也趋于多样性和创造性。这种艺术趋向和风格，也在灯具制作方面有突出的显示。这一时期灯的造型，不仅样式繁多，而且构思奇巧，制作工艺也相当精细。

在当时，鼎形铜行灯是贵族最为实用的一种器物。在走夜路的时候，鼎形铜行灯不仅能够起到照明指路的实用作用，还可以体现出他们的尊贵身份。专家认为，一般而言，在短途夜路中用不着这么豪华繁琐的灯盏，因此他们推断，这件鼎形铜行灯是贵族为了长途跋涉制造出来的东西。说到这里就有些奇怪了，对于贵族而言，他们只需要过着锦衣玉食的生活就可以了，那么，有什么事是需要让他们长途跋涉才能完成的呢？经研究发现，这种铜行灯其实是中原的贵族出使西方时在路途中所使用的一种器物。

东西方之间的沟通交流有着非常悠久的历史。自从公元前 2 世纪汉武帝派张骞出使西域，长安和罗马之间就形成了一条以丝绸贸易为特色，横贯亚、非、欧的丝绸之路。很多人认为这就是东西方之间最早的交流，其实并非如此。早在战国的时候，东西方之间就已经有了政治、经济上的交流，不过由于年代太过久远，而且当时中国的版图也和现在大不相同，故而有关东西方的界定和现在相比自然有着非常大的差异，而当时所谓的“东西方交流”，如今看来，只不过是和中国西部极其边陲省份之间的交流罢了。

7. 浓墨重彩的厚葬之风
——三彩骆驼载乐俑

名称：三彩骆驼载乐俑

年代：唐代

题材：唐三彩

材料：陶瓷彩绘

规格：通高 58 厘米，长 41 厘米，乐俑高 11.5 厘米，骆驼高 48.5 厘米

价值：唯一一件被评定为国宝级文物的唐三彩

出土情况和馆藏

1957 年 2 月，中国社会科学院考古研究所的专家们在西安市西郊三桥镇何家村的西北方向挖出了一座古代墓葬，专家根据出土墓志的记载，判断此墓的墓主人为唐代右领军卫大将军鲜于庭诲。

这是一座平面呈边长 4.9 米方形的砖墓室，其中出土的随葬品除了墓志以外，还有红陶的风帽、小马、小驼、小牛、骑马俑、鸡、羊、猪等共计 103 件，三彩的镇墓兽、男侍俑、女俑、文官俑、马俑、牵马胡俑、驼俑等共计 21 件。其中最为有名的是一件三彩的骆驼载乐俑，当年出土的时候，它依然被保存得十分完好，对于一直以来都有“中国陶瓷史上的奇葩”之称的唐三彩而言，是研究其制作工艺的珍贵物品，故而被称为唐三彩中的代表作，也是唯一一件被评定为国宝级文物的唐三彩。

在这件三彩骆驼载乐俑中，一只引颈长嘶的骆驼站在长方形的底座之上，骆驼的背上是铺着一个五彩斑斓的毛毯的平台，平台上有 8 个乐伎，其中的 7 个男乐手身着汉服，手拿不同的胡人乐器，盘着腿，面朝着外面坐在毛毯上演奏，中间站着一位正在唱歌的女子。这 8 个乐伎俑从容貌装扮上来看虽然都是唐人形象，但整件作品所表现出来的乐舞场景却体现着浓郁的异域情调，可谓是淋漓尽致地反映了盛唐时期长安乐师在乐曲创作与表演上的融合与创新。

虽然说有关唐朝乐舞题材的文物在我国各地均有出土，但是像这种题材的表现形式却是十分少见的。迄今为止，西安地区也仅出土了两件三彩骆驼载乐俑。据专家介绍，这件三彩骆驼载乐俑的制作时间大约在唐玄宗开元年间，代表了中国历史上最鼎盛的时期的文化艺术的成就，具有非常高的历史、科学和艺术价值等。

唐三彩在中国文物史中是不可多见的瑰宝，这件三彩骆驼载乐俑更是其中高超技艺的杰出代表。其鲜明亮丽的色彩显得十分协调自然，堪称是唐三彩中的佳品。唐朝俑虽然数量众多，但是三彩骆驼载乐伎俑的题材表现形式十分的罕见。这 8 个乐伎俑是唐人的形象，但却体现着浓郁的异域情调，反映了当时乐师对西域乐曲融合和创新。如今，它被藏于中国国家博物馆中。

艺术价值

这件三彩骆驼载乐俑通高 58 厘米，长 41 厘米，其中骆驼高 48.5 厘米，乐俑高 11.5 厘米，它所呈现出来的显然就是一个流动演出团的表演现场。在这个以驼代步、主唱、伴奏、平台、演奏者一应俱全的流动演出团里，人人神态坦然，全神贯注地进行演奏，人物形象表现得生动而又鲜活，骆驼则显得沉稳有加，它似乎在跟着音乐的旋律徐徐前进。这件三彩骆驼载乐俑的确算得上是一件难得的艺术作品。

唐三彩的发展和演变历史大致可以分成三个阶段：初唐时期的唐三彩

大都沿用六朝及隋朝的旧俗，多是以牛车为主的仪仗俑；中唐时期，有关马匹的塑造开始盛行，在出土的这一阶段的作品中，我们可以发现，骑马俑人代替了牛车仪仗；到了中晚唐时期的时候，人物仪仗开始逐渐出现，并且迅速成为了极具代表意义的一大特色。

从艺术角度来看，这件三彩骆驼载乐俑堪称是盛唐艺术中的精华之作。对于这件唐三彩所展示出来的内容，专家们曾这样描述："演员们似乎正在那里聚精会神地表演，试图吸引我们观众的注意。他们也许正在等待我们喝彩呢！"

唐朝是一个文化艺术迅速发展、政治稳定、经济繁荣的时期。在这一时期，音乐的发展也实现了阶段性的飞跃，许多音乐作品不仅在题材上有所创新，而且还完美地实现了中土音乐与外来音乐的结合。《十部乐》便是其中最为杰出的代表，这部作品中，除了燕乐和清乐还算得上是中土地区的传统音乐之外，其余部分引用的都是外来音乐的元素，恰如宋代诗人元稹的诗作中所说："女为胡妇学胡装，伎进胡音务胡乐。"

这件三彩骆驼载乐俑和西安地区出土的其他表现唐朝乐舞艺术的陶俑和众多的文献资料在一起，不仅为人们再现了当时的乐舞之声，也让人们认识了唐朝时音乐、艺术、文化的发展状态。

背后的故事

受先秦时期的生死观念影响，我国古代的帝王权贵都追求事死如生的厚葬传统。对他们而言，所谓的厚葬，首先要求坟丘高大、配套建筑众多，其次是随葬品要十分珍贵。当时的社会上也形成了"富者绣墙题凑，中者梓棺楩椁，贫者画荒衣袍，缯囊缇橐"的风气，这种风气极大地消耗了当时社会的有限财富，加重了贵族和平民的负担，埋下了深深的社会危机的种子，却也为我们今天的研究工作提供了方便。唐代时期有名的三彩陶器大多数是当时的陪葬品，所以说唐三彩的迅速发展主要得益于厚葬之风，这使我国的文物研究几乎达到了巅峰状态。

到目前为止，我国墓葬出土的唐三彩大都是在洛阳与长安两地所制造的。研究发现，各个地区制造出来的唐三彩都会有所差别，例如西安市铜川地区出土的唐三彩是以泛红色的胎质为主，偶尔也会出现白偏灰色的胎质，而河南洛阳地区出土的唐三彩基本上都是胎色洁白的，其中白中夹黄的胎质出现得比较多。

在唐代，陶瓷技术的发展突飞猛进，与此同时，除了这“南青北白”陶瓷产业以外，三彩陶器的烧制在当时也达到了一个巅峰，创造出了独特的艺术风格。现在市面上流通的唐三彩很多，其中赝品的数量也不少。据专家介绍，如果要鉴别唐三彩的真假，就要综合它的釉色、胎色、声音及气味等多方因素来判定。真品唐三彩的釉色都是十分沉稳的，看上去非常透明自然，在釉面地方会有一些细密如织的开片，但是这些开片纹路一般是绝不会浸入泥土的。由于三彩陶器是一种由低温铅釉烧制而成的陶具，所以在制造的时候一般需要入窑两次，最终才能呈现出如此绮丽的艺术效果。

唐朝的开放，不仅迎来了世界各地的人们，也带来了各种各样的奇珍异宝，开创了我国历史上空前绝后的繁荣盛世。

8. 衔杯终宴曲

——鎏金舞马衔杯银壶

名称：鎏金舞马衔杯银壶，又称鎏金舞马衔杯纹皮囊形银壶

年代：唐代

题材：马形酒壶

材料：白银、鎏金

规格：高度 18.5 厘米

价值：国宝级文物，是唐代中原汉族与北方契丹族文化交流的物证

出土情况和馆藏

1970 年秋天，在陕西省西安市南郊的何家村挖掘出了一个称得上震惊世界的唐代窑藏，那就是何家村唐代窑藏，这次考古发现可与西方著名的考古发现“阿姆河遗宝”相媲美，同时也是 20 世纪中国最为重大的一次考古发现。

在何家村唐代窑藏中出土的第二个陶瓮中，考古学家发现了一件与镶金兽首玛瑙杯一样，因为这是一件绝无仅有并且被中国政府禁止出境展示的国宝级文物——鎏金舞马衔杯银壶。

这件鎏金舞马衔杯银壶的制作工艺非常独特，它的造型是模仿北方游牧民族所使用的皮囊壶制成的。在北方，契丹民族的人常常携带这种形状的皮囊，用来盛水或者盛酒。中原的工匠借鉴少数民族的器物外形，将两

种文化完美的融合在一起，创造出了独特的华美之制。在器物图画中，马的形象可以称得上源远流长，比如说秦代兵马俑里的陶马、东汉时期的铜奔马，以及同为唐代时期的三彩陶马……这些用在器物上的马匹形象，或是奔跑姿态，或是昂首站立，但是这件鎏金舞马衔杯银壶鎏上的骏马却是一副恭敬蹲坐的姿态，只这一点，就给人留下深刻的印象。

鎏金舞马衔杯银壶的通体经过抛光处理，壶盖、舞马、弓形提梁和同心结处均是鎏金制作。鎏金舞马衔杯银壶的壶盖帽是捶揲成型的覆式莲瓣，壶盖的顶中心铆着一个银环，环内与提梁相连的地方接了一条 14 厘米长的银链，壶肩上焊着一端弓剑形状的提梁，上面有三朵花瓣，在扁圆形壶身上方的一端开着竖筒状小口，壶身两侧是两匹被模压出来的、相互对应、衔杯匐拜的舞马。

如此精致的鎏金舞马衔杯银壶不仅是一件国宝级文物，更是唐代时期中原汉族与北方契丹族文化交流的见证。如今，它被收藏于陕西历史博物馆中的“大唐遗宝”展厅内。

艺术价值

鎏金舞马衔杯银壶的高度为 18.5 厘米，马的脖子上系着飘带，昂首扬尾，仿佛是在跳舞，整件文物的形制非常优美，图案构造也非常别致，底部的圈足内有一行墨书，其内容为:“十三两半”。

在唐代时期，金银器物的制作已经达到了一个巅峰。当时的工匠们巧妙地利用金属的延展性，利用捶揲技法捶打出器物的器形和纹饰。据专家介绍，这种手法实际上在商周时期就已经初具雏形，当时的人们就已经可以制作出在青铜器和玉器上用作装饰的金箔。到了唐代，工匠们对这种技法的掌握已经十分纯熟了，正因为如此，鎏金舞马衔杯银壶上骏马的细节才能表现得如此清晰，马匹的口鼻眼轮廓及躯干上的肌肉线条都是历历可见的。在这些精致的线条下，骏马造型活灵活现，有一种跃跃欲出的美感。

考古专家指出，根据史料文献上的记载，舞马也被称为蹀马，应该是由汉武帝时期从西域引进，由当时被称作“天马”的大宛汗血宝马训练而成的。从西汉时期开始，汗血宝马代表了国家的国威、军威之魂。然而，到了盛唐时期，悍血宝马却变成了舞马，岂不是屈才了？故而有学者认为，这一点暗喻着大唐由极盛向衰落的转变。不过，值得肯定的是，和奥运会项目中起源于西方的马术运动相比，我国古代的舞马与现今马术运动相似，如果这种说法成立的话，那么我国就成了世界上最早开展马术运动的国家了。

背后的故事

史料记载，在唐代时，马匹不仅被广泛地应用于交通、运输、战争、驿传等方面，还被大量用在宫廷贵族之间的社交和娱乐活动之中，其中最为特别的是唐玄宗时期的舞马。

据《明皇杂录》记载：唐玄宗时期，宫中养了数百匹舞马，唐玄宗经常观看马匹表演并且亲自进行训练。每逢八月初五万寿节，唐玄宗在兴庆宫都要举行盛大的庆祝活动，并且每年必以舞马助兴。据说，唐玄宗曾命人训练一百匹舞马，并称之为“四百蹄”，他将这些舞马分为左右部目，并且用绣花的绸缎、金银络头及珠玉装饰它们，当舞马表演到达高潮的时候，唐玄宗便会让一名壮士举起一张榻，此时数名身穿淡黄衣衫、头系玉带的少年乐工侍立在舞马的左右前后，只见上百匹披金戴银的舞马伴随着《倾杯乐》的节拍，奋首鼓尾，跃然起舞，舞姿翩翩，等乐曲达到高潮的时候，舞马便会一跃跳上三层高的床板旋转如飞，一曲结束，领头的舞马会衔起地上盛满酒的酒杯到唐玄宗面前祝寿。

专家解释，鎏金舞马衔杯银壶上的舞马衔杯造型正是唐玄宗万寿节时领头舞马祝寿情景的真实再现。为此，唐朝文人还曾写下许多有关舞马的诗词，“更有衔杯终宴曲，垂头掉尾醉如泥”“屈膝衔杯赴节，倾心献寿无疆”等有名的诗句都是对这个事件的真实描述。

然而，这种盛大的宫廷祝寿活动却在天宝十四年（755年）发生了历史性的转折，没人料想得到，曾经出尽风头的舞马最终居然会落下如此可怜的下场。《明皇杂录》中记载，安史之乱时，唐玄宗逃亡到蜀中，那些养在宫苑里的舞马便流落到了民间，安禄山因为曾经有幸看到过舞马表演，而且对这种活动十分喜爱，于是就将几匹舞马带到了范阳。后来，这些舞马被叛将田承嗣所得，田承嗣不知道这些是宫廷里的舞马，就将它们和战马一起养在了马厩里。一天，军中宴乐，舞马听到音乐后习惯性地跳起了舞，士兵们从未见过如此情景，以为这些马是妖马，就用鞭子活活地将它们抽死。自此以后，舞马衔杯祝寿这种宫廷娱乐形式便在历史的舞台上销声匿迹了，只留下了这件银壶上的形象，似乎提醒着世人，曾经有过这样一段历史。

鎏金舞马衔杯银壶体现了唐文化的多元性及包容性，反映了唐王朝与北方民族之间的文化交流，再现了唐玄宗生日庆典的盛景，以实物印证了舞马衔杯传说存在的真实性。

9. 力量与动感的完美结合
——马踏飞燕

名称：马踏飞燕，又名马超龙雀、铜奔马、凌云奔马等

年代：东汉

题材：马形铜器陪葬品

材料：青铜合金

规格：重 7.15 千克，高 34.5 厘米，长 45 厘米，宽 13 厘米

价值：自出土以来，一直被视为中国古代高超的铸造业的象征

出土情况和馆藏

1969 年，武威新鲜公社社员在雷台南部挖掘战备地道时，几榔头下去，却发现了一间用青砖石砌成的墓室，里面整齐地排列着铜人、铜牛、铜车和铜马，旁边两座棺床里还摆放着两具尸骨架。在没有采取任何保护措施，并且没有任何考古工作者参与的情况下，这座尘封多年的古墓神秘的面纱就这样被揭开了。

11 月 3 日，甘肃省文化厅派出了省文物考古研究所的工作人员魏怀珩、张学前往武威，进行进一步的考古勘探工作。最终，该墓穴出土了包括铜人、铜车、铜牛、铜马和陶器在内的 220 余件文物，其中有 39 匹铜马，它们神态各异、活灵活现。

在墓葬出土的铜人俑当中，有 4 件女俑背后刻有“张氏婢”的字样，8 件男俑背后刻有“张氏奴”的字样，还有一只陶碗的底部刻有“张家奴字益宗”的铭文。由此可以断定，该墓穴的主人应该姓张。

考古工作者通过对铭文的研究，进一步分析了墓主人当时的地位、身份和职业等，判断出这位墓主人生前四次被册封为将军，还兼任过河西四郡之首的武威郡的郡守。而雷台汉墓出土的铜马上还清清楚楚地印刻着“张君前夫人”和“张君后夫人”的铭文。根据《汉书》所载，“夫人”即“列侯之妻称夫人”，由此可以断定，这位墓主人的最高身份应该是诸侯。

1970 年 8 月，这批文物被运往甘肃省博物馆进行修复和处理，并最终收藏于此。

艺术价值

这匹铜奔马身高 34.5 厘米，身长 45 厘米，宽 13 厘米，矫捷健美，别具风韵。这匹奔马昂首嘶鸣，躯干结实而健美，四肢修长而有力，腿蹄轻捷灵活，三足腾空而起，向前飞驰，剩下一足轻踩飞燕。就其整体造型而言，是一匹身躯庞大的马正踏在一只飞驰中的龙雀背上，那只小小的龙雀吃惊地回过头来观望。这座铜奔马惟妙惟肖地展现了骏马凌空奔腾、急速奔跑的英姿，这就是如今扬名天下的马踏飞燕。

马踏飞燕可谓是东汉艺术家艺术成就之集大成者，是中国古代雕塑艺术的稀世珍宝，在中国雕塑史上代表了东汉时期艺术成就的巅峰水平。无论是一张一弛的神采表现力，还是高明的铸造工艺，马踏飞燕都可圈可点，让人称赞不已，更令人叫绝的是其创作构思之精妙。我们都知道，塑造一匹身姿矫捷健美的骏马形象并非难事，然而铜马这种静物表现出动感，尤其是要展现一匹良驹日行千里的神速，就绝非易事了。然而，那些中国历史长河中籍籍无名的艺术家们却能独具匠心，将满腔的热情和心血灌注于自己的作品之中，进行大胆而夸张的巧妙构思，让马的右后蹄踏上一只凌空飞翔的燕子。这样一来，用小小燕儿来衬托马匹，让飞燕与奔马的速度有目共睹，奔腾中骏马的动态凝结在了一个静止的空间里，这匹静止的铜马也由此有了自己的生命力！

从力学的观点来分析，马踏飞燕也为飞燕找到了一个重心的落点，为其构筑了稳定性。无名的艺术家借助这种浪漫主义的手法烘托了骏马矫捷的英姿和风驰电掣的神情，为人们提供了广阔的想象空间。马踏飞燕既为我们呈现了力的感觉，又为我们传达了动的节奏，可谓是中国青铜艺术中的一朵奇葩。而在那风驰电掣的一刹那，那只矫捷飞驰的凌云天马被展现得淋漓尽致，显然，这只马的速度已经超过了燕子。可见，这绝非一匹凡马，而是一匹“天马”。因此，这匹铜奔马绝不是一般意义上的殉葬品，而是墓地主人生前曾经供奉过的马神，寄托了这位将军死后灵魂升天的祈愿。

背后的故事

马踏飞燕之所以是国内最知名的文物之一，不仅因为它颇具考古价值和历史研究价值，还因为国家将其定为中国旅游业的形象标志并广为传播。长久以来，人们一直将注意力集中在马身上，而很少去探究“燕”的来历。

很多时候，人们将疾驰中的马比喻为燕，或者与燕扯上各种各样的关系，包括马踏飞燕也是如此。然而，这种正在疾飞的鸟儿并不是我们常说的家燕。譬如，家燕的尾巴是两条开叉的“燕尾”，而马蹄之下的鸟的尾巴呈楔形。

那么，如果马踏的不是燕，究竟是哪种鸟类呢？经考证，马下踏的其实应该是隼。自古以来，隼为人们所熟知，它最为常见且飞行速度很快，体型也最符合马踏飞燕所呈现的状态。在众鸟之中，古人尤其爱隼，或者又称之为猎鹰，对北方游牧民族而言，驯化猎隼、游隼或燕隼等鸟类是一种传统文化。汉代是一个极为尊崇野生动物的时代，那时，人们尤其喜爱隼或者雕等猛禽。大量遗留下来的文物或文献都可以佐证这一点。这足以说明，无论从形态特征和飞行速度而言，还是从文化内涵而言，与“飞燕”相符合的鸟类就是隼。即使古人不一定能完全识别游隼、猎隼和燕隼，也可以确定奔马脚下所踏的是隼而非燕。因此，甘肃武威出土的铜马不应该称为“马踏飞燕”，而应该称为“马踏飞隼”。

NO.6

国宝传承：滇川风情之探骊

滇川两地不仅地缘相邻，共处丝绸之路的南端，而且在历史上都属于民族迁徙的路线。同为文化传播道路上的关键地区，滇川两省在文化方面有着许多共同的元素。除此之外，它们也都拥有着深厚的历史背景，甚至可以上溯到远古时代。无论是神秘的古滇国、富饶的大理王朝，还是神秘的蜀地，随着一座座墓葬的挖掘，一处处窑藏的发现，那些掩藏在神秘面纱之下的秘密正在一点一点被揭开。

1.“金乌负日”的生动再现
——太阳神鸟金箔

名称：太阳神鸟金箔

年代：商后期

题材：古蜀祭祀器物

材料：金箔

规格：外径 12.5 厘米，内径 5.29 厘米，厚度 0.02 厘米，重量 20 克

价值：其上绘制的神奇图案与绝妙的表现手法，在四川乃至全国都是前所未有的考古发现

出土情况和馆藏

2001 年 2 月 25 日，在四川省成都市西北金沙遗址的考古工地上，一位考古学家意外地看到不远处似乎有什么东西在阳光的照射下闪闪发亮，他走近一看，发现是一块直径约 10 厘米的小泥块，出于自身专业的本能反应，他捡起了这个泥块，然后用竹片和油漆刷小心翼翼地将泥层外的松土一点一点地剥落，这时候他才发现，那闪闪发亮的东西原来是掩盖在泥土之下的金箔。不过由于被掩盖的时间太久，金箔已经被揉成了一团，实在难以辨识它原来的器型。当这位考古学家将这块面目全非的金箔交给文物保护人员仔细清理、浸泡之后，所有人都震惊了。这块金箔就是如今被收藏在四川省成都市金沙遗址博物馆的太阳神鸟金箔。

经考古专家们的研究推测之后，他们一致认为，这块太阳神鸟金箔很有可能是一种古时候蜀人祭祀所用的神器。古时候，蜀人是世界上最早开采并使用黄金的古老部族之一，像四川广汉三星堆出土的金面罩、金杖、金璋、金虎、金鱼、金叶饰等黄金器物，全都是古代蜀人高超的黄金加工制作技艺的成果展现。

这块太阳神鸟金箔的含金量高达 94.2%，制作工艺非常精良，完美地体现了我国古代金质工艺品加工技艺的精湛所在。这块金箔的内外两层图案皆是镂空而成的，其内层是等距分布的 12 芒太阳纹，外层则是由 4 只朝同一方向飞行的神鸟首尾相接组合而成。如果人的眼睛一直盯着太阳神鸟金箔，就可以通过前后移动看到太阳神鸟在旋转。这样的造型很容易让人联想到上古神话传说中的太阳与神鸟，因此，考古学家们便将这块金箔命名为“太阳神鸟金箔”。

艺术价值

太阳神鸟金箔的外径为 12.5 厘米，内径为 5.29 厘米，厚度为 0.02 厘米，重量达 20 克。它的外形呈圆形，大小和茶碟相当，看起来十分规整丰满，精美传神的图案，展示了其制作工艺的高超莫测。据专家研究发现，这块太阳神鸟金箔大概是商代晚期铸造成的，绘制其上的神奇图案与绝妙的表现手法，在四川乃至全国都是前所未有的考古发现。太阳神鸟金箔用简练生动的图像语言，记述了商周时期蜀人对太阳极为崇拜的习俗，也为我们了解古代蜀人的精神观念及其祭祀活动提供了非常重要的资料。

太阳神鸟金箔生动地向世人再现了远古时期鸟负日的神话传说。这块金箔内层向四周喷射出 12 道光芒的太阳图案，象征着光明、生命和永恒。那四只绕着太阳飞翔的神鸟，寓意周而复始，生生不息。除此之外，从整块太阳神鸟金箔中也可以看出当时的蜀人已经掌握了岁、时、月的概念及其形成的原因。

比如说，金箔内层那 12 道太阳光芒与外层 4 只鸟，12 和 4 都是在我国古代文化中经常使用的数字，故而有学者研究认为，金箔外层的 4 只神鸟图案象征着春、夏、秋、冬，而神鸟首尾相接向着同一个方向飞翔，代表的正是四季轮回；金箔内层那12道芒纹图案则意味着一年之中的12个月；而金箔完整的圆形图案则寓意的是民族团结、和谐包容。故而，这块太阳神鸟金箔不仅是古时候蜀人崇拜太阳的物证，也是他们对自然规律熟识了解的最直接展现，更是他们哲学宗教思想、艺术创造力和精湛工艺水平完美结合的成果，代表了古代蜀人黄金制作工艺的辉煌成就。

背后的故事

太阳神鸟金箔的出土是21世纪以来我国考古界的一次重大发现，2005年8月16日，太阳神鸟金箔图案成为中国文化遗产标志，同时也成为了成都的标志图案。之后，太阳神鸟金箔随“神舟六号”飞船遨游太空，象征着中华民族千年飞天梦的实现。2013年，太阳神鸟金箔被考古学家评为九大镇国之宝之一，也被列为禁止出境的文物之一。

除此之外，在太阳神鸟金箔的背后还有一个与古代蜀人有关的故事。相传，在很久以前，在古蜀国中有一个非常神秘的部落——金沙。那是一个四季如春，富饶无比的地方，那里的人们安居乐业，过着非常幸福的生活。但是有一天，金沙的太阳突然消失了，整个部落陷入一片黑暗之中。金沙人无比担忧，于是他们便请求部落里的四大长老去寻找太阳。

在四大长老寻找太阳的第一天，他们在森林中遇到了月亮，月亮说太阳是被邪恶的大巫师捉走的，她给了四大长老一个盒子，并告诉他们盒子里的东西只有在遇到大巫师的时候才可以使用。

第二天，四大长老在高山上遇到了星星，星星拿出了一个布袋，并告诉他们这个布袋要在打开月亮的宝盒之前打开。

第三天，四大长老来到了金沙河边，他们看到了大巫师和太阳，于是便打开了星星给的布袋，只见两道强烈的金光从布袋中飞出射向了大巫师的眼睛，趁着大巫师痛得睁不开眼睛。四大长老见立刻打开了月亮给的宝盒，四条金绳便从宝盒中跳到了他们的手上，长老们拿着金绳分别从东南西北四个方向向大巫师扔了过去，大巫师瞬间便被捆得难以动弹，太阳终于被成功解救。

四大长老为了保护太阳不再受到邪恶势力的伤害，就变成了四只美丽的太阳神鸟，从此以后片刻不离地守护着太阳，而太阳也因为神鸟的保护，发出了 12 道神奇的金光，变得更加美丽耀眼。

后来，生活在金沙部落的蜀人们为了纪念四大长老，便将太阳神鸟的图案雕刻在了金箔上，并制作出大量的金器、玉器、铜器，将它们深埋在自己生活的土地中，祈求太阳神鸟的永世庇佑，也让子孙后代们能够永久地将这段美丽而厚重的历史铭记在心。

2. 盖似荷叶，状如青瓜
——龙泉窑青釉荷叶盖罐

名称：龙泉窑青瓷荷叶盖罐

年代：南宋

题材：罐状器皿

材料：青瓷

规格：高31.3厘米，宽23.8厘米

价值：现存南宋龙泉青瓷中最大的一件瓷器，在宋瓷中，荷叶形盖罐全球仅一件，被封为中国瓷器三大国宝之一

出土情况和馆藏

1991年9月，四川省遂宁市南强镇金鱼村的村民王世伦和朋友一起在自家菜地为病故的亲人挖墓坑时，锄头不知道被什么硬东西给挡住了，王世伦挖开泥土之后发现是一些瓶瓶罐罐之类的东西。

消息一经传开，村里人便都赶了过来，想要一探究竟，王世伦和几个朋友守护着这些东西，一直等到文物部门的工作人员赶到现场。在文物保护人员的抢救下，此次挖掘一共出土器物1005件，其中985件瓷器中包括浙江龙泉窑青瓷342件，景德镇影青瓷600件，广元窑、定窑、耀州窑瓷器共43件，这些瓷器大多为盘、碟、碗、杯等，都是非常简朴的生活用品。

不过其中出土的一件青釉荷叶形盖罐，却在文物界与考古界引起了轰动，因为在现已出土的宋瓷中，荷叶形盖罐仅此一件。据考证，它也是南宋龙泉青瓷中最大的一件，故而青釉荷叶形盖罐一经出土便被封为中国瓷器三大国宝之一。

荷叶盖罐多见于元代龙泉窑出土的瓷器，这种瓷器盖作荷叶形，盖沿为荷叶边，钮较低。而龙泉窑以烧造出“青如玉，明如镜，声如磬”的青瓷而闻名于世，除了烧造盘、碗、盆、碟、壶、渣、斗等日用器物之外，龙泉窑还烧制各种文具及仿古的觚、鼎、瓶、鬲、炉等器具。龙泉窑在南宋时逐渐形成了淳朴厚重的风格，而南宋中晚期，由龙泉窑烧制出的粉青和梅子青两种纯净青釉，则代表了中国青瓷工艺的最高成就，并因此被誉为“青瓷釉色与质地之美的顶峰”。

专家查证后发现，龙泉窑的瓷业生产主要集中在浙江南部的龙泉县，南宋叶在《坦斋笔衡》中曾这样记载:“江南则处州龙泉县窑，质颇粗厚。”如此可见，龙泉窑自宋代以来，历经元、明、清三朝，制瓷时间长达 800 多年。元代后，南方的经济并未受到很大破坏，再加上水路交通发达，海外贸易增加，促进了龙泉窑的生产与发展。之后由于技术创新，龙泉窑制出了露胎装饰的技法，开创了龙泉窑发展史上的全盛时期。

青釉荷叶盖罐胎质洁白细腻，外施柔和淡雅的梅子青釉，色泽清亮，外形别致，罐身敦厚饱满，是难得一见的稀世珍宝，现如今被列为不能轻易展出的国宝级文物，收藏在四川博物院。

艺术价值

青瓷荷叶盖罐因其“碧绿如翡翠，温润如春水”的美称而得名，高 31.3 厘米，宽 23.8 厘米，最大腹围接近 1 米，罐身圆润，釉色纯正明亮，盖子的设计可谓是独具匠心，它是目前为止，宋瓷中唯一一件把盖沿做成弯曲荷叶状的瓷器，曲线起伏平缓的荷叶边与罐身形成了动静结合的美感，同时也给人带来了一种流动的韵律感。青瓷荷叶盖罐盖顶上的小钮就像是刚从河中摘下荷叶茎梗，盖面上的 4 条鱼两两相对，轻盈戏游，余味无穷。整个罐体造型彰显自然风采，由折唇、矮束颈、圆肩、鼓腹、圈足组成，青中带有微黄的釉色，更是显得古朴典雅。

这件青釉荷叶盖罐出土时，里面整齐地摆放着许多青瓷小碟，工作人员细数之后发现，正好是 99 件。据专家解释，数字“9”在中国传统文化中寓意长久，青釉荷叶盖罐中摆放的 99 个小碟子，取“九九归一”之意，表达了古代劳动人民对国泰民安的美好希冀。

有文献曾载，荷叶盖罐是在元代开始流行的，故而陶瓷界一致认为只有元代时期才有荷叶盖罐，然而，在近几年的考古发现中，专家研究勘测之后，已初步确认龙泉窑的确存在明初的官窑遗址，此论证一出，不仅颠覆了“龙泉无官窑”的说法，改写了我国的瓷器史，还一度震惊海内外。

在投资者眼中，龙泉窑官窑身份的确定，对处于价值洼地的龙泉窑瓷器价格来说是一件好事，这不仅会使龙泉窑瓷器价格极速上涨，也能推动人们对整个龙泉窑青瓷的认识。不过从市场的总体情况来看，龙泉窑青瓷在国内市场上还是比较冷清的。

2009 年 12 月，在嘉德微博拍卖会上，元代龙泉窑模印龙纹盘以 24.64 万元拍出；2010 年 4 月香港苏富比微博拍卖会上，明朝永乐宣德龙泉窑青瓷缠枝花卉纹碗以 43.18 万港币拍出；2011 年 6 月，香港佳士得拍卖会上，元末明初龙泉窑青釉盖罐以 37.5 万港币拍出……虽然这些拍品成交的价格都不是很高，但龙泉窑青瓷还有很大的潜力和升值空间，目前为止它的价值还没有被充分挖掘出来。

背后的故事

在这件世间唯一出土的荷叶形盖罐宋瓷的背后，还隐含着一个时代的历史。在 700 多年前的宋朝，遂宁县的金鱼村曾是当地府衙的所在地，南宋理宗端平三年(1236 年)，蒙古骑兵深入四川遂宁，1242 年，遂宁府被攻破，从此，这个地方便进入了长达 70 年的蒙古统治时期。据说，因为突逢战乱，许多大户人家仓促外逃时诸多金银瓷器等珍宝都无法随身携带，只好就地掩埋。

有专家认为，这便是金鱼村这座瓷器窖的来历。他们认为，依常理来说，瓷器的窖藏应采用砖砌或石砌窖穴的方式，但金鱼村窖藏的这批宋瓷却是直接挖坑掩埋的，虽然说器物放置得非常有序，但也能够证实仓促掩埋的猜测。

除此之外，倒还有一种说法，得到了世人的广泛认同。据史料记载，宋徽宗曾经在遂宁做过郡王，他登上皇位之后认为是遂宁地区的观音保佑，才使得自己登临大位，于是便令窑官在浙江龙泉和江西景德镇烧制了一批精致的瓷器供奉在遂宁广德寺的观音座前。后来，为了避免这批瓷器被战乱破坏，宝祐六年（1258 年），广德寺中负责保护这些瓷器的武僧便将这批国宝埋藏在了遂宁县南强镇的金鱼村里。

每一个文物背后都有一段传奇的故事，而龙泉窑青瓷荷叶盖罐的背后是许多人日日夜夜、生生不息的守护。

3. 武装官僚的象征物
——东汉铜车马

名称：东汉铜车马

年代：东汉

题材：铜质车马陪葬品

材料：青铜合金

规格：长 1.12 米，高 0.88 米

价值：被欧美学者誉为“中国古代艺术作品的高峰”

出土情况和馆藏

1969 年 9 月，在位于甘肃武威北郊 1000 米处的雷祖庙雷台下，无意间挖出了一座东汉将军墓。墓中出土陪葬文物共计 231 件，其中有 3 颗铸有“将军”字样的银印。考古专家根据墓中马俑胸前的铭文记载，确定此墓为“守张掖长张君”陆墓。

除此之外，还有一个令人惊叹、雄伟壮观的仪仗队。仪仗是铜塑而成的，规模十分庞大，共有 14 件，其中骑吏俑 2 件、持矛骑马武士俑 4 件，此外还有拿戟骑马武士俑、主车、轺车、辇车、斧车等组合。这支仪仗队是由一匹飞奔的马带头的，这匹马仰首嘶鸣、摇尾御风，只见它三足腾空，一足踏在一只展翅翱翔、回首惊视的飞鸟上，可谓是气势逼人。原物本来是由青铜铸造而成的一车一马，马由头、耳、颈、躯、尾、四肢等 11 段分铸合成，用 17 个销拴加以固定，造型自然生动、惟妙惟肖，车分驾马、轮轴、车箱和篷盖四部分，结构严谨，工艺精湛。而这个马与车的组合便

是大名鼎鼎的东汉铜车马。

当时，在中国科学院院长郭沫若的鉴定下，领头的这件铜车马组合被命名为铜奔马。自其出土以来，关于它的称谓、断代及制作者等都谜云重重，也因此吸引了大批专家学者的关注，甚至一度形成“天马文化热”风潮，但由于史料匮乏等因素，这一研究始终没有取得多大的进展。

这件东汉时期的铜铸文物，已经成为了武威的标志性文物。东汉铜车马构思独特、寓意丰富、设计合理、姿态各异，象征着东汉时期拥有的武装官僚势力，其间蕴藏着非常丰富的史学知识和文物内涵。东汉铜车马的出土，不仅对研究东汉时期盘江流域社会、经济、文化的发展具有重要意义，而且反映了贵州地区悠久的历史渊源。现如今，这件被欧美学者誉为“中国古代艺术作品的高峰”的东汉铜马车收藏在贵州省博物馆。

艺术价值

东汉铜车马总长 1.12 米，通高 0.88 米，这件东汉铜车马还曾参加过全国出土文物珍品展览和中国古代科技文物展，它的出土为探究两汉时期中原文化和夜郎文化之间的交流与融合提供了不可多得的史料证据，这种造型规格的文物在全国范围内都很罕见，故而被定为贵州出土的国宝级珍贵文物之一。

在这支车马仪仗队中，领队的铜骑吏头上戴着平顶帽，身上穿着交领服；作为仪仗队列前面的导向车，铜斧车是双曲辕的，双辕后部承着长方形舆；御奴全呈跪姿，双手拱举，似是在执辔驾御；斧车在出行仪仗中是最为重要的部分，因为在车上立斧有表示权威的意思；铜轺车则是由车、马、伞、御奴和伍佰组成的，伍佰是指头戴冠帽，身穿长袍，右臂前伸，手直指，走在车前开辟道路的仆从。铜辇车则是出行时官吏家眷乘坐的车，是由车、马和将军奴组合而成的。

在汉代，车骑出行时有着非常严格的等级制度。律法规定，三公以下到二千石的官吏出行只可以有 4 名骑吏随行。但是这支东汉铜车马队却有骑吏17人，数量之多可谓是令人惊叹，从这种超过当时律法规定的随行人数可以看出，这件领头铜车马的尊贵之处，以及坐骑之人的身份之显赫。

在中外历史上，马文化可以称得上丰富浩瀚，以马为题材的历史文物更是不胜枚举。而在形形色色的马文物中，这件东汉铜车马仍旧以其悠久的历史文化积淀、生动完美的造型和精湛的铸造工艺，受到了文物界、史学界和艺术界的广泛关注。

背后的故事

在这件东汉铜车马的背后也存在着一些历史上的疑点与分歧。中国社科院考古研究所的研究员杨泓教授称，东汉铜车马其实应该是再晚一些时期的西晋时期的文物。在考古界，墓葬出土文物的年份一般是根据墓穴中出土的最晚时期的东西判断的。最初在发掘这座雷台东汉将军墓的时候，出土的铜器上虽然有铭文，但却并没有标注明确的年份。虽然当时墓里出土的五铢钱币是东汉时期的文物，但考古学家随后又在墓里发现了西晋时期的钱币，还有就是上文提及的汉代严格的车骑出行等级制度，按照规定，这17个骑吏是无法解释的通的。因此，他认为雷台东汉将军墓的年代应该后推到西晋时代。

现如今，东汉铜车马实为西晋文物这一研究结果已经在学术界获得了公认。但是大部分的民众仍然认为这件铜车马是东汉时期的东西，因此在很多地方，人们仍称其为东汉铜车马。

除了疑点与争论之外，这件铜车马的背后也蕴含着深厚的夜郎文化。夜郎是秦汉时期在我国西南地区由少数民族建立的一个部族联盟，拥有大约300多年的可考历史。

据历史记载，在秦汉时期，夜郎是西南夷地最大的政治实体。战国时代，若把贵州划分为两个部分，那么其中除了以铜仁为主的地区隶属于楚国的黔中地区以外，剩余地区都归属于夜郎的管辖地区之内。

在西汉以前，夜郎在历史上只有一个国名，并无文献可以考证。能首次看到夜郎之名的文献大概是战国时期，常琼的《华阳国志·南中志》中曾这样记载，楚襄王派将军庄跃溯沉水，出且兰（今贵州境内），以伐夜郎王。可以说是直到这个时候，其他地区的人们才知道在西南地区还有一个夜郎国。

虽然说夜郎国存在的上限还很难确定，但其存在的下限却已经被认为是在汉成帝河平年间。据说，在这一年，夜郎王兴同国土周围的 22 邑一同反叛大汉王朝，最终被汉代使节陈立惨杀。叛乱平定之后，夜郎古国也就随之灭亡了。

4. 滇人祭祀之礼器
——牛虎铜案

名称：牛虎铜案

年代：战国后期

题材：牛虎双形放置肉祭品的礼器

材料：青铜合金

规格：高 43 厘米，长 76 厘米

价值：中国青铜艺术品的杰作，我国古代文化的稀世珍品

出土情况和馆藏

1972 年，考古学家在江川县李家山古墓群遗址的第 24 号墓坑中发现了一件宝贝，它就是牛虎铜案。案又称作俎，是我国古代一种专门放置肉祭品的礼器。在古代，牛牲在祭祀三牲中居于首位，是古代祭祀中最重要的献祭，而虎则在滇文化中具有崇高的地位，常被当作崇拜的对象立于滇人祭祀的铜柱顶端，故而这件牛虎铜案的意义可见一斑。现在，江川县博物馆里存有牛虎铜案的复制品，馆前竖有牛虎铜案的大型雕塑。

李家山古墓群是战国到东汉初期的墓葬群，墓穴为竖穴土墓，墓群按规模分两类墓葬：第一类是分布在山顶的墓室，一般长 4 米、宽 3 米、深 2 米，随葬品的数量种类较多；第二类规模相对较小，分布在西南坡，墓室一般长 2 米、宽 1 米多、深 1 米左右。李家山古墓群一共经历了 3 次挖掘：1972 年，云南博物馆和江川县文化馆共同对李家山墓群进行了第一次发掘，共清理 27 座墓葬，出土文物共计 1300 件，牛虎铜案便是此次挖掘

所得；1992 年云南省考古研究所、玉溪市文物管理所及江川县文物管理所联合再次对墓群进行发掘，此次清理墓葬 58 座，出土文物 2200 件；第三次挖掘在 1994 年，当时中日合作发掘了一座墓葬。

作为 20 世纪 60 年代末 70 年代初我国文物考古界两次重大发现之一，牛虎铜案的发现，为我们翻开古滇王国神秘面纱提供了一份必不可少的助力，为研究战国时期江川历史及古滇国青铜器制造提供了实物资料。牛虎铜案已经成为了江川形象的一个代表，为云南古代青铜文化的杰出代表，被国家文物局鉴定专家组定为国宝级文物。现如今，牛虎铜案珍藏在云南省博物馆。

艺术价值

作为古滇国时期青铜铸成的案祭礼器，牛虎铜案的高度为 43 厘米，长度 76 厘米，由二牛一虎组合而成。铜案的主体是一头体格壮硕的大牛，案足是牛的四只脚，案盘面是椭圆形、反弓的牛背，一只猛虎扑在牛尾上，并一口咬住牛尾，四爪紧蹬在牛的身上，虎视眈眈地盯着案盘面，造型异常生动。在大牛的腹下有一头闲适自在的小牛，首尾稍露，寓意着大牛牺牲自己保护小牛。

这件牛虎铜案之所以达到了极高的艺术境界，又极具艺术观赏价值，最重要的原因就是由于其奇特的造型与新颖的构思，牛虎铜案中的大牛颈肌健硕，两支巨角前伸，给人以重心前移、摇摇欲坠的感觉，但尾端后仰的老虎，用其后坠力量使案身得以恢复平衡，而大牛腹下横置的小牛，也使得案身更加稳固。如此看来，它既具备中原地区四足案的特征，又有着浓郁的地方特色和民族风格，不仅是中国青铜艺术品的杰作，更是我国古代文化的稀世珍品。

据专家解释，这一造型传达了许多信息：神圣的古代祭祀、古滇人制造器物的智慧及先进的生产工艺、伟大的母爱和残酷的竞争……这些元素交织在一起，向我们传述着一个亘古不变的规律，而处于危险境地时父母牺牲自己保全孩子，反映的是繁衍生息的需要，正如同母牛纵然已被老虎咬住，也要让小牛安然无恙地活着。由此可见，中国人自古以来就极为重视种族的繁衍生息。作为举世无双的国之瑰宝，牛虎铜案不论是在设计上还是制作上，无不闪耀着古人的智慧。

被称为滇文化的边疆少数民族文化主要发展时间是在战国中后期到西汉末期。这一带以滇池为中心，东达曲靖，西到禄丰，北至东川，南抵通海，在此范围内分布着一支高度发达的青铜文化。而李家山墓群出土的这些青铜器可以称得上是“国宝级的旷世文物”，也是中华青铜器文化中的一朵奇葩，它既和中原及西北的青铜器文化有着密切的联系，又自带鲜明的边疆民族个性。它的发现，对我们研究古滇国的民族史、冶金史、美术史、民俗史等，均具有很重要的意义。

背后的故事

牛虎铜案所描绘的虎牛格斗、撕咬的激烈场面在古滇族的青铜饰物中是非常常见的，可以说是属于滇人自己的一种图腾崇拜，而专家学者之所以认为牛虎铜案是古时候滇人摆放祭祀品的物件，是因为从侧面来看，牛虎铜案很像甲骨文中的“牢”字，而“牢”本身就是一个表示祭祀规模的词语。

《楚辞·招魂》中曾有这样的描写：祭祀之后人们会把肉扔在路边，如果会有虎豹来把肉吃掉，那么就表明神灵接受了人们对他的进献。而在农耕时代，牛是最为重要的生产工具，所以说，用牛进献神灵是规格最高的祭祀活动，因此可以很容易地推断出，牛虎铜案所表现的主题正是古人对神灵的敬畏。

在 2000 多年前，牛是古滇国象征、财富的重要标志。关于牛的起源，还有一段非常有意思的传说：相传，在远古时期，云南地区的自然环境实在太恶劣了，生产力水平也十分低下，人民生活得非常艰辛。无奈之下，当地百姓只能祈求玉皇大帝，让他们能够过上好日子，玉皇大帝听到大家的祷告之后，便决定制作牛来帮助百姓们耕作，他用田泥做牛的肺、蜂巢做牛的胃、榔头做牛的心、葡萄做牛的眼睛。做成之后，牛果然成为了百姓劳作时最有用的助力，有了牛的帮助，他们的生活水平渐渐都提高了。所以一直以来，古滇国人都把牛看作是一种神圣的动物。

可是，既然牛在古滇国人心中如此神圣重要。那么他们为什么还要杀牛祭祀呢？原来古滇族人是为了显示自己对神灵的虔诚，才会把最珍贵的东西作为祭品奉献给神灵。古滇族人认为，神灵和人一样，都喜爱吃美味的肉食，所以健壮的公牛就成了祭品。而牛虎铜案不仅仅是一件祭祀礼器，它还是墓主人地位和财富的重要象征。即便是 2000 多年后的今天，云南地区的少数民族依旧传承着这一习俗和信仰，在当地，牛头是富有和慷慨的标志，人们都喜欢将牛头悬挂在房间内外，路过的人只要看到悬挂牛头的数量，就可以了解他们的生活状况。

现在，牛虎铜案俨然已经成为了云南省的文化标志之一，来到云南地区，不仅可以看到由各种各样的材料制成的牛虎铜案工艺品，还可以从造型古朴的牛虎铜案背后探寻这个古老民族的神秘信仰和祭祀文化。

5. 男身女相，细腰纤足
——鎏金阿嵯耶观音立像

名称：鎏金阿嵯耶观音立像

年代：大理国时期（宋代）

题材：佛教立像

材料：黄金

规格：通高 50 厘米，肩宽 10.5 厘米，足高 4 厘米，像高 46 厘米，头高 11 厘米

价值：由白族人民的祖先创造并且信仰的神物，寄托了白族人民祖先的道德、理想与期盼，被视为白族先族的保护神

出土情况和馆藏

1978 年，在国家文物局的批准下对人云南大理著名的千年古塔——崇圣寺三塔进行修缮时，工作人员在主塔千寻塔内发现了一尊鎏金阿嵯耶观音立像。这尊观音立像一经发现便引起了不小的轰动。

崇圣寺始建于南诏大理国时期，距离云南大理县城只有 1 千米的距离，东距洱海约 2 千米，正对着水，背靠着山，身为主塔的千寻塔高为 59.6 米，主塔两边的南塔和北塔相距 97.5 米，它们与主塔相距各为 70 米，崇圣寺的这三座塔鼎立相望，看起来壮观非凡。

有记载的鎏金阿嵯耶观音立像共计有 19 件，其中有一部分流亡海外，剩下的或是收藏在大陆，或是被台北故宫博物院收藏。19 件鎏金阿嵯耶观音立像中，最大的一尊高为 51.5 厘米，被大理州博物馆收藏，最小的一尊比最大的鎏金阿嵯耶观音立像低27.5厘米，最先收藏在云南省博物馆。据统计，其余十几件鎏金阿嵯耶观音立像被芝加哥艺术学院、美国华盛顿、弗雷尔艺术馆、弗雷尔艺术馆、大都会博物馆、亚洲艺术博物馆、罗伯特·艾尔斯瓦特美术馆、波士顿美术馆、圣地亚哥美术馆、大英博物馆、丹佛艺术馆共11个海外收藏馆各收藏了1件，还有一件被英国的某私人所藏。

在这19件鎏金阿嵯耶观音立像中，刻有铭文的共有两件立像，它们分别被芝加哥艺术学院收藏和大理州博物馆所收藏。藏于大理州博物馆的阿嵯耶观音背面刻的铭文是“施主佛弟子比丘释智首造”。而藏于芝加哥艺术学院的阿嵯耶观音立像上的铭文刻的是“皇帝骠信段政兴资为太子，段易长生、段易长兴等造记，愿禄筭尘沙为喻保庆天；子孙嗣，天地标帜，相承万世。”根据铭文显示，这尊鎏金阿嵯耶观音立像是在大理国段正兴当政时期，为其太子所制。

云南省的博物馆内共收藏了3件鎏金阿嵯耶观音立像，其中有一件由纯金制成，重达1135克，也就是那件因维修大理崇圣寺而为人发现的鎏金阿嵯耶观音立像。

艺术价值

这尊藏于云南省博物馆中的鎏金阿嵯耶观音立像是迄今为止在云南发现的最大的一尊金身观音像，观音像背后附有银质的长葫芦形镂空雕花火焰状背光，头上顶着高髻，髻内藏佛，髻上束绕着丝带编成的花瓣，左边11瓣、右边10瓣，结长垂在双肩上。这尊观音像面相和善，略带笑容，双眉间点着“白毫”，颈上佩着联珠项链和花瓣璎珞，双臂和右手腕上带着环联珠形钏，肩宽腰细，上身袒露，下身穿着轻薄的长裙，腰部以宝相花结做饰，右手弯曲到胸前位置，结成妙音天印，双足未着鞋袜，足下是方形的榫，便于插放。这尊观音像的整体造型和装饰手法带着浓郁的印度秣兔罗造像风格，螺髻、圆面、短颐、通肩袈裟上阴刻着“U”字衣纹，其宽肩细腰的特征及珠宝装饰的风格则是受东南亚一带菩萨造像影响的体现。

“阿嵯耶”是从梵文“Acarya”音译所得出的，这个词语最早出现在南诏中兴二年（899 年）的画卷中，画卷中写道：“保和二年乙巳岁，有西域和尚菩立陁诃来至我京都云：‘吾西域莲花部尊阿嵯耶观音从蕃国中行化……我大封民国始知阿嵯耶来至此也。”这段话说的是一位国君在被阿嵯耶观音点化后建立国家的故事。这个故事是在我国古代的封建时期，国君以君权神授宣称的最好体现。

而阿嵯耶观音则是梵僧的神话形象，它们都有一个共同的特点，那就是男身女相，纤腰细足，他们大多有着男性那般宽厚的臂膀，却又长着女子一般的面貌，清秀美丽，整体比例得当，说法印结在右手，予愿印结在左手，将男人的刚性和女人的柔情完美地融合在了一起。又因为阿嵯耶观音的形象长久在大理地区流传，作为阿吒力教徒信奉的主尊，他的面容造型颇有几分大理人的特点。

在白族百姓心中，阿嵯耶观音不仅是正义与智慧的化身，还是他们最伟大的神，他们将阿嵯耶观音看作判断事物的标准，因为有许多人信仰阿嵯耶，所以阿嵯耶也以宗教的形式规范了当地人的行为，对社会的稳定产生了很大的影响。

背后的故事

在阿嵯耶观音的背后，也有着源远流长的历史文化和美丽传说。公元 8 世纪，阿嵯耶从印度传入我国。当时正是南诏国的第一代国王统治时期，许多僧人从天竺和吐蕃来到南诏国传教，他们大多眉眼深邃，鼻梁高挺，身上披着袈裟，拄着拐杖，这些人借行教将自己视为观音的化身，并以此来感化异教的民众。云南大多民众信奉的阿吒力教便是一种由密宗三密修法和南诏国当地巫教相结合产生的，而该教的最高神祇便是阿嵯耶观音。

除此之外，在大理一带还一直流传着一个观音菩萨降服罗刹的美丽神话。相传，在很久以前，在大理有一个穷凶极恶的罗刹，常常出没在苍山洱海附近，他是个吃人狂魔，尤其喜欢吃独生子女的眼睛。它的存在严重影响到了当地人民的平静生活，并且时刻威胁着人们的生命安全。据说，阿嵯耶观音菩萨就在这时来到大理，他化身为耄耋老僧，普渡众生，并且用法力制服了罗刹，为云南人民带来了平静祥和的生活。百姓们为了感谢阿嵯耶观音菩萨，便称其为大理福星或者是云南福星。而就是从那个时候起，云南百姓开始了对阿嵯耶观音的信仰和供奉。

6. 宋代银器之绝色
——莲盖溜肩银执壶

名称：象纽莲盖溜肩银执壶

年代：宋代

题材：酒壶

材料：白银

规格：高 33.5 厘米

价值：迄今为止，此银器代表了宋代制造业的最高水平，入选中国考古精品文物

出土情况和馆藏

1993 年 11 月，在四川省彭州市区天彭镇西大街的基建工程接近尾声的时候，一位农民在基坑底部的坑壁上发现了一块规整的石板，石板撬下来后发现下面还有一个大坑，借着昏暗的光线，他们发现大坑里堆满了各式各样的锅碗瓢盆，掏出几件仔细观察之后发现这些居然都是非金即银的宝贝。消息传出去后，考古人员迅速来到了现场，经过挖掘之后，人们才知道，原来这里居然是一个金银器窖藏，而这个窖藏的发现令国内考古界都为之震惊。

这个金银器窖藏大概有 2 米多深，窖底和窖壁都是青砖砌成的，上面用 3 块长条形石板覆盖，里面装满了金银器，表面还有明显的用麻纱布包裹过的痕迹，但是由于年代久远，麻纱布早已腐朽不见。此次窖藏挖掘共出土文物 351 件，可以辨认器形的有 343 件，其中金器共计 27 件，其余的都是银器。这些出土的藏品有盘、盏、碗、壶、瓶等 15 类，除此之外，还有金簪、金钗两类首饰，不仅品种丰富，而且个个制作精美，造型独特，纹饰精湛细腻。

在这批文物中，金银器上的铭文落款对于研究宋代工商业发展来说是非常难得的实物资料。在 351 件金银器中，可以辨别器物上铭文的有近 250 件，其中在多件物品上錾刻着“官”字铭文，这些器物不仅造型复杂多变，而且工艺十分精湛，可以确定是出自官府作坊的产品，这么多的数量，在宋代窖藏中极为罕见。

这批文物中有三成以上的金银器上有生动的纹样作为装饰，这一点表明在宋代金银器的使用已经十分普遍，装饰也已经变得十分世俗化。根据彭州出土的金银器中所得的信息及文献上可考的资料，专家推断，作为古蜀先民早期活动的核心区域，彭州在宋代已经在金银器的制造上有了十分先进的技术。

在这批金银器物中，有一件保存完好的莲盖溜肩银执壶，一经发现便艳惊四座，被定为国家一级文物，有一位文物研究员曾指着这件莲盖溜肩银执壶说：“这个银器代表者宋代制造业的最高水平。”如今，这件莲盖溜肩银执壶被当作镇馆之宝存放在四川博物院。

艺术价值

莲盖溜肩银执壶通高 33.5 厘米，据专家介绍，它是一种用来盛酒的器具。从外形上来看，这个执壶有着长颈、溜肩、鼓腹，盖子是莲花形状的，而且在莲花上边有一头大象作为盖钮，壶身上刻着凸弦纹、夔形虎纹、蕉叶纹、卷草纹四种纹路，除此之外，还刻有惟妙惟肖的双龙戏珠的图案。这种模仿自然界花果草木形态的纹路使得这个执壶更显清新素雅，而龙、象等动物形象的运用除了对整体造型加以点缀之外还有象征美好吉祥的寓意。壶口边沿处刻有“充甫”“维祖二郎”“口叵官可二”共计 11 个字，这些以压印、刻化等方式留在了器物上的铭文，除了标明信息之外，同时也彰显了器物主人的尊贵地位。这件莲盖溜肩银执壶的造型别致，在目前出土的宋代所有金银器物中都是比较罕见的，它不仅代表了宋代最高的制造技术，而且也对研究宋代手工技术及制造业的发展有非常大的价值。

从如此做工精美、造型复杂的莲盖溜肩银执壶身上，还可以看出在宋代奢侈之风盛行的情况下制造业的发展与进步。据专家介绍，宋代的工匠在制造金银器物的时候不执着于唐代时期人们所喜好的奇珍异兽图案，而是将更多的现实中的事物运用其中，以此来追求清新雅致的造型风格。除此之外，这些工匠们也非常注重将古代艺术元素中的精华融入其中，如此再加上宋代特有的风味之后，便使得宋代制造的金银器别具一格，同时也为后代艺术的形成、发展和继承打下了坚实的基础。

背后的故事

彭州金银器窖藏作为迄今为止全国发现最大规模的一处金银器窖藏，被誉为“天下金银第一窖”。这些器物上的铭文给专家们提供了最为直接的断代证据，能够非常确切地指出这批文物是出自宋代的金银器精品。至于这批金银器到底是何人之物，又为何藏于地下，至今仍未得到明确的答案。

所谓“窖藏”，就是指因突发事件而埋藏器物，却因种种缘故被人遗忘而埋藏地下，后因某种契机被重新发现，挖掘出土的一类藏品。目前为止，我国发现的金银器窖藏多达几十处，其中仅宋代的就有十几处。

唐宋时期，我国的金银器加工工艺已然达到最高水平。但是由于其用料的质地本身十分珍贵又曾被多次利用，因此制成器物的形制和纹样都不会被长期保留。在这次出土的藏品中，莲花纹银碗、菊花形金碗、斗笠银碗等器形已经在德阳窖藏、绵阳窖藏、福建邵武窖藏等处被发现过了。而这里出土的菊花形金碗上，还明确标有“绍熙”的纪年款，又因为所有器物都表现出明显的南宋特征，故而专家推断，彭州金银器的器物年代应该不会早于绍熙年间，也不会晚于南宋末年。

那么，到底是什么原因促使人埋掉这批珍贵的宝物呢？一般来说，仓促之下埋的窖藏往往都把东西藏在简易的罐中或者木盒中，甚至有时候还会直接埋入土坑。但是彭州的这座金银器窖藏，不仅有规整的砖室，而且器物放置得也十分整齐有序，多数器物还曾用纱布包裹，砖室大小也刚刚好。这些都足以说明这批宝物不是仓促间埋下的。

专家发现，大量金银器中出现了“董”“董宅”等铭记，因此他们推断，这批金银器的主人，可能是一个姓董的大户人家。诸多线索一出，一切便开始变得明朗了。史料记载，在“绍熙改元”之后，彭州的确发生了一件足以令当地富豪出走、埋藏珍宝的事变。

南宋端平三年（1236 年）的时候，蒙古铁骑占领成都附近，大批蜀地人民匆忙逃亡。在彭州，有一户董姓人家提前得知了蒙古兵南下的消息，料定成都迟早会沦陷，于是就将诸多金银器埋藏好，等战乱过后再取出来。而后来，这批珍宝又为何没有被挖出，那户人家到底发生了什么，都已经无迹可寻了。

7. 四牛环绕，富可敌国
——鎏金骑士贮贝器

名称：鎏金骑士贮贝器

年代：战国时期

题材：储物器皿

材料：鎏金、青铜合金

规格：高 50 厘米，盖径 25.3 厘米

价值：据考证，此器为传世仅存的一件

出土情况和馆藏

20 世纪 50 年代，云南省博物馆先后 4 次挖掘了晋宁石寨山滇墓群的 50 座墓葬。晋宁石寨山滇墓群是战国到东汉初期西南地区滇族的墓葬群，它分布在云南省晋宁县晋城乡西南方向的石寨山上。

晋宁县曾是滇王国的故址，这一点根据 6 号墓出土一方金质蛇钮“滇王之印”可以得到证实，同时也足以证实《史记 · 西南夷列传》中所记载的滇国之事基本可信。随着这些墓葬的挖掘、陪葬品的出土及具有相同文化特征的器物在邻近地区的不断发现，专家通过对其日益清楚的文化面貌特点、发展演变情况的研究，将以石寨山滇墓为代表的这种青铜文化命名为滇文化。

晋宁石寨山滇墓群中各墓的随葬品多寡不一，最多的一处墓葬出土的文物多达 600 余件，而这些出土的随葬品中以青铜器居多，其中包括各类生产工具、生活用具、装饰品、兵器、乐器、钱币等，此外还有少量的铁

器、金器、珠玉制品及陶器。

在这些出土的随葬品中，有一件出自晋宁石寨山10号墓地的鎏金骑士贮贝器，颇有名气。这件鎏金骑士贮贝器的造型非常具有代表性，充满了浓厚的云南民族特色。事实上，除它以外，还出土了许多件形态各异的青铜贮贝器，这些贮贝器大都是用来放置当时的货币——贝壳的，不仅颇为实用，也有着极高的艺术审美价值。经专家考证，这些贮贝器上的立体雕像是运用分铸再焊接的高超技法制做出来的，这些雕像刻画的十分细腻，惟妙惟肖，不仅有人物图案，还有动物、植物等图案，展现出来的是一幅幅古滇国人文历史及自然历史的美丽缩影。

这件鎏金骑士贮贝器之所以珍贵，不仅是因为它精良细致的制作工艺，还因为专家考证后发现，这种器形规格的贮贝器仅有这一件，作为举世无双的传世孤品，它的价值自然不凡。如今，这件珍贵的鎏金骑士贮贝器被收藏于云南省博物馆。

艺术价值

战国鎏金骑士贮贝器通高50厘米，盖径为25.3厘米，是一件典型的束腰圆筒形贮贝器。这件贮贝器的腰部两侧各有一个作为装饰的虎形耳柄，这两只耳柄造型的老虎以向上攀爬的状态贴在贮贝器的腰部，张口露牙，静中有动，造型十分形象生动。贮贝器的器盖上有内外两层装饰，做工十分的考究、复杂。外层雕刻的是四头公牛，它们首尾相接呈逆时针方向排列，又长又弯的牛角，使身体显得格外健壮，贮贝器器盖的里层有一个圆柱体，上面是一个骑士形象的青铜制品，这件青铜骑士形象十分精致，骑士身配刀剑，全身鎏金，格外耀眼动人，骏马仰首翘尾，显得异常生动活泼。

在这只有25.3厘米的直径范围内，四头环状排列的健壮公牛代表了墓主人生前的的地位之高与财富之多，而中间立着的鎏金佩剑骑士形象不仅显示出了墓主人所拥有的巨大财富，还代表了其拥有的极高权位。从这些信息可以推断，这位墓主人的身份地位应该是十分高贵的，很可能是王室成员，或者是奴隶主贵族。

一般而言，贮贝器器盖上的人物形象，可以分为奴隶主、贵族、奴隶及士兵等几种类型。据可考文献记载，古滇国是一个奴隶制国家，因此王室成员与奴隶主贵族的青铜形象出现在贮贝器器盖上的情况是非常常见的。作为古滇国特有的青铜器，贮贝器蕴含着浓郁的地方特色和民族风骨。而石寨山的青铜文化之所以广受世人欢迎，与其出土了许多历史悠久的贮贝器有极大的关系。

贮贝器，顾名思义，就是一种用来储存贝币的器物，根据贮贝器的器形、图像和制作工艺的不同，可以将其分为束腰圆筒形贮贝器、提桶形贮贝器、铜鼓形贮贝器、铜鼓贮贝器与异形贮贝器五种。而贮贝器器盖上的动物也是多种多样的，除了牛之外，还有羊、马、猴、鸟、虎等多种形象，因为古滇国人民认为牛是富有的象征，所以牛形最多，牛饰形象从一牛到八牛不等。

背后的故事

除了这件战国鎏金骑士贮贝器以外，现已出土的有名的贮贝器有狩猎场面贮贝器和祭祀场面贮贝器等几种。其中，有名的那件狩猎场面贮贝器出土于云南晋宁石寨山墓群的 71 号墓葬里，它的通高为 62.1 厘米，盖径为 35 厘米，这件狩猎场面贮贝器由两个铜鼓叠摞而成的，它是以下鼓鼓面做底的，在上鼓鼓面废弃之后，又另外铸造了一个盖子，因为这个贮贝器在出土的时候里面盛满了贝币，故而才显得如此珍贵。

云南自古以来就有“动植物王国”之称，而位于云南境内的古滇国自然也有着非常适宜野生动物生存的自然环境，这里生长着许多野生动物，大到老虎、豹子等猛兽，小到兔子、雉鸡等小型动物，这些丰富的动物资源为古滇族开展狩猎活动提供了极其有利的环境与土壤。那件狩猎场面贮贝器的器盖上刻画的是古滇族狩猎的恢弘场面，上面有三位佩剑的滇族武士身披长矛，正在激勇地狩猎，其中两人骑马，一人步行，此外还带着两只猎犬，而他们猎捕的猎物是两头鹿和一只狐狸，这些奔跑的动物们给人带来了强烈的动感。这个贮贝器上雕刻的狩猎场面及人物和动物的形象都非常逼真，一丝一毫都精准到位。

另外一件描绘西汉杀人祭柱场面的贮贝器也非常有名，它的通高为38厘米，盖径为30厘米，属于铜鼓形贮贝器。在这件贮贝器的鼓腰部分展示的是一副狩猎图案，其中有八个裸着上体、胯下宽带上束至腰、手中都拿着锋利兵器的人，他们仿佛在猎捕野兽。器盖上的青铜铸器是由52个人和一猪一犬雕铸而成的，鼓面中央立着盘绕了一对蛇的圆柱，柱顶有一只虎，柱子的右边和前边是三个双臂被反向紧绑、戴着锁枷用来祭祀的裸体人像，旁边是一位乘坐四人肩舆、主持祭祀仪式的贵族妇女。

除了上面介绍的几种之外，还有许多极具特色的贮贝器，这些物品的出土，既展示了鲜明的古滇文化特色和当时厚重典雅的审美风格，又充分展现出了斑铜的特殊材质美及古滇国劳动人民出色的青铜器铸造工艺和智慧。

NO.7

举国至珍：海峡彼岸的呼应

台北故宫博物院珍藏了 65 万多件珍贵的国宝文物，是 1948 年国民党退守台湾省时从大陆带走的稀世珍宝，可以说任何一件都是价值连城的珍品。这些国宝文物中有举世无双的毛公鼎、散氏盘，也有书法界的圣品《寒食帖》《祭侄文稿》，还有出自汝窑的精品瓷器汝窑莲花氏碗等。台湾自古以来便是中国不可分割的一部分，近些年来，中国大陆与台湾地区的关系日趋缓和，在“一国两制”政策的引导下，这些藏于台北故宫博物院的绝世珍宝也成为海峡两岸学界交流研究的对象。

1. 铭文及书法艺术的巅峰
——毛公鼎

名称：毛公鼎

年代：西周晚期

题材：祭祀礼器

材料：青铜合金

规格：鼎高 53.8 厘米，口径 47.9 厘米，重 34.5 千克

价值：象征西周时期的青铜器已从神秘并严谨的色彩中逃离，减弱了宗教意识并加入更多生活气息，对于研究西周晚期政治历史作用极大

出土情况和馆藏

清代道光年间，陕西省岐山县董家村的村民董春生，无意中在村西的田地里挖出了一个宝贝，这件宝贝就是现如今被作为镇馆之宝收藏在台北故宫博物院的毛公鼎。

当时这件毛公鼎出土之后，引来了许多古董商人的慕名购买。其中有一位商人费尽周折，终于以 300 两白银的价格购得了毛公鼎，可是在运鼎出村时却遇到了村民董治官的阻拦。这名商人愤怒之下花重金贿赂了当地的知县，以私藏国宝的罪名将董治官逮捕，之后，毛公鼎被商人悄悄地运走了。

后来，毛公鼎辗转落入了一位西安的古董商人苏亿年的手中。咸丰二年（1852 年），金石学家、收藏家陈介祺从苏亿年手中购买了毛公鼎，并一直将毛公鼎藏在自己家的密室里面，故而很少有人知道这件事情。陈介祺去世之后，他的后人在 1912 年把毛公鼎卖了出去，至此，这件宝贝落到了两江总督端方的手中。

1911 年 11 月 27 日，端方在被派往四川镇压保路运动时被革命军所杀，他的后人因为家道变故、中落，便将毛公鼎压在了天津的华俄道盛银行。英国记者辛浦森本想用 5 万美金将毛公鼎买走，奈何端家人认为出价太低，只得作罢。最终，毛公鼎又被当时任北洋政府交通总长的大收藏家叶恭绰收入了大陆银行之中。

1937 年，抗日战争爆发，叶恭绰到香港避难，因无法将毛公鼎带走，便将其藏在了自己位于上海的寓所里。当时美国人和日本人都虎视眈眈地想要得到这件宝贝，他们曾多次花高价想要购买毛公鼎，但是都被叶恭绰拒绝了，故而在他离开的时候便想用假名买下毛公鼎，好让日本人无法查到毛公鼎的下落。离开之前，叶恭绰嘱咐他的侄子叶公超一定要保护好这个宝贝，有朝一日将它献给国家。

因为叶恭绰的嘱托，虽然几经坎坷，但是叶公超都拼死保护着毛公鼎。1941 年夏天，叶公超密携毛公鼎逃往香港。在香港被日军占领之后，他们家人又暗中托付德国朋友将毛公鼎送回了上海。可惜的是，叶家人最终还是因生活所迫把毛公鼎抵押给了银行，让毛公鼎再次进入了大众的视野之中。

随后，巨商陈永仁将毛公鼎从银行中赎出，并于 1946 年将它捐给了政府。1947 年，毛公鼎被从上海运到了南京，当时收藏在南京博物馆。1948 年，国民党退守台湾，南京博物馆中的大部分珍贵文物包括毛公鼎都被迁到了台北。1965 年，台北故宫博物院正式建成，稀世珍宝毛公鼎成了镇馆之宝之一，被放在商周青铜展厅中最醒目的位置，成为了永不更换的展品。

艺术价值

毛公鼎通高 53.8 厘米，口径 47.9 厘米，重 34.5 千克，直耳、兽蹄、半球腹、矮短足是其最为明显的体貌特征，鼎口很大，腹部呈圆形，造型浑厚新奇并且庄严，饰纹同样非常平淡有力、古朴自然，在它的鼎口位置有环带式的重纹环做装饰，上面雕刻着成熟的金文，从结体来看，整齐端正，足以见其制作之精细。

除此之外，毛公鼎的高度和重量与殷商时期掘到的其他青铜器截然相反，同时毛公鼎上的铭文是目前被发掘出来的铭文青铜器里面最多、最精巧的，有 32 行，共 499 个字，研究价值极高。和大部分鼎的不同之处在于，毛公鼎一改三组两耳的固定造型，造型新颖却又大气，故而才能吸引到那么多人的注意。

据专家介绍，毛公鼎是周宣王年间制造出来的一件青铜器。毛公鼎鼎体上刻的这段铭文所用的语言精巧并且完整，但却无法理解其中的含义。经考古专家研究推测后证实，这段铭文可以说是西周时期散文的代表作品，故而他们认为毛公鼎具有相当高的艺术价值。

从政治历史方面研究来看，毛公鼎上的铭文主要记载的是一件事情：那就是周宣王统治期间国内政治出现了危机，为了恢复政治，周宣王将治国的重任交到了毛公定手中，给了毛公定很多特权，并警示毛公定不能懈怠、懒惰。

从书法方面来看，毛公鼎上铭文的字体比商代的甲骨文要稳定规范得多，它体现出来的是西周时期金文的风格，字体的结构疏密相间，整齐方正，笔画均匀对称，表现了上古书法的典型风范及理性的审美趋尚，章法错落有致，纵横宽松而疏朗，自然而不做作，体势表现了大篆书体高度成熟的结字风貌，瘦劲而且修长，不促不懈，仪态多样，呈现出了天真烂漫的艺术意趣。

毛公鼎铭文线条朴实凝重，笔法饱满严谨，可以看得出来在雕刻的时候是逆锋入笔、提笔中含、抽掣而动的，笔锋位于画里面并一直延续到了收笔，但它的收笔也并非笔笔都是中锋，仅是适可而止、随意自然地轻按笔锋停止，也就是我们平时所说的平出之法，可以称得上是周代篆文的正宗，同时也是金文中的瑰宝之作。

背后的故事

鼎是一种古代的祭器，同时也是一种食器，后来多成为了专门用于祭祀的礼器，成为权力与势力的象征。一般来说，鼎都是三足两耳的结构，但是它们的造型却有方有圆。这些年来，我国出土的鼎不在少数，鼎不仅是我国青铜文化的代表，而且也成为了一种特有的文明载体与见证。

毛公鼎之所以能够成为台北故宫博物院的镇馆十宝之一，除了史书中可考的价值之外，也是因为它在我国古文文字学及书法艺术上有着举足轻重的作用。

据说毛公鼎是毛公在被周宣王委以重任之后，为了感谢周宣王的信任、歌颂周宣王的美德而制的。周宣王是周厉王的儿子，因为周厉王在位期间连年对外征战，使得国家消耗太大、国库空虚，为了充盈国库，周厉王便实行专利政策，然而高压的政策除了引发国人暴动之外再无作用。后来周宣王继位，通过强势镇压、多次征战之后，周王朝基本上呈现出了“四方既平，王国庶定”的局面，为了振兴朝廷，周宣王便请叔父毛公帮助他治理国家。毛公不仅勤于政事，而且公私分明，于是周宣王便给了毛公很多奖赏。而毛公之所以要铸造此鼎，并将其传给子孙后代，就是为了让自己的后人不要忘记朝廷的恩典，时刻谨记当以精忠报国为先。

2. 跨越千年的长篇铭文
——散氏盘

名称：散氏盘，又名“散盘”或“夨人盘”

年代：西周晚期

题材：祭祀器皿

材料：青铜合金

规格：高 20.6 厘米，腹深 9.8 厘米，口径 54.6 厘米，底径 41.4 厘米，重 21312 克，铭文 19 行 357 字

价值：晚清四大国宝之一，曾藏于乾隆内府，以长篇铭文举世闻名

出土情况和馆藏

清代乾隆初年，陕西省宝鸡市出土了一件西周厉王年间的青铜器皿，它就是散氏盘。此后几十年间，散氏盘一直被收藏在民间。据载，散氏盘在扬州江翰林家收藏多年之后便下落不明了，但是在古玩界一直流传着这样一个说法：那就是内务府极其有名气的金石学家阮元曾将其复制铸造出了两块，故而人们常说，遇见散氏盘一定要仔细鉴定，以免鱼目混珠。

清嘉庆十五年（1810 年）冬天，嘉庆皇帝 50 岁生日的时候，阿林保将散氏盘以寿礼的形式献给了嘉庆皇帝，经过研究后，阮元确定此物属于西周，史书中“阮元定名散氏盘，阿林保献宝祝寿荣升”的故事便是由此而来的。

自此之后，散氏盘一直被封藏与内府之中。咸丰十年（1860 年），英法联军火烧圆明园之后，有传言说散氏盘被毁于圆明园之中，当时这件事在古玩界引起了很大的反响，引得无数古玩专家扼腕叹息，遗憾于这件国宝的损毁。

然而，在 1924 年，清末皇帝溥仪被赶出皇宫的时候，事情却发生了巨大的转折。当时内务府在核对养心殿摆件的时候，在库房中找到了一只很久以来都没开过的木箱，而散氏盘就在这只箱子中。

虽然散氏盘的再次出现，在当时的考古界引起了一阵风浪，同时也惹得一批人眼红，想要将其据为已有，但它最终还是被收藏到了故宫博物院。后来，国民党败退台湾，散氏盘也被他们从北京故宫博物院带到了台北故宫博物院。

艺术价值

据专家介绍，散氏盘是西周厉王年间用块范法铸造而成的一件青铜器。散氏盘通高为 20.6 厘米，腹深 9.8 厘米，口径 54.6 厘米，底径 41.4 厘米，重 21312 克，散氏盘上附有两耳，盘腹上有用来做装饰的夔纹，高圈足上有用于装饰的兽面纹，除此之外，在其底部有铭文 19 行，共计 357 字。在铭文之间隐约间可以看出阳文直线界栏，由此他们断定，散氏盘上的文字属于西周晚期的铭文风格，而它的制作年份也是因此确定的。

西周后期的书法作品并不多，故而散氏盘可以说是其中至关重要的一件代表文物。西周时期，青铜器铭文正值鼎盛期间，金文的发展此时已经到了后期，它开始从变化万千、古朴平淡慢慢地趋向成熟。作为青铜器时期书法艺术作品中的杰作，凭借长篇铭文和精妙的书法风格，散氏盘和毛公鼎、虢季子白盘一起被称为西周三大青铜器，同时，又和毛公鼎、大盂鼎、虢季子白盘并列晚清四大国宝。

散氏盘底的铭文记载着一件与土地转让契约有关的事情，其中内容大概为：矢人把田地付给散氏，文字间细致地描述了田地的大小、封界，后面还附有举行盟誓的过程。散氏盘的出现为专家学者探索西周的土地制度提供了一件最为重要的物证。研究证实，散氏盘上铭文中所载的内容是目前为止我国历史上发现最早的一份土地契约，可以说是意义非凡，难怪它被人们誉为晚清四大国宝之一。

在专家眼中，散氏盘底铭文的线条厚实，给人以斑驳陆离、浑然天成的视觉感受，而其最大的特征在于一个字——“拙”，所谓的“拙”即是拙厚、拙实、拙朴、拙劲之意。然而，散氏盘底铭文的字形构架也并非是一成不变、呆板生硬的。虽然说那些文字在经过铸冶、捶拓之后，很多线条都不再对称、均匀，但是却也展现出了不同的风采，从绝大多数的单字来看，这些字重心下移，上松下紧，看起来颇为平稳庄重、敦实厚拙，而圆笔与钝笔的交叉使用，又显得笔法圆而不弱，钝而不滞。

其实，回顾汉字字体的演变历史，我们不难发现，在我国书法史上，普遍存在着这样一个规律，那就是当一种字体成熟以后，它就会朝着两个方向分化发展，一方面越来越规范、标准、严谨，另一方面则会有意地破坏规则，用质朴简率、逸笔草草的风格来破坏刚建立起来的法则。所谓不破不立，这种法则的建立与破坏，往往会同时产生和发展，又同时经艺术加工将字体引向另一个新的方面，以此来推动文字书写的进化。

而西周晚期，在时间上正是符合上述法则的一个时间契机，当时金文书法已然达到顶峰，故而名作纷纷出现，在出现篆书这种规范标准、整饬化一的成熟风韵的同时，也出现了一部分放逸生动、活泼率真的草篆，散氏盘底的作品便是其中代表。

总体而言，散氏盘书法在规范中显精神，在精熟中显简率，这种书体既重视实用性，又重视艺术价值，非常成功地向世人表现了篆书草写的意味，从汉文字书写史上来看，这是人们第一次对官方正体字的草化，对后世产生了很大的影响。

专家研究证实，正是这种变革精神，启发诱导了隶变，故而可以说散氏盘作品是隶变的前奏，不仅如此，它还具有文字学及书法艺术学的双重价值。自散氏盘被发现至今，它所代表的书法艺术备受学界、艺林推崇，在学者眼中，它堪称是三代金文书法之冠，其对后世产生的影响，与石鼓文不相上下。

背后的故事

除了在文字界、文学界、考古界产生的深刻影响之外，散氏盘还有着堪称传奇的经历。众所周知，散氏盘因其底部铭文书法用笔生辛，厚重朴实，线条果敢凝重，字体简单，行笔随意而动的艺术特性而更显价值。故而在民间流传着许多散氏盘文字的拓本。

有考古专家研究之后总结，散氏盘的拓本，大体上来说可以分成三类：一是清朝中期，散氏盘还未被献给嘉庆皇帝存于内府之前的拓本，这个时期制作出来的拓本，大都字口肥粗且未经剜凿，行笔造型间表现的是散氏盘最为原始的面貌，但这同时也是散氏盘所有拓本中的最佳上品。第二类是民国时期的溥仪命人专门制作出来的赏赐本，据说溥仪在 1924 年得知散氏盘被重新发现之后，便命令当时著名的拓工周希丁用六吉绵连纸传拓了 50 份散氏盘作品，随后他将这些拓本分赐给了六部重臣，与此同时，民间开始也有了散氏盘的全型器物拓本，并且开始流传。此时，散氏盘底的铭文作品由于常年尘封未经拓字而使得字口生锈，为了制作拓本，周希丁对盘底文字进行了重新剜凿，由此制作出来的拓本，上有“养心殿精鉴玺”“希丁手拓散盘”“金谿周康元所拓吉金文字印”三枚朱印。而第三类是民国时期故宫博物院的拓本，1925 年后，散氏盘被周希丁等人再次传拓，这次的拓本上有“故宫博物院古物馆传拓金石文字之记”的朱印。

除了这三类拓本以外，散氏盘便少有原拓传世了，即使传拓，也大都因其风格不明显而难以清楚辨认。

3. 自我来黄州，已过三寒食

——《寒食帖》

名称：《寒食帖》，又名《黄州寒食帖》或《黄州寒食诗帖》

年代：北宋

题材：长卷书法

材料：纸本

规格：纵为 34 厘米，横为 119.5 厘米。行书 17 行，129 字

价值：在书法史上影响很大，被称为“天下第三行书”，是苏轼书法作品中的精品

来历和流传

苏轼是我国伟大的文学家之一。然而盛名如他，却也曾因乌台诗案被贬黄州。在苏轼被贬黄州第三年的寒食节，他作了两首五言诗。其一为：“自我来黄州，已过三寒食。年年欲惜春，春去不容惜。今年又苦雨，两月秋萧瑟。卧闻海棠花，泥污燕支雪。暗中偷负去，夜半真有力，何殊病少年，病起头已白。”其二为：“春江欲入户，雨势来不已。小屋如渔舟，蒙蒙水云里。空庖煮寒菜，破灶烧湿苇。那知是寒食，但见乌衔纸。君门深九重，坟墓在万里。也拟哭途穷，死灰吹不起。”

这两首诗都是苏轼由性而作的。诗中充满了从他内心的深处发出的真挚情感。这般苍凉多情的诗作，恰到好处地表达出了苏轼当时内心惆怅孤苦。而以此诗为内容的《寒食帖》书法作品也正是苏轼在这种心情和境况下有感而发的，故而通篇书法起伏跌宕，气势奔放，可以说是无一笔荒率。

《寒食帖》一经写成便受到了诸多人的喜爱与追捧，然而作为一幅“千古名字”，它的命运似乎也受到了苏轼的影响，可谓是历经坎坷。清咸丰十年（1860 年），英法联军火烧圆明园之时，《寒食帖》险些葬身火海。最终，《寒食帖》流落民间，被冯展云所获，冯展云死后，它又被盛伯羲偷偷地收藏了起来，盛伯羲死后被完颜朴孙高价购买。

1917 年，《寒食帖》现身北京书画展览会。它一出现，便彻底吸引了收藏界的目光。1918 年，《寒食帖》传到了颜韵伯的手里，至此，《寒食帖》并没有结束它坎坷流转的命运。1922 年，颜韵伯在游览日本东京期间，将《寒食帖》高价卖给了日本收藏家菊池惺堂，1923 年 9 月，东京大地震，菊池惺堂所藏古代名人字画差不多都被焚毁，但他不惜冒生命危险将《寒食帖》从屋里抢救了出来。震灾过后，菊池惺堂把《寒食帖》寄藏在友人内藤虎家中多年。后来，东京多次被美国轰炸机轰炸，索性《寒食帖》并未因此受到波及。

《寒食帖》流失海外的事情一经传出，便让无数华夏儿女日夜难安。第二次世界大战一结束，国民政府的外交部长王世杰便暗地里让自己的朋友查询《寒食帖》的下落，获得准确消息之后毫不犹豫地花重金将其买回。至此，《寒食帖》后分别被颜韵伯、菊池惺堂与王世杰三人作跋，其中内容完整串联了近代以来《寒食帖》的流转命运。

这件千年国宝在王世杰的努力下终于回归祖国，现如今，《寒食帖》被珍藏在台北故宫博物院中。

艺术价值

《寒食帖》全帖纵长 34 厘米，横长 119.5 厘米，其间排列行书 17 行，共计 129 字。《寒食帖》讲述了苏轼到黄州之后三年的生活经历，黄州清苦，再加上苏轼内心的孤苦，这些情绪伴着寒食、清明之时连绵不断的阴雨，满腔萧瑟抑郁油然而生。

读《寒食帖》就好像在听苏轼慢慢诉说，听他将内心的凄苦娓娓道来，看他孑然饮泣，放任声腔，凄然长啸。欣赏《寒食帖》，看的就是书法和诗的相得益彰，了解一下苏轼的生平，你便能读出他下笔时的满纸悲情与字字沧桑。通览全帖，看的是他由细渐粗的笔姿，自大而小的字体，缓起而渐快的节奏及始淡终浓的墨趣。苏轼以行书起笔，让笔墨和心境融合，他写得洒脱奔放，落笔好似滔滔江河泻于纸卷，兴到而书，堪称神来之笔，也难怪这幅《寒食帖》会被世人列为诗文和书法相结合的千古佳作之一。

从笔法上来看的话，苏轼的《寒食帖》下笔丰厚，其中结字与汉碑相近，结体多取横势，体势横平竖直，宽厚朴实，包围结构方整延展。其中粗壮的点画源于颜体的新法，而苏轼的笔法又以侧锋为主，故而又自成一体。据专家介绍，从这幅《寒食帖》的墨迹可以看出，苏轼下笔并非一下去就立直，他在下笔过程中手腕离纸比较近，笔锋微微向左侧斜出，正因为如此，才能写出力透纸背的字体。

除此之外，苏轼笔下的字最突出的特征是结构变换不一，有的上密下疏，有的上疏下密，有的左重右轻，有的右重左轻。对此，专家点评称："大智若愚、诙谐的风格里面又包含天真自然流露。"

而《寒食帖》全卷中最主要的就是体现动势，内容中洋溢着高潮起落的情绪。诗写得苍凉忧伤，书法同样也是在这种心境里有感而出的，可谓是起伏跌宕，畅快淋漓，迅疾稳健，一气呵成。苏轼不愧是一位书法大家，他完美地将诗句与心境情感的变化寓于点、画、线条的变化之中，正锋与侧锋任意转换，顺手断联，却又浑然天成，结字大小疏密、轻重宽窄、参差错落、变化丰富，不愧是一幅被称为"天下第三行书"的书法圣品。

背后的故事

历代以来，诸多收藏家、鉴赏家都对《寒食帖》甚是推崇，文人墨客也争相想要一睹它的风采，可以说是所有人都不吝赞美地称其为旷世神品，和《寒食帖》有关的许多事情甚至被传为了千古佳话。

南宋初年，张浩的侄孙张演曾经得到《寒食帖》的诗稿，他在其后专门另纸题跋:“老仙（指苏轼）文笔高妙，灿若霄汉、云霞之丽，山各（指黄庭坚）又发扬蹈历之，可谓绝代之珍矣。”自此以后，《黄州寒食二首》的诗稿便被称为《寒食帖》。除他以外，明代的大书画家董其昌也曾在《寒食帖》后题字说:“余生平见东坡先生真迹不下三十余卷，必以此为甲观。”由此得知，《寒食帖》在世人心中的地位可见一斑。

清代，《寒食帖》被内务府收回，并列进了《三希堂法帖》之中。乾隆十三年（1748年）四月初八日，乾隆皇帝亲自在帖后题跋写道:“东坡书豪宕秀逸，为颜、杨后一人。此卷乃谪黄州日所书，后有山谷跋，倾倒至极，所谓无意于佳乃佳……”写完之后，犹不过瘾，为了彰显往事，乾隆皇帝又特地在《寒食帖》的卷首写了“雪堂余韵”四个大字。

因为倍受诸家称赏赞誉，世人便将苏轼的《寒食帖》和东晋王羲之的《兰亭序》、唐代颜真卿的《祭侄文稿》合在一起称作“天下三大行书”，其中《寒食帖》被单称为“天下第三行书”。除此以外，还有的人特意将“天下三大行书”进行对比，称王羲之的《兰亭序》写的是雅士的风格，颜真卿的《祭侄文稿》写的是至哲贤达的风格，苏轼的《寒食帖》写的是学士才子的风格，如此三幅作品，相互媲美却又各领风骚，堪称是中国书法史上行书领域的三块里程碑。

4. 栩栩如生的渔村初雪
——《江行初雪图》

名称：《江行初雪图》

年代：五代南唐

题材：长卷山水人物画作

材料：绢本、设色

规格：纵 25.9 厘米，横 376.5 厘米

价值：被称为山水人物画中的精品之作

来历和流传

在五代十国时期，虽然战火连绵，国家四分五裂，但是南唐都城却因相对安定而迎来了书画艺术发展的一个高峰期。这个时期出现了很多在中国书画史上具有代表性意义的人物，赵干便是其中之一。

据史书记载，赵干是江苏江宁人，因他自小生长在江南，故而所画山水多为江南景物，并且长于布景，鼎鼎有名的《江行初雪图》便是他画作之中的代表作品之一。画作展示的是江边渔人作活时的情景，全卷将江天寒雪纷飞之景，渔家生活艰辛之况描述得淋漓尽致。如今，这幅千古名画被收藏在台北故宫博物院。

根据宋代《宣和画谱》中的记载可知，当时的御府中收录了许多赵干的山水作品，除了《江行初雪图》之外，还有《春林归牧图》《夏日观泉图》《冬景渔浦图》等多幅作品，然而几经流转之后，今天我们有幸能看到的赵干的画作只有当年国民党退守台湾时带走的《江行初雪图》和《烟霭秋涉图》了。

《江行初雪图》可以说是一幅兼重山水与人物的佳作。在画幅的卷首有一行出自南唐后主李煜的御笔亲书:“江行初雪，画院学生赵干状。”短短11个苍劲古朴的字，却同时标明了这幅画的画题和作者，也向世人宣告了这幅作品非同一般的价值。除此之外，在这卷画作上还有宋代宣和帝、金代明昌帝、元代天历帝、清代乾隆帝、清代嘉庆帝五位皇帝及柯九思、吴瑞 、梁清标、安岐等人的印鉴，从画上所钤印章足以表明这幅画卷所历经的宋、元、明、清各朝或是内府或是私人的收藏情况，如此说来，《江行初雪图》可以算是一件流传有绪的画中精品。

艺术价值

《江行初雪图》是一幅绢本设色长卷，画卷纵长为25.9厘米，横长为376.5厘米。画卷之首展现的是江水对岸渔民背纤的场景，而在岸的这一边是前后两队行人，其中主人都头戴帽子、身着厚衣，随仆们衣着单薄，跟随着主人缩瑟而行。与之形成鲜明对比的是江上的渔夫们，他们或是张网，或是起网，或牵舟而行，或驾舟穿梭，男女老少皆处于忙碌之中。

在这幅画中，赵干所用的笔法不仅流利而且生动传神，整幅画作以淡墨渍染绢地，寒林枯木都是中锋圆笔，遒劲像屈铁。他笔下的树木坡石皆都线条劲健、皴法初显，树干用干笔皴染，自具阴阳向背。除此之外，他所画的芦花，也足以令人惊叹，只见画上芦花皆以赭墨裹粉，好似一笔点成，看起来极富创意，水纹则用笔尖劲流畅，特别是堆积在地上和树上的积雪，似是用了洒粉之法，生动形象地表现了雪花轻舞飞扬的景致，可谓是一幅意境古朴而又幽远、人物刻画简练却又生动的大家之作。也难怪明代张丑会评价其:“通卷洒粉作雪，轻盈飞舞，足称前无古人。”

北宋刘道醇在《圣朝名画评》中，也曾在画家赵干条目中评价:“赵干，亦江宁人，善画山水林木，长于布景，李煜时为画院学士。”他称赞赵干画工细，注重布局，画中景物不仅给人以身临其境之感，也真实地再现了当时的社会景象和自然景观。

背后的故事

最初，有学者认为《江行初雪图》是北宋初期的作品，但是经过一番研究探讨之后，很快就有专家学者拿出了不同的意见。这些学者认为，《江行初雪图》的绘画风格与北宋时期所流传的绘画风格存在着很大的不同，却与学术界所定格的五代风格更为相像。于是他们便从很多方面入手，罗列出来了诸多证据，以证实《江行初雪图》乃五代十国时期的画作。

如果这幅画是北宋中期之前的绘画作品，画家并不会在画作上署名钤印，这一点对于作品的鉴定来说着实有些困难。但是，要是以绘画史上风格演变的情况及规律变化做依据来研究的话，倒也可以确定它的时代。故而，对于《江行初雪图》的创作时期上存在的争议，专家学者们找出了以下几条具有说服力的证据。

首先，我们都知道中国的山水画没有人物画出现得早，虽然在隋唐时已有山水作品从人物画的背景里独立出来单独成画，但根据目前存留于世的画迹来看，那一时期的大部分山水作品还是无法摆脱其作为人物画背景的命运，单纯成画的山水画作品可以说是少之又少的。隋唐之前，画作里面的人都画得比山还大。到隋唐时期，这一点得到了改善，哪怕贵为天子，在山水画作里面也不过盈寸，只是这个渐变所附的过程发展得极其缓慢。到了五代时期，绘画方面虽有荆、关、董、巨四大家，但除董源之外的三人都是在野或方外的画家，故而他们的画作在创新上比较宽泛，但是流行当世的绘画手法还是以唐代余风为主。所以从《江行初雪图》中人物的大小来看，可以清楚地发现里面的山水与人物比例关系上的唐代痕迹。

其次，唐代时期的画作手法中没有“皴”，而到了北宋的时候可以称得上是皴法大备。作为介于两者之间过渡期的五代，虽然不像唐画那样只有勾廓加之填色或水晕墨染，但还没能形成格式化的成熟定型的皴笔，故而较多地沿用晚唐的水墨晕染，这一点在卫贤的《高士图》、董源的《寒林重汀图》及《溪岸图》中都有所体现。《江行初雪图》中虽然没有山石，但是坡岸沙渚的画法却和《寒林重汀图》非常相似。

再者，中国山水画的构图一般来说分为上、中、下三部分，其中上为天，中为景，下为地。但是，这种格式是到了宋代才被固定下来的，在此之前，人物的前后上下在空间上是不确定的，从《洛神图》到《游春图》到再《江帆楼阁图》等画作中都可以证实这一点，五代时期，荆、关、董、巨的作品中不仅有与上天下地式相近的构图，也有区分不明确的画作，如《溪岸图》《寒林重汀图》等。而《江行初雪图》中无天地区分的构图模式，与《寒林重汀图》《雪溪图》十分相近，可以说是明显清晰地展现了五代时期画作的特点。

最后，不得不说的是江南画风，所谓“江南画风”是指北宋人为南唐画风所定的专有名词。沈括在《梦溪笔谈》说：“大体源及巨然画笔皆宜远观，其用笔甚草草，近视几不类物象，远视则景物灿然。”米芾也曾说：“不装巧趣，皆得天真，岚色郁苍，枝干劲挺，咸有生意，溪桥渔浦，洲渚掩映，一片江南也。”

北宋时期，画家下笔精细严密，而江南画风大都笔法纵逸疏放；北宋时期描绘入微，而江南画风把握整体印象不细节。如此看来，《江行初雪图》中的五代风格倒是毋庸置疑的。

5. 手心两忘，真妙见于此

——《祭侄文稿》

名称：《祭侄文稿》

年代：唐代

题材：长卷书法

材料：纸本

规格：纵 20.8 厘米，横 75.5 厘米，23 行，234 字

价值："天下第二行书"

来历和流传

众所周知，有"天下第一行书"之称的是王羲之的《兰亭序》，"天下第三行书"是苏轼的《寒食帖》，那么"天下第二行书"又是哪位大家的名作呢？它就是现藏于台北故宫博物院的、出自书法名家颜真卿之手的《祭侄文稿》。

颜真卿是继王羲之之后成就最高、最有影响力的书法大家。初学褚遂良，后来师从张旭，又汲取初唐四家的特点，兼收篆隶与北魏的笔意，自成"颜体"一派，被称为中国文人书法界的里程碑式人物。传世作品主要有《祭侄文稿》《多宝塔碑》《勤礼碑》《麻姑碑》《争座位》等诸多碑刻。

《祭侄文稿》又称《祭侄季明文》，是颜真卿为悼念自己的侄子颜季明而作的。据文献记载，颜季明是颜真卿堂兄颜杲卿的第三子，"安史之乱"爆发后，颜杲卿被任命为常山郡太守，叛军逼近之时，颜季明与他的父亲颜杲卿共同抵抗叛乱。当时，颜季明经常于常山、平原两城间往返，为两郡通传消息，可是最终由于太原节度使私心太重，在常山城破之时未曾前去援救，导致颜杲卿和颜季明先后遇害。事后，颜真卿派遣自己的长侄颜泉明去善后，最终仅仅找到颜杲卿的一只脚和颜季明的头骨。消息传来之时，颜真卿悲愤不已，泪如泉涌，激愤之下创作了这篇流传千古的《祭侄文稿》。

《祭侄文稿》写成之后便扬名天下，后来这幅作品几经流转，曾被在各朝内府与诸多私人收藏家收藏，上面的题跋、印鉴清晰地记载了它的流传历史，直到国民党退守台湾之时，这幅“天下第二行书”被国民政府与诸多国宝一起运往台湾收藏，《祭侄文稿》才算结束了它漂泊流转的命运。

艺术价值

《祭侄文稿》是颜真卿于乾元元年（758 年）创作的一幅书法作品，它纵长 20.8 厘米，横长 75.5 厘米，卷中文字 23 行，共计 234 字。元代张敬晏曾题跋称：“以为告不如书简，书简不如起草。盖以告是官作，虽楷端，终为绳约；书简出于一时之意兴，则颇能放纵矣；而起草又出于无心，是其手心两忘，真妙见于此也。”除此之外，元代的鲜于枢也曾在《书跋》中称赞：“唐太师鲁公颜真卿书《祭侄季明文稿》，天下第二行书。”由此可见，《祭侄文稿》在中国书法史上的地位可见一斑。

既然是临时起意而作，《祭侄文稿》可以说是一幅随性创作的作品，删减涂改都具备，感情真挚强烈，是书法创作述志、述心、表情的代表作。因书写时情绪激昂，无所拘束，这幅作品中能够明显看出颜真卿笔下文字的鲜明个性与独特形式。他当时下笔时由始及终的情绪起伏，皆难掩于怀，跃然纸上，充分表达自己对堂侄颜季明的深切感情，从述写战事的始末入笔，感情激愤，悲从心来，笔锋一转，落在痛失兄侄之时，他痛斥同僚拥兵不救，贼人扰乱家国，字里行间满是悲怆愤慨。

专家研究之后认为，颜真卿的《祭侄文稿》具备三大特色：

其一，笔法圆转，苍劲有力，转化自如。《祭侄文稿》全文以行草起笔，笔法以中锋为主，圆笔流畅而藏锋，薄厚适宜，厚重处笔法苍劲有力，细劲处笔法精简凝练，筋骨皆具，转折处，有的化繁为简、飘逸自然，有的悲愤交加，恨意激愤，衔接处，连却不粘，圆转不重，犹如江河直下，一泻千里。

其二，结体章法，开张自然。《祭侄文稿》书法自然宽硕、洒脱轻然，涂改之处，自然而不计工拙，显然为随意而作，行文之间也能够非常强烈地感受到颜真卿耿直刚烈的性格及他作书时情绪的起伏不定。全文行笔时缓时疾，时快时慢，字与字之间似断又连，但却并没有断层绝意的地方，断笔时重时轻，钝笔力竭，激荡处，使人沉寂，平复之时，又显得结体清晰明朗。行与行之间，左中右突，首尾相映。其中第十八行“呜呼哀哉”的前三字喷薄而出，可见其悲痛之情已达顶峰；第十九行写到结笔时，可以看出颜真卿的情绪再度起伏，“首榇”二字写了又改，改了又写，可见其泣血哀恸，这种情绪一直延绵到了末行的“呜呼哀哉尚飨”。

其三，墨法渴涩生动。《祭侄文稿》通篇下来，渴笔较多，墨色浓重而枯涩。这是因为颜真卿当时一时哀痛，只凭一支秃笔，染墨后一蹴而成书成此稿，而非安坐执写。这种挥洒自如的墨笔和悲恸欲绝的情感完美结合，更加表现出了他由沉重到悲痛的情绪起伏，其行笔间笔锋的自然转换，对后人学习行草有很大益处。

颜真卿创作的《祭侄文稿》和晋代王羲之的行书《兰亭序》及宋代苏轼的行书《寒食帖》，一起合称为“天下三大行书”。这三大行书法帖，全部属于书辞俱佳的作品，都是文稿，也全部属于由心而发的作品，主题皆为传情达意。这一点彰显了古人回归自然、放任不羁的真实性情，是历来书法界研究古代书法时所无法回避的精品大作，也都堪称为殿堂级的瑰宝作品。

背后的故事

史书记载，颜氏一族皆为忠烈之辈，个个忠于大唐王室，在叛军当前之时，也都至死不屈，最终一族子弟均为国捐躯。颜真卿本人最后也因遭人陷害自缢而尽。由此可见，颜氏一门皆为有气节的铁骨男儿。颜真卿信奉儒家之道，遵于君臣之义，作品颇具庙堂之气，端庄尔雅而又明正高悬。既能满足于唐代肥硕的审美情趣，同时又因字体筋骨苍劲而彰显其自身正大光明的浩然正气。

6. 中国瓷器之绝色
——汝窑莲花氏碗

名称：汝窑莲花氏碗

年代：北宋

题材：温酒器皿

材料：瓷器

规格：高 10.4 厘米，口径 16.2 厘米，足径 8.1 厘米，深度 7.6 厘米，重 465 克

价值：台北故宫博物院的十大稀世珍宝之一，也是全球极为罕见的传世珍宝

出土情况和馆藏

中国素有“瓷器之国”的美誉。在漫长的瓷器史上，古代的工匠们造就了一个又一个瓷器界的传奇，宋瓷便是其中有名的代表之一。而宋朝的瓷器主要产自汝、官、哥、钧、定这五大名窑，前四窑产的都是青瓷，最后一个定窑则专产白瓷。而五大名窑中地位最高、最受人追捧的当属汝窑了。

汝窑的窑址在河南省宝丰县大营镇的清凉寺村，宝丰县在宋代的时候归汝州管辖，故而此处建窑被简称为汝窑，又因此处是专门烧制宫廷用瓷的窑场，所以又被称为汝官窑。目前在河南省挖掘出来的汝瓷遗址，规模大，分布范围广，总面积超过 100 万平方米，在河南的瓷窑址中十分罕见。

清凉寺古窑址包括四个发掘区，当时的发掘面积仅限在约 4800 平方米的汝官窑烧造区的西北部，此次发掘出来的遗物极其丰富，大部分属于汝官窑瓷器。从地层内出土的一枚神宗时期的元丰通宝可以推断，汝官窑的创烧时间大概在神宗元丰年间，这个时间刚好和陈万里先生考证汝州烧造宫廷用瓷时间在哲宗元祐元年（1086 年）到徽宗崇宁五年（1106 年）的说法基本一致，如此可见，《坦斋笔衡》中记载的“政和间，京师自置窑烧造，名官窑”说法也是可信的。

汝窑出产的瓷器瓷胎皆为灰白色，却又深浅不同，和燃烧后的香灰极其相似，故而又被叫作香灰胎。器物大部分属于仿青铜器及玉器造型，此处出土的戟尊、胆式瓶、玉壶春瓶、樽、洗等瓷器皆胎质细洁，大部分都是裹足支烧而成，所以器物底部存在细小的支钉痕迹，釉色包括淡粉、天蓝、天青、粉青及月白等素色颜色。又因釉层不厚，釉泡大并稀疏，晶莹剔透，有“寥若晨星”的叫法。

汝窑烧宫廷用瓷时间不长，所以传世品非常少，故而期间出土的瓷器常常被人们奉为稀世之珍，瓷中上品，因此在市场上非常珍贵抢手。除此之外，汝窑对中国古代陶瓷发展，特别是两宋官窑瓷器的发展还有着承前启后的作用。

现如今，被视为镇馆之宝藏于台北故宫博物院的莲花氏碗便是汝窑出土的精品瓷器之一，这件传世之宝在当今的瓷器界有着非常高的地位。

艺术价值

莲花碗通高为 10.4 厘米，口径为 16.2 厘米，足径为 8.1 厘米，碗深 7.6 厘米，重 465 克，其造型为十瓣莲花形，这种造型是宋代时期最为普遍的注碗形制。汝窑莲花氏碗的造型在比例上可以说是契合得刚刚好，莲花氏碗器身的花有十瓣，恰好围城一朵娇艳绽放的花，花瓣的凹凸与莲口衔接的毫无违和感，符合汝窑瓷釉天青色的基本色调，莲花氏碗的色泽也是鸭蛋壳青色，碗的釉层比较单薄，故而伴着造型的转折变化，也就产生了或浓或淡、或深或浅的层次转变。釉面开裂的细致纹片，即是因透明无色如同冰裂被称为蟹爪纹的纹饰。莲花氏碗的底款雕刻了“奉华”和“蔡”几个汝官窑出品必刻的字。专家认为，这大概是宋朝时，汝窑和宋宫廷、皇室存在联系的一种证明。汝窑莲花氏碗完美地展示莲花的开放姿态，青釉匀净并温润，极具艺术风韵，不但能够观赏同时非常实用。

恰如周敦颐所言：“莲之出淤泥而不染，濯清莲而不妖。”莲花碗以莲花或莲瓣为器物纹饰及造型，一方面随着佛教传入而盛行，另一方面更因其出泥而不染的习性，寓意廉洁，而广为世人喜欢，故而被各类器皿采用。

汝窑莲花氏碗形似未盛开的莲花，线条温婉，清丽高雅。专家推测，原器应该是和一只执壶配套的，这样的器具搭配作为温酒用器，在晚唐至宋代都是常见的。这只汝窑莲花氏碗，造型典雅，色泽纯粹，故而在传世极少的汝窑器中也愈发显得珍贵。

背后的故事

在收藏界，有“纵有家产万贯，不如汝窑一件”的说法，由此可见汝窑瓷器之珍贵，而被当作最为珍罕的名器，汝窑莲花氏碗价值必然是很高的。

据说，汝官窑器物传世的大概只有 70 件。从挖掘的诸多历代墓葬里出土文物的情况来看，目前为止，未曾发掘到一件出自汝官窑的瓷器，故而，但凡汝窑瓷器，都成了人们争相购买的稀世珍宝。

在 2012 年香港举办的天青宝色——日本珍藏北宋汝瓷专场拍卖会上，拍卖了的一件出自北宋汝窑的天青釉葵花洗。它的直径仅有 13.5 厘米，甚是小巧玲珑，虽然朴实素雅，但是色质却是极佳的，更为珍贵的是它的造型为罕见的六瓣葵花。作为是现今全球遗存有序可循的 79 件汝官窑瓷器之一，这件天青釉葵花洗最终以 2.786 亿港元成交，凭借高出估价 3 倍的天价刷新了宋瓷拍卖的世界纪录。

截至目前，被业界所承认的汝窑拍卖非常少，早在 1992 年纽约举办的一次拍卖会上，一件直径只有 8 厘米的汝窑小盘就被中国香港著名收藏家区百龄以 154 万美元的高价拍下，在此之前，这只汝窑小盘是美国著名

之谈。有研究员认为翠玉白菜最有可能是在 1948 年运到台湾的过程中发生损坏的，因为查看 1966 年出版周刊的照片和 1972 年出版的月历照等陈年照片，不难发现翠玉白菜早在那个时候就已经处于损坏状态了。

台北故宫博物院共有三件翠玉白菜，除了这件传世珍宝之外，另一件翠玉白菜绿黄相接，高度约为 13.4 厘米，菜叶上也有菜虫；还有一件来自于紫禁城南库的翠玉白菜，这棵白菜中间有一个洞，所以人们认为它最早应该是被用来插花的。

其实，除了台北故宫博物院的翠玉白菜之外，大陆也有翠玉白菜，一件在天津博物馆，一件在北京博物馆。只不过相较于台北的那件稀世珍宝而言，这两件翠玉白菜便和台北故宫博物院另外两件翠玉白菜一样，有些默默无闻了。

不过，据史料文献记载，还有一件更为精绝的翡翠大白菜，只是如今已然不知去向。那件翠玉白菜为慈禧所有，据《爱月轩笔记》中所载，慈禧太后的陪葬品中有一件大型的翡翠白菜，绿叶白心，菜梗上刻着一只振翅的蝈蝈和两只红白相间的马蜂，可惜随着慈禧陵寝被盗，这件翠玉白菜也无缘出现在世人面前了。

艺术价值

这件翠玉白菜长 18.7 厘米，宽 9.1 厘米，厚 5.07 厘米，其原材料是一块半白半绿的翠玉，据说当时制作它的匠人并没有过多地人为改变玉料，而是巧妙地借助玉料最初的色泽分布及色彩变化，雕出了这件菜茎白嫩、菜叶翻卷，如同刚从地里拔出来的新鲜白菜一般的翠玉白菜。不可思议的是，在这件翠玉白菜的白菜叶片上居然还有一只螽斯和一只蝗虫，这两只昆虫雕刻得十分生动形象，见过的人无不叹服工匠出神入化的手工技术。

虽然翠玉这种材质和白菜这种造型是清代中晚期才盛行的，但是白菜和草虫的题材却在元到明初的画中就已经屡见不鲜了，而且也是充满吉祥寓意的题材，故而一直都很受欢迎。除此之外，白菜类的题材也深受文人墨士的喜欢，唐代诗人杜甫就曾经将包心叶类的蔬菜作为政治环境恶劣、怀才不遇的隐喻。除了诗作，在文人画中，白菜也被引用作为绘画主题，以此暗谏为政者的昏庸。

据说，这棵白菜曾是瑾妃的嫁妆。白菜寓意清白，象征新嫁娘的纯洁和美好，昆虫象征多子多孙，祈愿新妇能够儿孙满堂。这棵翠玉白菜从自然色泽、人为形制、象征意念来看，可谓是搭配得非常和谐完美，故而也就成为了一件不可多得的稀世珍品。

玉在中国属于极其贵重的材料，人们常说的“黄金有价玉无价”便是这个意思。既然玉料珍贵，那么“量材就质”，琢磨玉料进一步化作器物，如何节料、省工地打造玉器就成了极其重要的一道程序。所以说，雕琢玉器就是一种在外设条件的约束下充分发挥创造力的创作手段，这也使得雕琢玉器变得愈发困难，而要想创造出好玉器就更加困难了。如此看来，单凭翠玉白菜的雕刻技艺来看，这件宝贝已然价值不凡了。

背后的故事

翠玉白菜是在北京故宫的永和宫内发现的，据文献记载，永和宫曾是光绪皇帝瑾妃的住处，据说，她就是这件稀世国宝的主人。而关于这件翠玉白菜，还有一个故事，数百年来曾被无数人当作茶余饭后的谈资。

相传，这件翠玉白菜本来是瑾妃和珍妃的母亲、当时礼部侍郎长叙的夫人留给自己小女儿珍妃陪嫁添妆的东西。在这位母亲看来，这块一半洁白、一半翠玉的翡翠珍品清清白白的寓意正好和珍妃的善良相称。

光绪六年(1890年)，瑾妃和珍妃姐妹两人同时被选入后宫，封为嫔位。瑾妃在入宫的前一晚，发现母亲没有将贵重的翠玉白菜作为嫁妆陪送给自己，便大哭大闹了起来。

虽然谨妃和珍妃是亲姐妹，但是两人的性情、相貌却大不相同。他们的父母在为姐妹两人选定嫁妆的时候其实也下了一番苦功，因为姐姐瑾妃偏爱珠宝，所以他们就给了她许多金银首饰。而妹妹珍妃喜欢读书，早先便告诉父母自己的陪嫁只要些书就够了，为了让女儿的嫁妆不显得太过寒酸，这对夫妇便决定将这件翠玉白菜作为珍妃的嫁妆。

谁也没曾想到，霸道的姐姐瑾妃在得到满箱金银珠宝之后，仍不满足，居然大哭大闹着要母亲将翠玉白菜也交给自己。最后，懂事的妹妹珍妃不忍父母为难，便主动将翠玉白菜从嫁妆中取出来，给了自己的姐姐，此事才算是了结。

得到宝贝的瑾妃自然对翠玉白菜爱不释手，可惜，不通诗书的她一点都不明白翠玉白菜之中所蕴含的美好寓意，只将其当作一件价值连城的宝贝，故而当这件翠玉白菜被人们发现的时候，竟然是被种在珐琅花盆里的，旁边还被配着一株灵芝。这般高雅之物，居然被养得如此世俗，实在叫人大跌眼镜。

后来，经历了数十年的战乱，这件珍贵的翠玉白菜在经过多年的辗转流离之后，到了台湾，并以其精美的雕工与美好的寓意，成为台北故宫博物院的镇院之宝。

NO.8

海外拾遗：漂泊海外之瑰宝

中国是世界上历史悠久的国家之一，传承了众多凝聚着民族智慧和传统文化的国宝级文物，蕴含着丰富的文化遗产。然而，中国也是世界上文物流失严重的国家之一。清代以来，中国国宝可谓是遭受了惨重的浩劫。除了外国列强的强取豪夺，国内的盗挖同样导致国宝大量流失。据不完全统计，我国流落海外的文物至少有数百万件，散布在全球 47 个国家 200 多座博物馆及私人收藏。从 2002 年“国家重点珍贵文物征集专项经费”启动至今，我国已成功购回文物图书善本、瓷器、青铜器、家具、玉器等各类珍贵文物 203 件（套），珍贵皮影文物 6 万件。然而，每年 5000 万元的财政划拨，对于动辄天价的文物而言，也只是杯水车薪。

1. 中国美术史之“开山之作”
——《女史箴图》

名称：《女史箴图》

年代：东晋

题材：人物画

材料：彩色绢本

规格：宽 24.8 厘米，长 348.2 厘米

价值：是目前世界上现存的我国最早的专业绘画作品之一

流失时间：1860 年

收藏地：大不列颠博物馆

流失原因：第二次鸦片战争

远渡重洋

出自东晋画家顾恺之之手的绢花《女史箴图》被誉为中国美术史的“开山之作”，200 年前，它曾是乾隆皇帝的心头好，如今却陈列在万里之遥的大不列颠博物馆之中。

东晋晋惠帝是历史上出了名的昏君，他整天只知道寻欢作乐，最终朝中大权旁落。于是，大臣张华搜集了历史上历代先贤圣女的事迹，写成了《女史箴》一文，以示劝诫，此文广为流传。后来，东晋著名画家顾恺之根据文章内容，分段进行作画，除了第一段之外，每段都配有箴文，每段的画面又生动地诠释了箴文的含义，故而称之为《女史箴图》。

《女史箴图》颇具艺术价值，后世多有临摹。如今，世界上仅存两幅临摹品，其一为宋人临摹，无论是笔意还是色彩都称不上上品，如今为北京故宫博物馆收藏；其二是隋唐时期的摹本，是举世罕见的艺术珍宝，如今收藏于大不列颠博物馆。

这一藏于大不列颠博物馆的摹本是目前尚存的最古老的画卷，虽然是摹本，但却是公认的画中上乘之作，其画风古朴，色泽鲜艳，让历代皇宫贵族趋之若鹜。乾隆皇帝是出了名的文物收藏家，清宫中许多书画都是他亲自选定收藏的，这幅《女史箴图》摹本就位列其中。乾隆帝将其视为心头肉，还在其卷尾留下了亲笔题字。

后来，《女史箴图》被收藏于圆明园中。咸丰十年（1860年），八国联军洗劫圆明园。英军大尉基勇将《女史箴图》从圆明园盗出，并携往国外。1903年，因为一些不为人知的原因，另一位英国上尉约翰又以2英镑的低廉价格将《女史箴图》卖给了大不列颠博物馆。至此，国宝流落海外。

回归难题

2002年10月，中华社会文化发展基金会成立了抢救流失海外文物专项基金，并展开了系统性的国宝工程，旨在充分动员社会各界的力量，广泛募集资金，推动流失异国他乡的国宝文物早日回归祖国怀抱。然而，那些得以回归的国宝仅限于部分私人的收藏品和在拍卖行进行拍卖的文物。长期以来，《女史箴图》都被大不列颠博物馆视为镇馆之宝，更别提回归祖国怀抱了，就算想看上一眼，也绝非易事。在博物馆的严格限制下，只有那些特别专家才能有幸观赏。对于中国学者而言，哪怕只看上《女史箴图》一眼，也是莫大的安慰了。

在中国政府和学者的不懈努力下，2005年3月18日，世界文明珍宝——大不列颠博物馆250年之藏品展在北京首都博物馆正式开幕。这是大不列颠博物馆第一次在中国举办展览。令人遗憾的是，虽然与中国公众见面的稀世文物多达 272 件之众，其中却唯独没有这件被大不列颠博物馆视为重点保护对象的中国文物。2006 年 4 月，南京举办了海外流失画作展，这一次，《女史箴图》终于在展出之列，中国学者和公众才有幸一睹这幅惦念已久的国宝的全貌。

国宝背后

这幅《女史箴图》是现存的最早的专业画家东晋顾恺之的传世之作，也是世界上尚存的最早的中国绢画作品。可以说，它是中国美术史上的一座里程碑。这幅画可谓是以形传神的佳作，这幅《女史箴图》的隋唐摹本迄今已经有 1400 多年的历史，然而，画作中的人物依旧轻衣缓带，眼睛传神入化，她们的身姿与仪态中无不显露着古代宫廷妇女所特有的风采与身份。

人物画所追求的是人物性格的传神逼真，气韵的生动鲜活，力求达到形神兼备，与此同时，还要处理好人物与人物之间及人物与环境之间的关系，以求达到人物与整体画作布局的和谐统一。东晋以前，中国画家就善于用细线勾勒人物，这种线条均匀而富有节奏，连绵缠绕。而在顾恺之的笔下，这种技法被演绎到了极致。他还明确提出，应该将以形写神和传神论作为中国绘画的基本原理。后世学者认为，顾恺之所勾勒的轮廓和衣褶所使用的线条如同春蚕吐丝，还将其形容为“春云浮空，流水行地”。笔法上，《女史箴图》保留了这种舒缓自然、连绵不绝的节奏感，笔锋连绵，笔迹周密，作品中柔美的线条和细腻的笔触为后世所推崇。与此同时，画作中的线条与色彩达到了高度的和谐统一，展现出无限的感性与活力。

学界一般认为，这幅《女史箴图》应该是隋唐摹本，但这一点上也有争议。谢成水认为，这应该是南朝临摹品，画像旁边的箴言应该是临摹者自己所题写的，没有丝毫刻意模仿的痕迹，反而是最典型的南朝写法。东晋顾恺之曾创造了密体法，然而，在南朝梁代张僧繇创立疏体法后，这种线条紧密的绘画技法就消失了。这说明，当时这位深谙密体法的画坛高手距离顾恺之所处的年代并不远。加之南朝的本色书法，这足以证明这幅《女史箴图》的摹本出自一位南朝高人之手。

2. 马之健美与神韵
——《照夜白图》

名称：《照夜白图》

年代：唐代

题材：中国马匹图

材料：纸本水墨画

规格：长 30.8 厘米，宽 33.5 厘米

价值：我国古代绝品级别绘画

流失时间：1936 年

收藏地：美国大都会博物馆

流失原因：抗日战争前期被溥伟变卖

远渡重洋

从原始时代的岩画开始，马一直是美术绘画的主题之一。被誉为“古今独步”的韩干是唐代承前启后、独具特色的画马大师。只可惜，出自他手的千古名作《照夜白图》，如今却陈列在大洋彼岸的美国大都会博物馆中。

“照夜白”，顾名思义，是形容马匹毛色很白，甚至能把黑夜照亮，此马为唐玄宗李隆基心爱的坐骑。照夜白在唐朝辉煌时期曾伴随唐玄宗游山玩水，在“安史之乱”时陪他度过了一生中最落魄的时期，为李隆基所深爱，故而也就成了宫廷画师的主要描摹对象。

韩干是陕西蓝田人，擅画肖像、人物、鬼神、花竹，尤其擅长画马。天宝年间韩干被召入宫。入宫后，玄宗让韩干跟着画师陈闳学画，韩干答说：“我画马有自己的老师。皇上宫内马圈里的御马，都是我的教师。”唐玄宗听了感到很诧异，但是等他看过了韩干画的御马后，才知此人的绘画技术果然不凡。

《照夜白图》作成以后，曾被不少名人及藏家收藏。唐代时，被著名美术史家张彦远收藏，留有“彦远”二字，五代十国时曾被南唐后主李煜收藏，画上有他所提的“韩干画照夜白”6字，宋元时期的米芾盖有“平生真赏”朱印。卷首有何子泅、吴说等人的题字，卷后有元代危素及沈德潜等11人题跋。清朝时期被藏入内务府，上面有乾隆皇帝亲笔题诗：“独嘶霜月白，特立朝风寒，有志凌金络，无心忆锦鞍。”

后来这幅画又是怎么流失海外的呢？其中原因与恭王府的主人有莫大的关系。恭王府最初是清乾隆时的宠臣、大学士和珅的宅第，嘉庆四年（1799年）和珅获罪，嘉庆皇帝将此宅赐给庆郡王，改称庆王府。咸丰元年（1851年），清咸丰帝将其赐予六弟恭亲王奕昕，并改为恭王府。20世纪初，恭王府奕昕之孙溥伟由于不满清王朝的覆灭，到处活动密谋复辟，为了筹集资金，他把恭王府里数代珍藏的珍宝变卖，此时《照夜白图》才浮出水面。但是那时候，溥伟只卖珍宝古玩，不卖书画。

1935年，日军占领北京后，千方百计地妄想掠去中华文明的传宝，时局动乱，溥伟感到书画留在家中不安全，而他又急需用钱，就有了变卖书画打算。这个消息被英国收藏家戴维德知道后，他立刻委托上海古董商叶叔重帮他购买《照夜白图》。张大千闻听此事连忙找到张伯驹，希望他能阻止《照夜白图》被运出北平。可惜为时已晚，叶叔重拿到《照夜白图》后没有在北平多留，直奔上海将其转卖给英国的戴维德，《照夜白图》从此流落海外。

回归难题

唐代宫廷画师流传下来的马画聊聊无几，而韩干的马图在宋代已经是不可多得的珍品。《宣和画谱》中记载收录韩干的作品有52件，但现存世作品只有两幅只有《照夜白图》和《牧马图》两幅了。如今珍藏在美国纽约大都会博物馆的《照夜白图》已经成为了该馆的镇馆之宝。它是作为众多中国流失文物里的私人藏品捐献给大都会博物馆的，《照夜白图》再回到祖国的可能性微乎其微。

中华抢救流失海外文物专项基金会干事王先生曾经提到，其实，抢救的概念，可以从两个层面来理解：一是通过回购、捐赠等正当途径实现文物实体的回归。二是，如果实体回归的条件不成熟，还可通过合作，围绕文物开展学术研究、文化交流、展览等活动，最终的目的是保护人类文化遗产。像《照夜白图》这种国宝级别的画作，不管是实物，还是其图片，在国内都难得一见，更大的可能是展开双方的合作，通过出版图片的方式进行交流，让更多书画爱好者通过参观或者是收藏图片达到另一种回归的目的。

国宝背后

《照夜白图》画面构图比较简单，一匹马和一根木桩。照夜白被栓在木桩上，然而它不甘心于被束缚羁，头高高昂起，鬃毛飞扬，双耳直立，两目圆瞪，鼻孔张得大大的，裂着嘴在嘶叫，四只蹄腾跃踢踏，似乎要挣脱缰绳而去。韩干画马不仅追求形似，而且以其洗练而富有弹性的铁线勾勒后稍加渲染，将一匹烈马狂暴不羁的神情刻画得栩栩如生，让人感觉到有“天马行空，独往独来”的气度，成功地刻画出了这匹神骏非同凡响、豪迈不羁的气魄和性情。画家用笔细劲浑穆，构图大胆独特，居中立一黑白棱面相间的木桩与整体白色加局部渲染的骏马，形成纵横交错、色彩变化的强烈对比，从而使整个造型富于生命律动的节奏美感。

明代宗衍在诗中说：“唐朝画马谁第一，韩干妙出曹将军。”曹将军就是指曹霸，是唐代著名的画马名家，也是韩干的老师。历史上有“曹瘦韩肥”的说法，即曹霸的瘦马，有大唐的魂魄；而韩干的肥马，足见大唐气像。《图绘宝鉴》中写道，曹霸注重画骨，“神胜形”是其画马特色；而韩干青出于蓝而胜于蓝，其画马重画肉，是“形胜神”。韩干画的马体现了当时的时代特征，唐玄宗时期的马都是宫廷御马，膘肥体壮，韩干注重写生，因此他的马脚短而肥，强悍威猛，具千里之相，有“唐马”之誉，对后世影响较深。杜甫《丹青引赠曹将军霸》曾说：“弟子韩干早入室，亦能画马穷殊相，韩惟画肉不画骨，忍使骅骝气凋丧？”道出了韩干画马重肥壮丰满的特点，也肯定了他的作品及形神兼备的艺术造诣。

米芾在《画史》上记录着的典故充分说明了人们对韩干马画的喜爱。相传宋仁宗嘉祐年间的一位大官，身带一幅韩干的马图，乘船到江南，行至安徽当涂采石矶准备渡江。这时，风浪大起，连续三天，船不能渡。遂祈祷祭祀中元水神庙，是日夜半，他梦见人说：“留卜马图，便可渡江”。于是，第二天就把马图献给庙里，果然风平浪静，顺利过江。通过这个故事可以从另一个方面显示出了韩干以马作题材的画在宋代时的影响。

据专家考证，《照夜白图》中马的头、颈、前身为真迹，而后半身为后人补笔，马尾巴已经不存在，能流传至今已是非常难得。尽管如此，仍然能够从画中马匹的鬓毛、眼神等局部描写中窥见书法大家的风范。收藏此画的溥伟曾说，凭着他手中唐代韩干的《照夜白图》和晋代陆机的《平复帖》可以抵得上张大千所有的藏品。当时张大千也是国内赫赫有名的书画收藏大家，手中的书画精品也不在少数，由此可见，《照夜白图》在收藏界的地位。

3. 行笔与心境的融会贯通
——《丧乱帖》

名称：《丧乱帖》

年代：东晋

题材：书法

材料：硬黄纸本

规格：纵 28.7 厘米，横 63 厘米，8 行，62 字

价值：王羲之最有代表性的晚年之作

流失时间：唐天宝元年（742 年）

收藏地：日本皇宫

流失原因：鉴真东渡时被带到日本

远渡重洋

在存世的中国古代书法墨迹中，最为珍贵的当属“书圣”王羲之的真迹。而王羲之传世的作品，最精彩、最接近王羲之书法原貌的，当首推被收藏在日本皇宫的唐代勾填本《丧乱帖》。

《丧乱帖》是王羲之晚年的作品。此帖创作之时，他的老家山东琅琊地区正处于一场战争之中。王羲之被迫离开北方，迁居南方。当他获知祖坟遭毁，痛苦不安，便给朋友写了一封短札，字体随情感而变，由行入草，一气呵成，这就是著名的《丧乱帖》。

王羲之的书法真迹，自东晋末，经南朝至隋朝，历经战乱，大多不幸佚失、毁灭，余下部分书法珍品皆被他的后世子孙所收藏。则天武后朝万岁通天二年（697 年），王羲之的九世重孙王方庆将家藏 11 代祖至曾祖 28 人书迹 10 卷编为《万岁通天帖》，尽数呈交给了朝廷，诸多学者猜测，《丧乱帖》可能就在其中。

唐天宝元年 10 月，日本学问僧荣睿和普照到扬州大明寺拜谒鉴真，礼请大和尚东渡日本，向日本国传法。经过先后五次失败，鉴真和尚终于到达日本，他此行带去了中国先进的文化技术，其中就包括在当时备受推崇的王氏书法。圣武天皇驾崩后，在他的祭祀目录《国家献物帐》中记载了当时的敬献物品，其中就有王羲之的书法《丧乱帖》。此后，《丧乱帖》一直被保管于日本皇室正仓院，弘仁年间流失到民间后递传杳而不明。直到江户时代初期，史料上才再次有了关于《丧乱帖》的记载，当时有王羲之书一卷从外部进献，水尾天皇把此书卷分割成三部分，将其中两幅收藏在自己的文库，另一幅也就是《丧乱帖》，赠给了第八皇子后西院。后西院去世后，这幅作品被妙法院的教皇尧恕亲王购得，于明治十三年（1880 年）奉献给皇室，并一直被宫内厅三之丸尚藏馆收藏。

因为从来没有任何著录和法帖汇编记载有王羲之的真迹流传于世，故而千余年来国内书家对此一无所知。光绪十八年（1892 年），任驻日钦使随员的杨守敬在日本搜集散出的书籍字画摹成《邻苏园帖》，1934 年《丧乱帖》墨迹印刷品传入内地，国内学界才得知世上竟还存有勾摹如此精良的王氏墨迹。

回归难题

从 1934 年国人得知王羲之尚有绝佳到摹本存世，能亲眼目睹《丧乱贴》成为很多书法大家心中遥不可及的梦，著名的碑帖专家、上海博物馆副馆长汪庆正为了能够一睹它的风采，从 1984 年到 2003 年曾东渡日本扶桑 10 多次，终究未能如愿。但时他由此萌生了借展的念头，在最初萌生这个念头时，还觉得是不大可能实现的梦想。最终在 2006 年 3 月 13 日促成了《丧乱贴》回家展览的有关事宜。此事是经过东京国立博物馆副馆长西冈康宏的极力撮合而成的。早在2002年晋唐宋元书画国宝展的学术研讨会上，上海博物馆就提出了借展《丧乱帖》等重要书法作品的建议。但是，这个重要的瑰宝在日本也几乎没有展出过，更不要说远涉重洋了。长达几年的准备工作主要是多次劝说宫内厅将《丧乱帖》拿出来展览。其最终同意在中国举办展览，是出于对中国文化的感恩，毕竟日本文化和生活从中国学到很多东西。

像这样通过早期文化交流到达日本的珍品，回归几乎是不可能的。而《丧乱贴》能如此长久而完好地流传至今，和日本皇室的精心保管不无关系。中国几经战乱，每一次朝代的更替几乎都有无数珍宝被战火所毁，特别是清朝后期的战乱更是让无数的奇珍异宝流落他乡不知所踪。日本战乱较少，加上中国和日本文化交流源远流长，如出一宗，对书法对爱好更是有过之而无不及。让千年来已经属于日本收藏的珍帖回归，更是不可能实现的梦想。

国宝背后

《丧乱帖》之所以受到众多藏家的推崇，是有深层次原因的。《丧乱帖》采用的是双钩填墨的描摹方法，双钩的细线历历可辨，纤微毕肖，字的渴笔轮廓，纸被虫蛀损的痕迹，甚至是帖上徐僧权等人的题名，都忠实地一一勾摹出来，丝毫没有一般勾摹本通常所见的笔划轮廓不自然，行笔线路不明了的弊病。该帖为抒发作者悲痛之情的作品，故挥洒淋漓，流贯不羁，是王羲之所创造的最新体势的典型作品，也是其欹侧之风的代表作品。

该帖全文为："羲之顿首：丧乱之极，先墓再离荼毒，追惟酷甚，号慕摧绝，痛贯心肝，痛当奈何奈何！虽即修复，未获奔驰，哀毒益深，奈何奈何！临纸感哽，不知何言！羲之顿首顿首。"全文8行62字，风格近似于王羲之的《频有哀祸帖》，然而该帖的结字转折更为圆活流纵，字峰变化更甚，墨色枯燥相间而出，整个书帖由行至草，到纸末行笔更为快疾，充分表达了作者悲愤难言之怒。

韩玉涛曾在《王羲之〈丧乱帖〉考评》一文中评论到，此帖有四处其他所不能及到地方：第一，这本身就是一篇优秀的杂文，区区 8 行，具备了太史公抑扬顿挫之美；第二，此帖字势雄强，是王右军真面目，是真正的右军风骨；第三，《丧乱帖》兼备雄强和惨淡之美；第四，此帖表现了由行入草的完整的过程。因此，《丧乱帖》是一件难得的珍品，是王羲之最有代表性的末年之作，远胜《兰亭序》。

王羲之如今仅存世的 20 多幅，几乎都被证明是后人摹本，因为都能看到勾描填墨的痕迹，《丧乱帖》最有晋时的笔风古意，又因世人绝少得见原件而真摹难辨。当《丧乱贴》印刷本从日本流入国内时，徐森玉就极为欣赏此帖，认为是王羲之至精至美的真迹。正如已故上海博物馆馆长汪庆正所言："世间如果真要有王羲之真迹的话，《丧乱帖》就应该是唯一的墨宝了。"

4. 漂泊他乡的古籍精髓

——皕宋楼藏书

名称：皕宋楼藏书

年代：晚清时期

题材：藏书

材料：古本文献

价值：以丰富的藏书、珍贵的文献、大气的藏书楼建筑受到学术界、收藏界的重视和尊崇

流失时间：清光绪三十三年（1907 年）

收藏地：日本三菱集团下属的静嘉堂文库

流失原因：日本学者岛田翰和三菱集团的岩崎弥之助趁火打劫，将皕宋楼藏书悉数买走

远渡重洋

皕宋，意指宋刻 200 种，言下之意就是珍品藏书非常丰富。皕宋楼是清末时期浙江归安（今吴兴）陆心源藏书楼的名字。以其丰富的藏书、珍贵的文献、大气的藏书楼建筑受到学术界、收藏界的重视和尊崇，不幸的是，这座藏书楼在光绪三十三年（1907 年）被日本人趁火打劫搬空了，如今，楼中藏书存于日本三菱集团下属的静嘉堂文库，此事与敦煌遗书遭劫并称为中国文化的两大惨重损失。

同治年间，嗜书如命的陆心源在购买了宜稼堂的部分藏书之后，又先后购得严元照芳椒堂、汪氏芝芸书会、福建陈征芝带经堂、乌程刘桐眠琴山馆等名家秘本藏书。到光绪八年（1882 年），陆心源藏书已达到 15 万卷之多，他将收集的藏书区别分类，保存在自己毕生经营的皕宋楼及十万卷楼、守先阁内。

陆心源临终前留下遗言“训勉诸子，以努力读书勿负国家所给恩惠，且以著作未尽刊刻为念”，并“训嘱诸子保守好藏书，勿令散失”。陆心源之子陆树藩在苏州任候补道时家道已呈衰败之势，缺乏资金与精力来管理藏书及接待到守先阁查阅资料的学子们的费用，但是陆树藩为恪守父训，依旧多方寻求藏书的保全之道。

陆树藩此时对清政府寄予了期望，然而最终各项奏请都没有获得批准。陆树藩退而求其次，想谋求地方政府的保全，却也没有得到答复。失望之余，陆树藩面向社会求援，他登报声明，如果有藏家能建新楼，他则将私家藏书集中赠予，但也没有得到回复。光绪三十年（1904 年）后，陆树藩为偿还巨额债务，卖掉了在上海的一些不动产后，尚有余欠。在此，陆树藩考虑的不仅仅是藏书的出路问题了。

日本学者岛田翰在江南游历时，得知了陆氏的困境便下决心将书购至日本。他串通日本藏书家岩崎弥之助等，极力怂恿陆树藩将书转售日本，一方面又努力在日本联系买主，终与三菱财团谈妥。光绪三十三年（1907 年）4 月，他以 11.8 万元从陆树藩手里将皕宋楼、十万卷楼、守先阁三处藏书全部买走，运归日本，藏于东京骏河台的静嘉堂文库。

当一直致力于购买皕宋楼藏书的张元济带着多方筹措来的 10 万元赶到湖州时，看到的只是空落落的书架和满地的废纸标签。事后，张元济写道“每一追思，为之心痛”，多年后在致梁启超的信中还说：“昔年皕宋楼藏书将散，弟初入商务，力有未逮，致被流入海外，至今引为憾事。”

回归难题

皕宋楼藏书售卖给日本三菱财团静嘉堂文库的消息很快传遍了大江南北，愤闷的文人恨恨道：“异域言归，反不如台城之炬、绛云之烬，魂魄犹长守故土也。”日本过去的藏书，珍惜隋唐钞本，不太看重宋元本；而四部之中，只注意经、子二部，尤其是集部宋元刊本更为缺乏，而至此其所藏中国古代刻本始称完备。日本得到了皕宋楼藏书后，其国内学者们大喜过望，奔走相告，岛田翰在《皕宋楼藏书源流考》中就满意地说道：“予知今之所获，倍蓰于昔日所失也，然则此举，虽曰于国有光可矣。”

近来有关学者就日本收购皕宋楼的性质做了分析及研究认为，这是一种在特殊情况下的文化掠夺行为，根据联合国教科文组织制定和通过的《关于禁止和非法进出口文化财产和非法转让其所有权的方法的公约》中第一条第八款规定，稀有手稿和古版书籍，有特殊意义的（历史、艺术、科学、文学等）古书、文件和出版物，不论是单本或整套的都属于禁止进出口文化财产之列，各国应采取一切适当措施禁止并防止在这些领土内非法进出口文化财产和非法转让其所有权。

我国的政府也颁布了有关法规，这些资料可以充分证明，在当时特殊的历史背景及国际关系下，日本岩崎家庭名义上购买皕宋楼藏书的行为其实是一种文化掠夺。

国宝背后

我国雕板印刷始于唐代，但唐及五代刻本流传下来已属寥寥。宋代板刻事业颇为发达，宋本不仅刀法精细，字体遒劲，而且校订精审，学术价值非常高，所以宋刻的经籍为最善。元代刻本继承宋金遗风，也有不少精刻本传世。但明刻校订粗疏，错讹遗漏之处甚多，甚至删改原文，伪造古书，所以有“明人刻书而书亡”之说。正因为如此，宋元刻本，特别是宋刻本，一向为藏家视为珍宝。

光绪八年（1882 年），陆心源将皕宋楼旧刻精钞考查原委，辑成《皕宋楼藏书志》120 卷。据李宗莲所撰《皕宋楼藏书志 · 序》及俞樾《心源墓志铭》记，10 余年来，陆心源藏书 15 万卷，而坊刻本（指商业性的书坊刻本）尚不包括在内。其中宋刊 200 余种，元刊 400 余种，可见其藏书之珍贵。

皕宋楼藏书来源十分广泛，陆心源毕生精力搜集，使得皕宋楼藏书来源颇多，多达 100 多家旧藏，几乎涵盖当时江南地区大小藏书家，且多是辗转得到，由此可见陆心源搜藏古籍之不遗余力。皕宋楼藏书的一大特色就是，它拥有的一批中国明清方志、丛书和家谱族谱。该书楼藏有中国各类方志、丛书 4000 余种，家谱族谱 860 余种，方志几乎包括当时中国所有的重要府县。

陆心源于记载各藏书来源时，除确知该书来源有清晰记录者外，其他的都是陆心源博览群籍后做的详尽考订。他依据藏书章、序跋语、刊记等审定其藏书来源，使得古籍来龙去脉清晰，流传有绪。尽管仍有诸多古籍未能确定藏书源流，但陆心源毕生对古籍善本的考证功不可没。

如今，日本的静嘉堂文库仍然是日本收藏汉籍宋元古本最丰富的著名图书馆，而皕宋楼藏书的添入成为其中的关键因素。1992 年，日本曾出过一本《静嘉堂文库宋元版图录》，这本图录是在《静嘉堂文库图书分类目录》的基础上，剔除了当时误判的部分而成的。在这个图录中，原属皕宋楼藏书的宋版书占 88% 左右，元版书占 81% 左右。据此推断，静嘉堂文库的灵魂——宋元古本部，就是皕宋楼藏书的精华。

5. 古西夏国的旷世奇作
——黑水城双头佛

名称：黑水城双头佛

年代：西夏

题材：佛造像

材料：泥彩塑

价值：非常精致，是佛教绝无仅有的稀世珍宝

流失时间：光绪三十四年（1908 年）

收藏地：俄罗斯冬宫

流失原因：考古学界中臭名昭著的俄罗斯海军中校科兹洛夫，以科学考察的名义，带领一支用专业知识武装起来的强盗队伍，专门来到黑水城搜刮传说中的珍贵文物

远渡重洋

在俄罗斯冬宫，保存着一件非常精致的，被称为“佛教中绝无仅有的稀世珍宝”的双头佛。这尊黑水城双头佛本来是一件属于我国的珍宝，它的不幸流失让国内无数专家学者忍不住扼腕叹息。

关于双头佛像的来历，早在印度的佛经中就有记载：在古代印度的犍陀罗国，有一位穷苦人，经过多年辛辛苦苦、省吃俭用才积攒下一枚小小的金币，把它交给了一位画工，请他在寺院中为自己彩画一身小佛像，以表达对佛像的敬意。一枚金币画一身佛像是远远不够的，但画工被这位穷苦人的赤诚所感动，就不再谈论价钱了，答应他的请求。这位穷人刚走不

久，又来了一位穷人，也是拿着一枚小金币要求画佛像。画工就用这两枚金币，请了一位高手，共同画成了一尊佛像。几天以后，两位穷人不约而同地来到寺庙拜佛，画工指着那身新绘成的佛像对他们说：“我并没有贪占你们分文，你们的钱全用在这幅佛像上了，但也只能画一身。这要代表两个人的心愿。”话音刚落，佛像就显了灵，渐渐变成了两个佛头共处一身的奇妙画像，像是双胞胎挤在圆脖子里，并且放射了耀眼的光芒，两个穷人心悦诚服，更加坚定了对佛教的信仰。

西夏王国大力提倡佛教，僧人颇受照顾，境内修建了很多寺庙和佛塔。西夏人在佛塔中放置了这件形象传神的泥彩塑双头佛，就是寄托他们对佛祖的忠诚信念。

光绪三十四年（1908 年），一支经过清政府同意，名义上受俄国地理学会派遣的队伍在科学考察的名义下，专门充实搜刮各地的珍贵文物。他们此行的目的，就是为了西夏传说中的宝藏。

科兹洛夫在禁不住金钱诱惑的蒙古王爷达西所提供路线的帮助下，终于找到了黑水城。他率领队伍驻扎下来，开始了考古名义下掠夺式的挖掘。他在城中心的西夏佛塔内找到了成捆的西夏经卷和元代的至元宝钞，在城内的街区、寺庙遗址上很轻易地挖出了 10 多箱包括绢质佛画、钱币、妇女用品等在内文物，他甚至一口气挖了 30 多座佛塔，这个堪称“西夏博物馆”的地方就这样遭到了强盗的破坏。

宣统元年（1909 年），科兹洛夫再一次对黑水城展开了一次更大规模的挖掘。在一座距古城西墙约 400 米、位于干河床右岸的大佛塔中，他找到了大量西夏、宋、元不同时期的历史遗物。其中有书籍、文书、手稿、佛像、绘画等珍贵文物，西夏的绝世孤品双头佛也在其中。双头佛非常精致，是佛教中绝无仅有的稀世珍宝。除了史书上的记载，我们目前所知道的古代双头佛像作品，只有黑水城出土的这一件。

回归难题

双头佛像的泥塑作品，人们所知的只有黑水城出土的这一件，所以异常珍贵。同其他被盗的国宝一样，西夏双头佛的回归亦希望渺茫，我们只能尽最大的努力与俄方协商“借”俄藏西夏文物来深入研究更多的西夏文化并将之传播开来。

新中国建立后，我国考古工作者对黑水城进行了多次科学考察。特别是 1983—1984 年，内蒙古文物考古研究所先后两次、历时 3 个多月，对早已是千疮百孔的黑水城做了首次全面的发掘考察。据记载，内蒙古考古工作队在黑水城的两次挖掘中，共清理出西夏文献 3000 多页，但大多以残页为主，这和当年的科兹洛夫相比，简直无法同日而语。

在俄罗斯圣彼得堡，当中国西夏学者第一次站在东方研究所内，站在黑水古城被盗文物、文献面前时，他们的心颤栗了。这里有西夏文文献 8000 多个编号，其中不同版本的佛经近千种。这还不是它的全部，在距离东方研究所不远处同一条街上的圣彼得堡博物馆内，同样藏有黑水古城出土的大量西夏时期的雕塑、壁画、唐卡、绘画等珍贵文物。

当来自故乡的学者们在俄罗斯守卫们警惕的目光中走近这些成就于中国大地上的灿烂文化时，那种揪心的酸楚让每个人都感到窒息。把俄藏全部西夏文物整理出版，弥补中国历史的缺憾，是每一个中国西夏学者的梦想。

1992 年，史金波代表中国社会科学院民族研究所在俄罗斯与俄方接洽，联系出版事宜，合作协议于 1993 年达成。此时的中国学者们清楚，他们所能做的只有利用有限的时间和难得的机遇，全力以赴地完成好这项历史工程。在前后 4 次累积约一年的时间里，专家学者们整理登记、拍摄了差不多 3/4 的俄藏黑水文献，这些大都是极有价值的精品。目前，已编辑出版了《俄藏黑水城文献》。

国宝背后

黑水城文物流失到俄罗斯后相当长的一段时间内，因为没有人识别西夏文，俄国人并不知道它们的来龙去脉。直到1909年俄国著名汉学家伊凤阁教授在成堆杂乱的黑水城文献中发现了一本西夏文、汉文双解词典《番汉合时掌中珠》，这是一本西夏人和汉人相互学习对照语言文字的工具书。至此，俄罗斯的学者们才明白，原来科兹洛夫两次用骆驼驮来的是中国中古时期西夏王朝190年的历史。

当年，一代天骄成吉思汗率领蒙古铁骑，横扫欧亚大陆。只有西夏，他多次御驾亲征却未能征服，后来蒙古铁骑横扫西夏全境，西夏文化近乎消亡。成吉思汗也在征服西夏后身死。元代人编修了《宋史》《辽史》，唯独没有编修西夏史。幸而，这座湮没在历史长河中近千年的遗址——黑水城，弥补了这个遗憾，让西夏文明重新展示在世人面前。

在科兹洛夫挖掘出的书籍中，有译自汉文典籍的西夏文《论语》《孟子》《孝经》《孙子兵法》《类林》等；有用西夏文编写的《文海》《音同》《杂字》《圣立义海》等字典、辞书，也有我国中古时期唯一保存原件的西夏法典《天盛改旧新定律令》，有根据印度佛经中的故事雕塑而成佛教界独一无二的稀世珍品双头佛……佛经、雕塑、壁画、唐卡、绘画等珍贵文物成就了俄罗斯圣彼得堡博物馆世界级大博物馆的荣誉。

正是这些被科兹洛夫挖掘出来的文物，为之后揭开西夏的历史之谜提供了详实的文献史料，从而也催生了一门新的国际学科——西夏学。然而，每个对西夏感兴趣的中国人，要研究西夏这个中国中古时期的王朝，却必须到俄罗斯去——因为黑水城出土的近万件文物，如今全在俄罗斯。

对于任何一个走进黑水城的人和研究西夏历史的人、任何一个到俄罗斯参观过西夏遗物的中国人，黑水城都将成为他们心中永远的痛。

6. 陨落的中华庞贝古城
——辽西恐龙化石

名称：辽西恐龙化石

年代：1.45 亿年前

题材：恐龙骨

材料：化石

价值：恐龙化石十分珍贵，是不可再生资源

流失时间：1994 年开始

收藏地：在孔子鸟化石发现两三年后的 1996 年时统计，就有 50 件流入日本，20 件流入美国，有 6 件流入加拿大，2 件流入德国，这还仅仅是当时公开的数字

流失原因：人为的盗掘走私

远渡重洋

1973 年 3 月，朝阳县胜利乡农民阎志友在为生产队打井时发现了一块鹦鹉嘴龙化石。其实，这就是后来被命名为“鹦鹉嘴龙”的恐龙化石，也是辽西地区发现的第一件恐龙化石，5 年后，他又发现了辽西地区的第一块鸟类化石。

这个消息一经传开，便打开了朝阳地区这一世界上最精美的化石宝库。从 1987 年起，辽西的朝阳、阜新、葫芦岛、锦州的一些县（市）陆续发现了生活于中生代晚侏罗纪的各种鸟类及动植物化石，构成了一个系统、完整的热河生物群。

辽宁的化石数量之多，品种之繁，世界上任何一个国家都无法与之媲美。鱼类、蜥蜴、鳄类、翼龙类、恐龙、鸟类、哺乳类，各种无脊椎动物和被子植物化石，几乎涵盖了现在所有生物门类的祖先。尤为值得一提的是，这些化石保存之完好，简直令人不可思议。许多专家指出，任何一块鸟化石拿出去都是世界的精品。它们不仅大大填补了从始祖鸟到晚白垩世鸟类之间演化上的空白，而且还使得早白垩纪一跃成为发现早期鸟类化石最多的时期。

从 1994 年开始，辽西化石的特殊地位和特殊贡献已为世人有目共睹，一块化石就可以卖上几万甚至几十万的好价钱。在如此巨大利益的诱惑下，有人开始了破坏性的挖掘，同时也使很多不法分子有机可乘，参与倒买倒卖化石。在盗掘疯狂的时期，被盗掘的鸟类化石像长了翅膀一样，被走私到国外。孔子鸟化石发现近千只，其中有 700 多只被走私到了国外。

2001 年底，德国法兰克福森肯伯格自然博物馆不惜重金买下一件走私的鹦鹉嘴龙的化石。此事一出，立即在世界古生物界掀起轩然大波，而至于这件化石是如何从中国流失到国外到我们不得而知。早在 1998 年，它就在美国亚利桑那州图森的化石和矿物交易会上露面了，在美国几经倒手后，被德国的基尔霍夫的化石商人乌尔里希·莱昂哈特买走，当他辗转得知这个化石的重要性后，便高价出售给了法兰克福森肯伯格自然博物馆。

如今，从我国流出的恐龙化石遍布许多国家，面对这些流亡海外不可再生的瑰宝，国内的许多专家只能无奈地扼腕叹息。

回归难题

在德国法兰克福森肯伯格自然博物馆购买下走私的鹦鹉嘴龙化石后，中国科学院古脊椎动物与古人类研究所的专家学者们随即发出公开信——期待着流浪的国宝早日回家，但是德国方面未置可否。其馆长回复，博物馆有正规的德国进口文件及从美国的出口记录。

按照有关国际法的规定，任何博物馆都不能涉及来历不明的化石。德国森肯伯格自然博物馆的所作所为，让许多知名的博物馆都无法理解。许多博物馆都表示，不愿和这样的化石扯上任何牵连。古生物学家们如今对于这些从化石贩子手中获取的标本都持较为谨慎的态度，一些通过非法渠道从中国走私出境的化石标本，如不及时追还，它的命运将同其他走私的恐龙化石一样遭受厄运，对它的研究工作更是无从谈起。

鹦鹉嘴龙化石是自从辽西地区发现古生物化石以来，仅有的一种被走私到国外的化石。据有关部门统计，仅以孔子鸟为例，目前辽西地区至少已经发现了上千件标本，可保存在国内科研机构的仅 200 余件。其余的一部分流入个人手中，一部分流失到国外。这些化石的回归，更是无从谈起，给我国的辽西化石资源造成了无法挽回的损失。

国际上大部分国家对于打击走私文物是持以支持的态度的。2003 年 6 月 17 日，澳大利亚警方在本土缴获了 20 吨来自中国的化石，其中就有大批辽西的恐龙和鱼化石，接着在中澳两国的交涉下，这批化石已经顺利地回归故里。

国宝背后

辽宁的化石产于大约 1.25 亿年前，这段时期正是生命进化史上的关键时刻，鸟类开始出现、恐龙正面临新的发展、哺乳类动物在跃跃欲试、被子植物刚刚出场。辽宁化石的形成时期及丰富程度在解决鸟类的起源、被子植物的起源、现代哺乳型动物的起源、昆虫与显花植物共同演化方面，为世界的科学研究提供了珍贵到的化石资料。

孔子鸟是除德国始祖鸟外世界最早、最原始的鸟类。在我们的记忆里最原始的鸟类是始祖鸟，这是在中国孔子鸟未发现以前最原始的鸟类。孔子鸟的存在历史超过 1500 万年，也有可能比始祖鸟的时间要稍晚一些，但是，比始祖鸟要进步得多，已经有了角质喙，飞行能力也比始祖鸟要强得多。孔子鸟的身上已经有了羽毛状的物质，是人类研究鸟类祖先的重要依据。

鹦鹉嘴龙化石之所以特殊，是在于其肌肉强健的尾部末端有一簇细长的、像毛发一样的丝状物质。尽管古生物学者们目前对于这一簇丝状物的意义尚不是十分清楚，但最重要的一点是，这种衍生物以前还没有在它所属的这一类恐龙上发现过。如果能够证明，这类物质确实是毛发或者是羽毛，那么，它也许很可能代表了所有恐龙的原始特征，鹦鹉嘴龙化石也极有可能会改变人类对整个恐龙的认识。

世界上最小的恐龙，也就是世界上发现的第 6 种长羽毛的恐龙，同样来自辽西，并在 2000 年被命名为小盗龙。小盗龙和中国鸟龙一样，也属于兽脚类恐龙中的驰龙科，并且在许多特征上和早期鸟类非常相似。不同的是，小盗龙的个体很小，和最古老的鸟类始祖鸟大小相仿。它代表了世界上已知个体最小的恐龙。

除此以外，在辽西地区还发现了其他 6 种鸟类化石，这里也是迄今为止世界上绝无仅有的古鸟类化石群，是世界古生物界又一次石破天惊的发现。尤其是 1996 年中华龙鸟化石的发现，连美国的克林顿总统都称之为 20 世纪最重要的科学发现之一，它使生命发展中鸟类起源与演化的研究迎来了曙光，有可能取代占据教科书 130 多年来德国始祖鸟是鸟类祖先的地位。

化石属于不可再生资源，辽西恐龙化石的挖掘及走私给这个地区带来了难以弥补的损失。而在这个地区发现的为数众多的鸟类化石更是不可多得的精品。据统计，在辽西化石没有发现以前，世界上仅仅发现了几十个鸟类化石，且分布不均匀。辽西地区化石的发现，是整个古生物代的化石总汇，每一件化石的意义都足以和保持世界记录近百年的始祖鸟相抗衡，任何一块鸟化石拿出去都是世界精品。

7. 兽骨上篆刻的历史
——殷墟甲骨文

名称：殷墟甲骨文

创作年代：商代

题材：甲骨文

材料：龟甲、兽骨

价值：甲骨文的文字已经达到基本成熟阶段，具有一定体系并有比较严密的规律，刻划精湛，内容丰富，对中国古文字研究有重要作用，对历史学、文字学、考古学等方面都具有极其重要的意义

流失时间：20 世纪初

收藏地：国外收藏有 2.67 万片，分藏于 12 个国家，其中，日本 12443 片、加拿大 7802 片、英国 3355 片、美国 1882 片、德国 715 片、俄罗斯 199 片、瑞典 100 片、瑞士 99 片、法国 64 片、新加坡 28 片、比利时 7 片、韩国 6 片

流失原因：第二次世界大战

远渡重洋

汉字是民族文化的脊梁骨，是民族文化之根。甲骨文是古汉字一种书体的名称，出自殷墟，所以人们又称其为“殷墟文字”，其内容大都是卜辞，故又称“贞字”。甲骨文是在新石器时代仰韶文化陶器刻划符号的基础上，经过二三千年的孕育、萌生和发展，到商代形成为一种相当进步、相当成熟的文字。

只可惜从甲骨文被发现至今，短短数百年的时间里，却流失了一大半，如今，国外收藏有 2.67 万片，分藏于 12 个国家，其中，日本 12443 片、加拿大 7802 片、英国 3355 片、美国 1882 片、德国 715 片、俄罗斯 199 片、瑞典 100 片、瑞士 99 片、法国 64 片、新加坡 28 片、比利时 7 片、韩国 6 片。对于国内考古界来说，可谓是损失惨重。

清朝光绪初年，在距河南省安阳市西北郊 2 千米处的小屯村，村民经常从田中挖出许多龟甲壳、兽骨。村里有个叫李成的剃头匠，因染上疖疮，意外发现甲骨的药用价值，从此，小屯村人纷纷挖掘，将龟甲、兽骨当作中药材拿去卖给城里的中药铺或收购药材的商人。光绪二十五年（1899 年）夏，京城国子监祭酒王懿荣患了疟疾，他在对比药材时，发现了一块有刻划痕迹的“龙骨”，经过仔细辨认，发现上面刻有文字，于是他立即将药铺里刻有文字的“龙骨”全部买下。他的发现将中国有文字可考的历史提前了 1000 多年，也因为如此，药材“龙骨”才变成了珍贵的古代文化研究资料，避免了古代文物被进一步地人为毁灭。

王懿荣开创中国研究殷墟甲骨文字之始，被后人尊为“甲古文之父”。在他死后，长子王翰甫将他收藏的甲骨转售给刘鹗。1903 年，刘鹗从已获得的 5000 片甲骨中，精选出 1088 片，精心墨拓，编辑并出版了我国第一部著录甲骨文的著作——《铁云藏龟》。

甲骨文被确认为是殷商文字之后，京城内外学界和古玩界一片轰动，纷纷要去甲骨出土地做进一步考查和收购。古玩商们为了垄断新出土的甲骨，哄抬价格，谎称出土地为河南汤阴和卫辉，学者们跟着兜圈子，并未发现真正的线索。宣统二年（1910 年），刘鹗死于新疆，其所藏甲骨，大部分被英人哈同购走，小部分散落四方，中国最早由私人保存的甲骨就这样散佚了。

在刘鹗之后，著名“甲骨四堂”之一的罗振玉获得甲骨最多，他在光绪三十二年（1906 年），到清廷学部任职后，就开始留意搜求甲骨，殷墟地址的最终确定就是得益于罗振玉的努力。1915 年，罗振玉亲自前往安阳实地考查，从甲骨文中认出 10 多个商代晚期的帝王庙号，从而断定甲骨文是商代晚期王室占卜留下的遗物，当时这一石破天惊的发现，令整个学术界为之一震。

回归难题

由于罗振玉为伪满清政权服务，曾避居日本。在日本时，他所收集的甲骨散去很多。据著名学者胡厚宣考证，其有记录说明的，归京都大学人文科学研究所3599片、天理大学参考馆809片、东京国立博物馆225片、东京大学考古研究室113片、富冈谦藏800片……总计达5745片。

在外国人中，美国驻山东潍坊县传教士方法敛和英国驻青州传教士库寿龄最早开始收集甲骨，他们早在光绪二十九年（1903年）就插手殷墟的发掘，并将收集到的甲骨转卖给美国和英国的几家博物馆，干起了贩卖的勾当。这些流散到英国和美国的甲骨，后来曾由方法敛以摹本编为《库方二氏藏甲骨卜辞》一书，在中国出版。

光绪三十四年（1908年），英人金璋购得甲骨800片，发表《金璋所藏甲骨卜辞》。此外，还有一位德国人威尔茨也在青岛买到711片甲骨，后来又转卖到德国柏林民俗博物院。另一位德国人卫礼贤从青岛得到72片甲骨，后来转卖到了瑞士的巴赛尔人种志博物馆和德国的法兰克福中国学院。据我国甲骨学家的统计，早期由欧美人转购流散到国外去的甲骨，至少有5000片以上。

郭沫若在抗日战争前旅居日本时，曾访问过多个收藏甲骨的日本公私学者，在他的《卜辞通纂·自序》说，他在日本共见到甲骨3000多片。1931年“九一八事变”后，日本占领了东三省，在这期间，被日本强行抢走的文物不计其数，其中就包括数量众多的甲骨。根据日本学者的统计，日本先后购到甲骨的学术机构约有30多个，私人收藏家也在30个以上，如以这些公私收藏情况为准，流散到日本去的甲骨总数至少在1.2万片以上。时至今日，考古界还流传着“安阳殷墟虽在，但要去日本看甲骨文”的说法。

国宝背后

甲骨文具有应用和艺术的双重性。甲骨文已具备了中国书法的三个基本要素：用笔、结字、章法，是一种形体兼备的成熟文字，可称得上是书法。甲骨上文字所记载的内容极为丰富，涉及商代社会的诸多方面，有几十个类别之多，不仅包括政治、军事、文化、社会习俗，还涉及天文、历法、医药等科学技术。同时也反映出了商代占卜之风的兴盛，占卜是当时国家政治生活中的一件大事，朝廷设置了专门的机构和卜官，因此，甲骨上的卜辞成为研究商代历史的第一手材料，商以前和商以后的古史上的问题都可以从这里探求而获得解决。随着甲骨学研究的日益深入，上古社会的许多不解之谜被学者们一一破译。

2008 年，上海崇源公司举行全球首次甲骨文拍卖活动。甲骨上文字的数量，代表着其品质的高低，拍品的 20 片甲骨上文字较多，约 150 字，其中 8 片较大者是甲骨文中的珍品，甲骨表面光洁圆润，黄灰色的骨面上略带细微的纹理。上面雕刻的字迹古拙而风格豪放，字形大小错落，生动有致，各尽其态，富有变化而又自然潇洒，是典型的商王武丁时期的甲骨文风，历经数千年能完好保存至今已经十分难得。此次竟拍最终以 5280 万元的价格成交。

甲骨文拍卖引起了一番争议：拍卖甲骨文是否违法。经过调查发现，国家对甲骨文是否能够进行拍卖是根据个人收藏时间确定的，如果在建国前购得或代代相传而得，应该划归流散文物，可拍卖；如果是建国后出土，则属于违法获得，不能拍卖。

专程从美国赶来的洛杉矶加州大学亚洲语言文化系教授周鸿翔这样评价，甲骨文的文化价值高，是难得的瑰宝，但是对于它的价值公众一直没有直观的认识。此次以 5280 万元的天价成交，使公众形象地认识到甲骨文和传统文化的重大价值，更加有利于文物保护。中国国家博物馆研究员李先登对于这次拍卖的结果相当满意，他说：“甲骨文拍卖这也许是绝无仅有的一次。这 20 片甲骨文的未来增值潜质不可限量。”

NO.9

历史遗珠：
神秘传说之宝藏

中国地大物博，自古就流传着许多关于宝藏的传说。这些散落在历史长河中的神秘财富，不仅引人遐想，而且引起收藏家和考古学家的广泛关注。虽然很少有人能够发现这些宝藏的蛛丝马迹，但依然有人坚信，这些价值连城的宝藏有迹可循。对考古学家来说，寻宝并不是一件虚妄的事情，专家可以通过各种典籍文献寻找宝藏的相关文字记载，我国境内的许多宝藏不仅有相关文字记载可查，而且藏宝量也十分可观。

1. 千金散尽还复来
——张献忠沉银之谜

名称：张献忠沉银之谜

年代：明末清初

题材：藏宝类

材料：白银

规格：大约 1 万平方米

价值：确认张献忠江口沉银的传说，为世人打开了一部了解明代历史的百科全书

遗迹发现

锦江下游有一个美丽的小镇江口镇，位于成都平原西南部的彭山县，古名彭亡聚。在彭山江口流传着一首与宝藏相关的歌谣："石龙对石虎，金银万万五，谁人识得破，买到成都府。"据《彭山县志》记载，张献忠撤离成都时，旱路已被清军封阻，他只好改道由水路出川。张献忠的船队从成都启程，沿锦江行至彭山县江口境内时，遭到杨展部队的伏击，几乎全军覆灭，许多载满金银的木船沉没在彭山县江口境内的水域中。多年以来，这批宝藏的下落都是一团难解的谜团，如今，随着一个个线索的发现，这个谜团总算被解开了。

2005 年 3 月 20 日，在彭山县江口镇老虎滩河床引水工程的建设工地上，一辆挖掘机从河床 3 米深处掘起一铲砂土，就在这一铲砂土中，有一截漆黑像朽木一样的东西。工人们认真一看，结果发现那朽木一样的东西竟然是一枚枚泛着亮光的银锭。这些银锭的边缘有些残损，但银锭身上铸造时打上的“崇祯十六年八月，纹银五十两”字样清晰可见。经过四川省文物鉴定委员会鉴定，这些出土银锭为明代银锭，银锭分别重1800余克，呈舟形，其中6件带有铭文，这些银锭的铭文，为张献忠锦江藏宝的说法提供了十分有力的证据。

2017年3月20日，在彭山江口沉银遗址围堰发掘两个多月之后，四川省政府新闻办举行了江口沉银遗址水下考古的阶段性工作新闻通气会。此次挖掘活动共出水文物超过1万件，其中除了大量的西王赏功金币、银币、大顺通宝铜币、金册、银册、银锭和戒指、耳环、发簪等物之外，还有铁刀、铁剑、铁矛、铁箭镞等兵器。据专家介绍，江口遗址出水文物的丰富程度及种类之全、级别之高在全国范围内都很罕见。除此之外，本次考古过程中还发现了一根较完整的木鞘，其内部装着多个银锭，此处的出水为张献忠木鞘藏银的传说提供了物证。这批文物除了确认张献忠江口沉银的传说以外，还为世人打开了一部了解明代历史的百科全书，对研究明代政治、经济、文化、军事、财政、生活等具有重要意义。

历史谜团

数百年来，民间一直流传着许多关于张献忠藏银的说法。吴伟业在《鹿樵纪闻·献忠屠蜀》中记载，顺治二年（1645年），张献忠“用法移锦江，涸其流，穿数仞，实以精金及其他珍宝累万万，下土石筑之，然后决堤放水，名曰‘锢金’”。彭孙贻在《平寇志》中也说张献忠“用法移锦江而涸其流，下穿数仞，实以黄金宝玉累亿万，杀人夫，下土石填之，然后决堤放水，名曰‘水藏’”。这两本书一个称“锢金”，一个称“水藏”，虽然称法不同，但实质却相同，他们都认为张献忠将数以亿计的财宝埋在了锦江底。

然而，《蜀难纪实》记载：张献忠部队从水路出川时，携带银两多到木船载不下，于是他就命令工匠做了许多木头夹槽，将银锭放入其中，让其漂流而下。他本来打算在巫山附近江流狭窄的地段，再把它们打捞上岸，却不料在此处船队遇到阻击，沉船堵塞了江道，于是那些银两便都沉入了江中。

据说在张献忠死后，垂涎这笔巨额财富的人很多，就连清朝政府也动过一番脑筋，但是几次挖掘都未找到张献忠的这批宝藏，随着时间流逝，宝藏的谜团在人们口耳相传的过程中变得愈发神秘。除了锦江和彭山江口有宝藏的传说之外，成都龙泉驿区的百工堰也流传着关于张献忠沉银的传说，流传在这一带的歌谣唱道：“石公对石母，金银万万五；谁人识得破，成都买到简州府。”

张献忠的宝藏到底是被他主动水藏了还是仓促间沉入了江中？大批宝藏到底在什么地方？这些问题在历史上始终是个争议，随着一代又一代人的挖掘探索，人们慢慢地将目标锁定，如今，在江口沉银遗址水下考古项目阶段性成果公开之后，沉睡在天府之国的神秘宝藏终于要被唤醒了。

背后的故事

据说，张献忠长了一张黄脸，身材很高，下颌像老虎，因此人们都叫他“黄虎”。张献忠和李自成都是王嘉胤的部下，崇祯三年（1630 年），张献忠纠集了米脂十八寨的群众依从王嘉胤，自称为“八大王”。王嘉胤死后，张献忠率领部下 2000 人投降了明朝的洪承畴，之后又投奔高迎祥，重举“反明”的大旗。崇祯十六年（1643 年），张献忠占领武昌，并控制了四川的大部分地区，建立大西国，改元大顺。崇祯十七年（1644 年），张献忠登基称帝，以成都为西京。

虽然说张献忠是一个杰出的农民起义领袖，但是他带给社会和人民的灾难也是不容置疑的。据说，张献忠性情凶戾残暴，将卒以杀人多少论功，有记载说他“一日不杀人，辄悒悒不乐”。除了草杀，张献忠还发明了“天杀”，他在府中养了几十头藏獒，每天“上朝”的时候，便放出藏獒去嗅那些投降自己的前明官吏，被藏獒嗅到的人立即拉出去砍头，张献忠认为这是老天要他们死。……

顺治四年 7 月，张献忠撤离成都，北上与清军作战。临走时下令屠城，并将全城放火烧得干干净净。大西军出成都后，很快被清军包围，当时张献忠正忙着在四川省的西充县屠城，匆忙出城迎战，结果被清将雅布兰射死在凤凰山。由于张献忠把四川人差不多杀光了，清初统治者被迫出台了“湖广填四川”的移民政策。近百年来有许多史学家都发现，几乎没有哪个四川人是土生土长的，大家都是从外省迁来的，而造成这一后果的，正是嗜杀成性的张献忠。

2. 沉睡湖底的飞马与湖怪

——抚仙湖古滇国宝藏

名称：抚仙湖古滇国宝藏

年代：距今约2000年的古滇国国都或者俞元城遗址

题材：藏宝类

规格：目前已探明的面积达2.4平方千米

价值：是滇国历史和文化的再现，对于推测其社会发展面貌有重要的考古意义

遗迹发现

抚仙湖位于云南省玉溪南部，是一个十分美丽的湖泊，湖面海拔高度为1721米，总面积为212平方千米，湖水清澈，周围景致怡人。湖畔的村庄里一直流传着飞马、湖怪、水下活人等种种神秘的传说。

1992年，科学家在云南澄江抚仙湖边发现了大量水下人工建筑的遗迹。1995—2000年，职业潜水员、国际二级潜水教练耿卫和职业摄影测量员贺杰，30多次在抚仙湖探险拍摄录像。经他们考察，这一水下建筑群位于抚仙湖东北岸，距湖岸二三百米，面积约七八百平方米。一石激起千层浪，一时间世界上都知道中国澄江有个抚仙湖，湖底有个神秘的古城。

2001年，考古学家再次深入湖底探查。目前已经探明的古城遗迹面积已达 2.4 平方千米，主要建筑共有 8 个，其中有两个高大阶梯状建筑十分宏伟。一个阶梯状建筑分三层，底部宽 60 米，第二层宽 32 米，顶层宽 18 米，整个建筑高为 16 米，从声呐扫描图上可以看出，它的台阶非常整齐对称。另一座阶梯状建筑气势恢宏，分五层，第一层底部宽 63 米，第二层宽 48 米，第三四层倒塌比较严重无法仔细测量，第五层宽 27 米，整个建筑高 21 米，类似于美洲玛雅人的金字塔。在每一层大的台阶之间都有小台阶相连，其中第一级大台阶从底部有一条笔直的小台阶直通而上。两座阶梯建筑中间还有一条长 300 多米，宽 5—7 米的石板路面，用不同形状的石板铺成，石板上还有各种各样的几何图案。

在另外一片区域里还有一座圆形建筑，底部直径为 37 米，南面偏高，依稀可以辨别出台阶。这座圆形建筑北面倒塌严重，东北面有个缺口，形状与古罗马的斗兽场十分相似。更为奇特的是，在云南晋宁石寨山曾出土大量古滇国时期的青铜器，在这些青铜扣饰上有很多环形台阶式建筑图案，几乎与抚仙湖水底发现的圆形建筑形式一模一样。青铜器上的环形台阶式建筑分上下两层，在台阶上有坐着观看斗牛或者其他表演的观众，第一层有十余人，第二层有三四个人。因此专家认为，这个水下圆形建筑就是扣饰图案描绘的原型。

水下古城建筑与古滇国青铜器扣饰图案的惊人相似，引发了人们对古城身份的猜测。这座水下古城，难道就是那个兴盛了 500 多年的神秘古滇国？

历史谜团

抚仙湖的神秘现象由来已久，至今在湖畔的村子里仍流传有各种古老的民间传说，真真假假，难分难解。

道光《澄江府志》记载，在抚仙湖中，“有物如马状，浑身洁白，背负红斑，丈尺许，时出游水面，迅速如飞，见者屡获吉应”。书中记载的这种“海马”，湖畔不少农民也都见到过，并且由于它的出现，还引发了一段离奇故事。当时社会动乱，回民起义已经攻占了澄江府城，正想打通南路与滇南起义军势力连成一片，然后进攻江川。江川当局听说抚仙湖出现“海马”，认为仙湖出“海马”是祥兆，有马到成功之意。于是江川地方团练首领率部进驻尖山，哪知道他们过分相信祥兆，疏忽大意，反到中了回民起义军的计策而全军覆灭。

据传，抚仙湖水下尸体数不胜数，俨然是一个巨大的天然人体库，奇特的是，这些水下尸体都是斜站着，而且男尸前倾，女尸后仰，还会随着水的流动而游动，好像活人一般。但在 2001 年进行的抚仙湖潜水考察中，却没发现一具这样的木乃伊。

抚仙湖的奇特还不仅于此，它曾先后两次发生飞机坠机事件。抗日战争时期，一架国民党飞机执行任务后打算返回昆明呈贡机场。当时，飞机驾驶员已经看见机场跑道，并已和机场地面取得联系，可却鬼使神差地撞到抚仙湖畔的老虎山上，机毁人亡。20 世纪 80 年代初，一架军用飞机飞临抚仙湖上空时，突然失去控制坠落湖中。机上两名驾驶人员，没来得及采取任何应急措施就随飞机沉入抚仙湖底。至今，这两起飞机坠毁事件的原因仍是个谜，抚仙湖也因此被列为航空禁区。

背后的故事

抚仙湖出现的众多神秘现象，使人们很自然地联想到那深邃的湖底。抚仙湖底到底有什么东西？奇特的“海马”、湖底的木乃伊，还有那神秘的坠机事件，是不是也与湖底相关？

相传抚仙湖原本是一个很大的坝子，坝子里有一个繁华的城池。一天，一场水漫金山一样的大水淹没了坝子，热闹非凡的城池就在这场灾难中沉入水底。据传人们在湖上行船，风平浪静时能看到城墙。

在抚仙湖北岸还有一个叫镇海营的村子，他们村名的由来和那个神秘古城密切相关。据村民说，澄江县县城原不叫澄江，最早是叫河阳县，那时的河阳县也并没有抚仙湖。一天，河阳县突然来了一个疯道士，走到县府衙门时，突然看见衙门前有一对大石狮子，张口就说："狮子眼睛红，说说水晶宫。"随即又满大街喊叫起来。事过不久，果然石狮子的眼睛发红了，结果整个河阳县城开始向下陷沉，冲天的大水平地而起，淹没了街道和房屋，人们四处逃难。有一家老两口，无儿无女，家里很穷，只养着一头猪。老两口逃跑的时候拉着猪一齐跑。但是他们跑到哪个地方，水就淹到哪个地方，直到老两口跑到一个小塘上，实在跑不动了，就说："淹死也是死，再跑也是活不成，我们就坐在这里吧。"身后的猪也跟着停下来，奇怪的是，水就在他们身边停了下来，再也没有漫过这个小塘，据传这头猪就是传说中抚仙湖里的金猪。后来老两口停下来的小塘就成了现在的镇海营，镇海营就是把海镇住，原来的那个县城就这样永远沉睡在水底了。

考古学家通过研究古滇文明的青铜器图案发现，古滇人的建筑主要是以杆栏式建筑为主，这种杆栏式建筑就是先用竹木搭成房架，底层悬空，再修墙而形成的建筑。湖底建筑与青铜器图案的惊人吻合，说明抚仙湖水下古城一定与古滇文明有着直接的联系。

那么，这座古城到底是历史上的哪座城市？在云南澄江县历史上，有史可查的有 3 个城市，其中最早的是俞元古城。早在汉武帝元封五年（公元前 106 年），西汉王朝就在这里设立了俞元县，但俞元古城在地球上却神秘地消失了。即使俞元建制变更地名，也应有所记载，但南北朝后俞元古城信息中断，俞元城到底哪里去了呢？这座水下古城会不会就是俞元古城呢？也有人认为，抚仙湖底的古称是古滇国时期的某个大城市，还有人认为抚仙湖水下古城是滇王离宫……

总之，关于水底古城的身份至今仍没有定论，只给人们留下了一团难以捉摸的迷雾。

3. 人间仙境的幽幽古刹
——铁山寺古刹藏宝

名称：铁山寺古刹藏宝

年代：汉代

题材：藏宝类

规格：占地面积约二三百亩

价值：黄巾起义军从官员、豪强等有钱人家收罗劫掠的各种所得金银玉石财富

遗迹发现

在江苏盱眙县铁山寺，一直流传着一个古刹宝藏的故事。相传东汉末年，黄巾军领袖张角率领数十万起义军攻城夺邑，焚烧官府，收罗了大量金银珠宝、古玩玉器。为了将这笔巨额宝藏妥善收藏，张角将财宝藏在了崇山峻岭间的铁山禅寺。由于铁山寺境内山高林密，很容易迷失方向，负责建造藏宝密道的工匠还特意绘制了一张藏宝图。数百年来，去铁山寺寻宝者不计其数，但是铁山寺的宝藏到底在哪里却无人知晓。

铁山禅寺位于江苏省野生动植物王国铁山寺风景区内，禅寺周围风景绝佳，山、林、泉、湖、石、洞自然造化，山岗沟底清流潺潺，终年溪水不断，一年四季，景色各异，堪称人间仙境。

谈起铁山寺藏宝，自然要先说说铁山寺的创始人严佛调。由于临淮地区佛教十分盛行，严佛调深受感染，很小就服膺佛教。当时的洛阳是东汉佛法第一重镇，又是汉代译经的唯一地点、汉地佛教传播中心，一心报国的严佛调便前往洛阳寻法。就这样，严佛调成了中国汉人第一位出家的僧人。不仅如此，他还是中华译经事业中的第一位助手、第一位进行撰述的中国僧人。

东汉光和五年（182 年），严佛调回到了家乡临淮，决定在这里建一座道场，潜心研究佛学。但是庙址选在什么地方呢？他翻越了整座山，最终在离家 300 多米远的大庙山上找到了一块地势开阔、四周山峰起伏如莲花的平地。

铁山寺规模宏大，修建历时 15 年，包括以铁山禅寺为主的几座寺庙，占地面积达二三百亩。严佛调希望自己的开山道场香火一直延续下去，能够铁打江山般牢固，因此取名为铁山寺。铁山寺逐渐成为当地居民的信仰中心，来访者络绎不绝。

历史谜团

据传，张角在起义中从官方府库及地主土豪那里收罗了大量金银珠宝、古玩玉器，为了妥善收藏这笔巨额财宝，为日后登基做准备，张角决定把他们埋藏起来。经过一番苦思冥想，张角忽然想起了坐落在崇山峻岭间的铁山禅寺。

于是他吩咐手下一位姓张的副将带领骑兵、工匠，日夜兼程地押送数十马车的珠宝来到铁山寺，在一处密林里修建藏宝暗道，把那些价值连城的宝藏悉数埋入地下。因为铁山寺周边山高林密，很容易迷失方向，负责建造藏宝密道的工匠还特意绘制了一张藏宝图，并按张角的吩咐把藏宝图交给了寺院住持严佛调保管。

黄巾军起义失败后，这笔埋藏在铁山寺的宝藏就成了无主之财，很多人打起了巨额宝藏的主意，张角手下的那位张副将就是其中的一个。张副将个子很矮，所以人们都叫他“张矬子”。张矬子见张角已死，黄巾军大势已去，便将当年与他一起进山埋宝的工匠、骑兵等人一一杀害，而后悄悄来到铁山寺找到寺院住持严佛调，谎称是张角叫他来拿藏宝图的。

张矬子骗得了藏宝图十分欣喜，立刻拿着藏宝图寻找当年的埋宝之地。可就在他走进那片神秘的埋宝密林时，天空突然乌云密布，天昏地暗，紧跟着电闪雷鸣，暴雨倾盆。张矬子被这突如其来的天气吓得面如土色，赶紧跑到一棵大银杏树下避雨。谁知，他刚到树下，那棵大银杏树就被一个惊天大雷一劈两半，躲在树下的张矬子也没能幸免，一命呜呼。这场暴雨还引发了一场罕见的森林火灾，大火毁灭了大片森林，张矬子及他手中的藏宝图也在火中化为了灰烬。

大火过后，铁山寺境内的地形地貌发生了很大变化，即便是常住山里的人也很难辨别当初的方位。尽管后来有许多人来这里寻宝，而这些人中不乏当年参与埋宝的工匠、士兵的后裔，但是都无功而返，他们根本无法找到当初藏宝的具体位置。

背后的故事

据传在铁山寺众多的来访者中，就有古刹宝藏的主人张角。张角是冀州巨鹿人，曾以帮人治病为手段，私下里传播太平道。虽然张角的道教与严佛调的佛教并非同宗，但是张角十分钦佩严佛调的才学与人品，二人一见如故，品茶对弈谈古论今，颇为投缘。

东汉末年，爆发了一场中国历史上最为著名的大瘟疫。致命的瘟疫使得人们无法从现实中得到希望与帮助，转而向宗教信仰寻求解脱，使包括太平道在内的一系列宗教思想在这片土地上发展开来。

这场瘟疫同时也大大地削弱了东汉王朝的国力，此时的汉王朝社会已经陷入黑暗的深渊。张角与两个弟弟张宝、张梁周游各地，趁机以医生的身份传播太平道的思想，在短短时间内收纳弟子十多万、教众数十万。

张角的起义是经过周密计划的。为了酝酿这场规模宏大的起义，张角的信徒们到处宣扬："苍天当死，黄天当立；岁在甲子，天下大吉。""苍天"，就是指东汉王朝；"黄天"，就是指太平道。洛阳的寺庙及各州郡的官府大门上的"甲子"二字，就是张角派人暗中写上去的。起义军们秘密约定在甲子年三月初五，在京城和全国同时起义。

起义前夕，张角派起义军骨干马元义召集荆扬地区徒众数万人到邺（今河北临漳），与冀州道徒会合，马元义亲自赶到洛阳活动。不料，在预定起义的前一个月，张角弟子唐周向东汉政府告密，马元义被捕牺牲。张角得知消息败露，决定立即发动起义。

东汉统治者惊恐万状，急忙派何进为大将军，调集大军防守洛阳。但各地起义军好像大河决了口子一样，各地的宗室贵族、州郡长官、地主豪强也都纷纷起兵，协助东汉政府围攻黄巾军，并趁机抢夺地盘，扩张势力，使得汉王朝陷入了四分五裂的状态。

由于地主阶级加入战斗，黄巾军被各地的武装势力分割在许多地区。再加上黄巾军缺乏作战经验，波才领导的颍川黄巾军首先被皇甫嵩等所败，这次失败解除了对东汉都城洛阳的直接威胁，随后张角病逝，张梁阵亡，张宝壮烈牺牲，轰轰烈烈的黄巾起义最终以失败告终。

东汉王朝的腐朽统治，经过这场大规模起义的致命打击，也变得奄奄一息了，最终只剩下铁山寺怀揣着宝藏的秘密一直走到了今天。

4. 散落于丝绸之路的明珠
——楼兰宝藏

名称：楼兰宝藏

年代：汉唐时期

题材：藏宝类

规格：古城占地约 10 万平方米

价值：曾为丝绸之路做出重要贡献，是联系内地和西域的重要交通要道

遗迹发现

楼兰，曾经是中国西域丝绸之路明珠和著名的沙漠绿洲。后来，由于环境和时势变迁逐渐退出了历史的舞台，并最终淹没在自然和岁月的风尘之中。

据《史记·大宛列传》记载，楼兰在古代是一个西域小国，紧靠着盐泽（今日的罗布泊），有巨大的围墙和相应的防御设施。汉昭帝时，楼兰改国名为鄯善，并请求大汉朝廷驻军伊循（今新疆若羌县米兰镇），从此楼兰成为中央政府控制西域的战略支点。到了东汉，楼兰国在丝绸之路上依然在汉朝西部战略中占据着重要的位置。

然而，令人疑惑的是，古楼兰国消失时竟然没有任何的文献记载。到了唐代，由于国家统一、疆土辽阔，唐代大军在到达西域时曾经寻找过楼兰，也没有找到任何蛛丝马迹。

1900 年 2 月的一天傍晚，瑞典探险家斯文·赫定一行抵达罗布泊北岸打算掘井取水时，发现唯一的铁铲丢失了，随同的一名向导被派回原路去寻找，不料路上狂风大作，漫天的风沙使他无法前行。沙暴过后，在他眼前突然出现了高大的泥塔和层叠不断的房屋，一座古城奇迹般地显露出它的面容。

1901 年，斯文・赫定正式挖掘这座古城。随着发掘的不断展开，大批珍贵的汉文、木简、纸文书和一些粟特文书及精美绝伦的丝、毛织品，别具风格的木雕饰件开始出现，古城中的官署、寺庙、僧舍、瞭望塔、马棚和街市都渐渐清晰起来。在古城附近，能清楚地看到一条东西向的官道，斯文・赫定断定是张骞、班超路经的古丝绸之路。

斯文・赫定回国后，把他挖掘的文物交给德国的希姆莱进行鉴定。希姆莱最终断定，这座古城就是赫赫有名的楼兰古国，整个世界都震惊了。此后，很多人禁不住沙漠的诱惑，先后走进了塔克拉玛干，但由于环境的艰险，历史的局限，楼兰古城仍有很多未知的宝藏沉睡在地下，等待着人们的发现。

历史谜团

楼兰古城瞬间消失的原因，让关注沙漠古道、古丝绸之路的人们一筹莫展，他们不断地做出各种猜测。

很多人认为，楼兰古城消失的原因是罗布泊湖的迁徙。罗布泊是一个变化无常的湖泊，被称为“会迁徙的湖泊”。因为罗布泊湖是古楼兰的生命之源，而罗布泊的迁移，使楼兰水源枯竭，植物死亡，楼兰人只好弃城别走，古城也就在历史上消失了。

但是罗布泊为什么会迁移呢？有人认为是塔里木河携带大量泥沙，使罗布泊淤塞，湖底抬高，塔里木河只好改道他行；也有人认为是塔里木河在土质松软的谷地流淌，会自行改道，形成新的河床，造成新的罗布泊；还有学者认为，罗布泊的迁移是由于地质构造和运动表现不均衡的结果。

关于楼兰的消失，还有一种值得信服的观点。这种观点认为，楼兰古国的衰亡是与社会人文因素紧密相连的。楼兰古国消失于东晋十六国时期，这时正值历史上政局最为混乱的时期，北方许多民族自立为藩，相互战争。而楼兰正是军事要冲、兵家必争之地。频繁的战争、掠夺性的洗劫使楼兰的植被和交通商贸地位受到了毁灭性的破坏，最终成为一座废城。

也有说法认为，楼兰的消失与丝绸之路北道的开辟有关。经过哈密（伊吾）、吐鲁番的丝绸之路北道开通后，经过楼兰的丝绸之路沙漠道被废弃，楼兰也随之失去了往日的光辉。此外，还有说法认为楼兰毁于瘟疫疾病。据持这种说法的学者推测，一场从外地传来的瘟疫，夺去了楼兰城内绝大部分居民的生命，侥幸存活的人纷纷逃离楼兰，远避他乡。还有一种更为离奇的说法，认为楼兰是被生物入侵打败。

以上说法都是后人所做的猜测，没有相应的史实佐证。为了解开楼兰古城的众多谜团，越来越多的人走进了塔克拉玛干，试图寻找那些埋藏在古城中不可预知的财富，也为了揭开那些萦绕千年的谜团。

背后的故事

昔日的楼兰古城是个什么模样？根据斯文·赫定和斯坦因的研究成果，楼兰古城的原貌清晰地展现在世人面前。

繁盛时期的楼兰城占地约 10 万平方米，位于罗布泊西北，孔雀河下游。古城的四周大多是风蚀的雅丹地貌。古城被夹在两条古河道的中间，这两条古河道是双向注入罗布泊的河流，古城中间有一条水渠与这两条古河道相连，从西北向东南斜穿过古城遗址。

古城的平面略呈长方形，东城墙长约 334 米，南城墙长约 329 米，西城墙和北城墙均长约 327 米，面积达 10 多万平方米。城墙所用的材料是用新土和红柳枝或芦苇搅拌混合成泥夯筑而成。如今的楼兰南城墙和北城墙因顺东北风势，所以保存得较好，而东城墙和西城墙因受东北风的强烈风蚀，已经变成一堆残垣断壁。

楼兰城内的建筑遗迹以斜穿城址的水渠为界，可大致分成东、西两部分。东部主要残留四座建筑遗迹，包括佛塔与三处房址。佛塔采用夯筑方法，呈八角形，用土坯砌筑。比较集中的房址有三处，地表周围有许多散布的木框构件及用红柳枝编织的涂泥的残墙。

城正中是行政官署，建筑规模最为宏大。根据斯坦因发掘出土的汉文简牍显示，城正中的宫殿为长史衙署遗址，在它附近的房屋是长史衙署的附属建筑。建筑形式兼具内地建筑的特点及当地的建筑形式。官署由土坯砌成，有粗而高的门柱，有涂朱漆的雕梁画栋，这里是古城的权力中心，也是古城最豪华的处所。城东有一座高大的佛塔，可以窥见当年这里的宗教情况。城东北还有残存的土堆，这就是汉代的驿站遗址。城西北和西南有茂密的胡杨林。

城南是居民区，也有大量的建筑遗迹，当时居住着大约 1.4 万人，残存的房屋显示出这里有中国宅院式建筑，分正房和厢房，屋后还有果园。还有一组较大的建筑在西城墙下，这是由许多房间组成的一组建筑。楼兰城内渠道东侧的一组房屋建筑，规模宏伟、豪华，是高级官吏邸宅和客馆。由此可见，在楼兰城在被废弃之前，城内建筑是非常密集的。城周围有集中的墓地，这里可窥见当时的风俗人情。

楼兰是中国对外交流的枢纽和前哨，是一座颇具规模的国际性中转城市。中国古代丝绸之路西出长安，经著名的敦煌，再西行至楼兰。中国客商到这里，便可选择不同道路前往世界各地，而世界各地的人员从四面八方汇集于此，再前往长安。正如史学家孔拉特所说：“楼兰古城的兴衰，是一面世界史的纪念碑。”然而，这一切都去得那么仓促和突然，楼兰古城似乎在极其短暂的时间内骤然消失，究竟是什么使这个繁华的古城陡然之间被掩埋在厚厚的黄沙之下呢？

5. 奇珍异石引发的战乱
——方腊石窟藏宝

名称：方腊石窟藏宝

年代：北宋末年

题材：藏宝类

规格：石窟 20 多个，其中最长的约为 2500 米

价值：方腊起义缴获的大量财宝

遗迹发现

在浙江淳安县，有很多神秘的石窟群，仅在千岛湖镇东庄村的两座高山上，就有石窟 20 多个，大小不一、景观各异，其中最长的约为 2500 米。经专家考证，这些石窟是人工开凿的洞穴，距今已经有上千年的历史。据传那是北宋方腊起义前的藏兵藏宝洞。千百年来前往深山探宝的人不计其数，但没人能够发现宝藏的踪迹，至今当地仍流传着为寻找方腊藏宝而念颂的《挖宝经》。

说起方腊藏宝的由来，不得不说一说宋徽宗赵佶这位嗜好搜玩奇石的皇帝。相传起初赵佶没有子嗣，方士们知道赵佶喜爱奇石，便投其所好给赵佶出主意，说如果汴京东北角的地势增高，便会多福多男。赵佶一听大喜过望，立刻命令在那里筑成一座山林，方圆 10 余里，主峰高 90 步，取名为万岁山。

奸相蔡京知道宋徽宗的喜好，便怂恿佞幸朱勔从东南进贡奇石异卉，

建筑万岁山以取悦宋徽宗。为此朱勔在苏州设应奉局，在东南一带巧取豪夺，竭泽而渔，于是奇石异卉通过大运河被源源不断地运往汴京，专运漕粮的船只十艘为一纲，用来运送奇石异卉，史称“花石纲”。

巧取豪夺的“花石纲”使东南一带陷入了混乱，并最终引发了宣和二年（1120 年）那场规模巨大的农民起义，起义的首领就是方腊。方腊起义究竟是不是因为一块花宝石而引发的我们不得而知，但青溪境内的农民的确为“花石纲”所累，最终被逼无奈而起兵造反。

历史谜团

方腊起义受到了人民群众的热烈拥护，起义军所到之处，凡捉到贪官污吏，一律处死，决无饶恕。对于土豪恶霸，起义军也对他们实行坚决镇压，没收家财。方腊起义军先后攻占了 6 州 52 县，其中包括富可敌国的杭州城，没收劫掠的财宝自然不在少数，仅贪官朱勔家里查获的金银财宝就数不胜数。

方腊失败后，童贯大军进剿方腊根据地时，却没有发现任何宝藏的迹象，方腊的“国库”空空如也，这笔财宝哪儿去了？据传，方腊眼见起义军形势不好，为图日后东山再起，便打算把“国库”中的金银财宝埋藏起来。青溪境内地形相当复杂，林木茂密，山谷幽险，还有梓洞、帮源洞等天然山洞，庞大幽深，是方腊藏宝的最佳地点。童贯眼见财宝失踪，想到这笔财宝可能深藏山间，立刻派人搜寻，却一直没能找到财宝的下落。

方腊有没有洞穴藏宝？从史料研究得知，方腊向来喜好凿窟为营、踞洞为寨，从他开凿使用过的帮源洞、青源洞、梓桐洞和青溪洞等诸多洞窟可以证明。这些洞窟都有人工凿痕，入洞通道多是人工依崖凿狭径而成，洞内议事厅依山造势，以砖瓦人工建筑成为兵寨。尤其在帮源洞、青源洞、梓桐洞等石窟群中更是不乏休息室、水井等人工建筑，甚至还有屯粮的洞穴、养鱼的水池和舂谷、碾硝的石臼等。可见，方腊洞穴藏宝的可能性很大。

除了浙江淳安县的石窟群之外，安徽省屯溪市东郊还有一个花山谜窟，窟中有洞穴 30 余个，这些洞穴相互连通，形状各不相同，洞壁上有着各自方向不同的凿痕，相传这里也是方腊的藏宝洞。

此外，在安徽其他地方也有被称为方腊藏宝洞的地方，齐云山就是其中一个。据说方腊起义军就是在齐云山的独耸峰上屯兵，抗击宋王朝官兵围剿的。在齐云山上，方腊起义军凭借险要的崖涧和天生的云雾，把守要隘，居高临下，用刀剑和滚石把宋朝官兵打得落花流水。齐云山上，粮草丰盈，池塘满溢，方腊依岩洞建寨，本来可以固守，但起义军中出了叛徒，一夜之中，决了池水，烧了粮库，使义军陷于绝境。

浙江、安徽两地众多的石窟中，到底哪里才是方腊藏宝的真正所在？据史书记载，方腊最后战败的地方在淳安，所以，更多人认为方腊更可能将宝藏藏在淳安石窟中，但又埋藏在哪里？那些扑朔迷离的传说，使石窟群谜团重重，神秘莫测，更使得观者“入洞尽是探奇者，出洞全变猜谜人”。宝藏究竟藏在何处？这些问题至今仍是个谜。

背后的故事

方腊祖籍在安徽歙县，方腊的曾高祖在世时，歙县闹起了大灾荒，于是方腊的曾高祖便逃荒到浙江，在淳安青溪碣村落脚安家。从此他们家族在此开山辟地，靠种植漆树和桐树过活。

宋朝宣和年间，朝政腐败，连年兵乱、灾荒，千千万万的老百姓家破人亡。方腊为人豪爽、讲义气，接纳了很多走投无路的穷人，名声越来越大，方腊的漆园渐渐地集结了很多人。

有一天，方腊和兄弟们打算在东山坡上辟一块新梯地，干着干着忽然发现梯地中央有一块光溜溜的大青石，挖开之后底下有一块白里透红、寒光闪闪的斗大玉石，在太阳下一闪一晃，分外夺目。

半个月后，县城里来了两个公差，大模大样地叫喊着找方腊，要求方腊交出花宝石。方腊的弟兄们见状，立刻亮出明晃晃的柴刀，两个公差不敢招惹他们，只得回去报信。两天后，县城里来了一队人马，要去青溪取花宝石，这些官差说花宝石圣洁冲不得邪气，必须直路去取，直路运回才行。于是他们逢民房就拆，遇庄稼就毁，一路横冲直撞地奔向方腊的漆园。

这些飞扬跋扈的官差让老百姓忍无可忍，男男女女，扛锄头的扛锄头，举铁耙的举铁耙，一下子就把官兵包围住了，官兵们被打得头破血流，走运的留条活命逃回县城，到县太爷面前告状去了。

县太爷那边眼见取宝石的队伍被农民打败，恼羞成怒，大发雷霆。立即调齐了五百精兵，杀奔方腊漆园，口口声声一定要取方腊的脑袋和花宝石。这时，方腊的兄弟们早已经背上刀斧、锄头在箭门山外埋伏好了，领头官兵才进漆园，只听得晴天霹雳，一声锣响，紧接着喊声震天，方腊起义军们跳出来一阵砍杀，五百官兵便呜乎哀哉了，著名的方腊起义就是这样爆发的。

方腊起义军不到半年就攻占了杭州、歙县等 6 州 52 县，每到一处杀贪官、劫富豪，缴获了大量的金银财宝。虽然，方腊起义最终的结果是失败的，但却留下了一个关于宝藏的谜团，千百年来，引来了无数人的探索。

6. 一鸣惊人的船屋
——天地会船屋藏宝

名称：天地会船屋藏宝

年代：道光二十四年（1844年）

题材：藏宝类

规格：建筑面积约10亩，房屋高6米，一进三厅、每厅三层，共108间

价值：是建筑史著名的杰作，属于巨型豪宅

遗迹发现

江西省黎川县的洲湖村是一个未沾“尘缘”的古堡围城，村内的舟形古屋，更为小村蒙上了一层神秘的色彩。据传这舟形古屋与当年天地会有着千丝万缕的联系，是“反清复明”的秘密基地，古屋内埋藏有大量天地会的宝藏。古屋为何成舟形？其中有何隐喻？这里是否埋藏有传说中的宝藏？诸多谜团，至今无人能解。

倘若没有那神秘的舟形古屋，深藏在山林中的洲湖村只能是一个被世人遗忘了的桃花源。直到神秘的巨型船屋的出现，洲湖村才慢慢向世人揭开它神秘的面纱。

从船屋侧面的北山南瞰，只见灰色的舟形古宅呈三角形，东窄西宽，宛如一艘坚实宏伟的航空母舰逆水向东行驶。船屋周围有数座古屋，这些古屋像簇拥着航母的护卫舰、驱逐舰，与船屋一起形成一片颇为壮观的建筑组群。

船屋建筑十分豪华，垒砖为墙，垒石立柱，建筑面积约10亩，房高6米，砖木结构，一进三厅，每厅三层，房间多达百间。从“船头”吹鼓楼下的头门进入这座豪华的“大夫第”，一个足有800平方米、鹅卵石铺砌的大院赫然出现眼前。院内照壁高大，壁檐星斗装饰，虽历百年风雨，漆彩却鲜艳如新。二门大方气派，宅内天井开阔，厅堂宽敞明亮，门窗勾花烫金，梁椽处处浮雕，连燕子巢都雕成形态各异、栩栩如生的动物。

整个船屋中共有108间独立房间，船屋内所有砌干墙的砖块均由田泥包裹的小卵石特制，砖墙用糯米饭掺和石灰垒砌，坚固无比，内墙经多道工序粉刷，据说，当年若以脸面揩拭，都会觉得滑润无比。正房内的横厅、书房、杂房、工房、厨房、膳房、廊道等分布得十分错落有致，30多个大小天井通风采光优良，风火砖墙间立其中。古屋没有花园、楼台亭阁相间点缀，虽说单调了些，但也正显示了“大夫第”的设计精巧。整个豪宅结构完整，布局合理，设计独特，气势磅礴，仿佛船行大海，逆水行舟，商海不沉。

历史谜团

黎川县洲湖村的这座宅院有很多谜团，几乎可以串连成串。古宅最大的谜团，还是它的舟形结构。多数人认为，船屋的主人是经商的，他经常漂洋过海，在家乡兴建舟形建筑，为的是祈求风顺平安，商海不沉。但也有人认为，这些舟形建筑与在南方举起“反清复明”大旗的“洪门”有渊源。

据专家考证，在记录有关洪门重要史实及帮规的会簿中，曾多次提到同舟共济、“反清复明”宗旨的物化形态——洪船。了解了船屋与洪门的关系后，专家们再次前往洲湖舟形古宅考察，结果发现了标志着洪门的暗号标志：一块刻有“万”字的石头，据说这就是洪门用来联络同志的符号。

更为有趣的是，这座古宅总长93米，宽71米，面积为6674平方米，合10亩地左右，与明代郑和下西洋建造的最大的宝船面积大小竟相差不远。这是巧合，还是房主别有用意的安排？对此，无人知晓。

那么这座古宅果真与天地会有关系吗？据《黎川县志》记载，古屋共有 108 个房间。“108”本是清朝极为避讳的数字，因为它暗示着洪门对水浒结义的敬仰。从这个数字可以看出，船屋与天地会有着极为密切的关系，它很有可能就是洪门在江西黎川的一个神秘的据点。

除此之外，这座舟形屋更为神秘的地方就是流传了许久的藏宝传说。据说船屋主人在屋里的一个密室埋藏了大量的宝藏。由于古屋房屋结构复杂，屋屋相通，许多暗房迷宫似的散布于楼上楼下，所以在舟形古屋中，还有许多的密室、储藏室及暗房没有被发现。数百年来居住在古宅中的人们时常寻找那些神秘的暗房，却没有一人能够知道宝藏的所在。

还有传说这笔宝藏埋藏在古宅后院，据传古宅落成后，留下了一首藏头诗，人们认为，从诗中拣出的“地下三尺，佑吾子荫”8 个字，这便是藏宝地的线索。于是，无论是黄氏子荫，还是洲湖村的村民，无数次在这座古宅后院掘地三尺，拆墙凿洞，至今还有人在这片残砖破瓦中不停的寻寻觅觅，但是一直没人能够找到埋藏在古屋周围的神秘宝藏。

背后的故事

据考证，这座舟形古宅建于清道光二十四年（1844 年），是由当地一个名叫黄惠楼的富商兴建的。相传，黄惠楼原来本是个家境一般的小商贩，从贩卖皮油起家。凭着精明勤劳，年轻的黄惠楼在短短的 30 年时间里，迅速发展成为一名在黎川至光泽、福州、台湾一路有 20 多家当铺的巨商大贾。为了夸富乡里，同时也为了在家乡置办一份永久的祖业，黄惠楼请来风水先生，在这四面环山、形似女式肚兜的洲湖村，修建了这座规模宏大、富丽堂皇的船屋。

船屋的大门是朝东开的，古代建筑十分讲风水，尤其是对门的朝向极为重视。主人若是经商，按后天八卦讲，商字属金，而南方属火，火克金，也就是说宅院大门如果开在南面，不利经商，而朝向是东方，也就是属土的方向，土生金，很吉利。

然而，豪宅建得轰轰烈烈，后来却住得冷冷清清。黄惠楼极少在船屋居住，不仅如此，黄惠楼的后人到底去向如何，至今没有人说得清、道得明。历经数代沧桑，舟形豪宅成了“无主”之宅。有许多不明身份的人来来往往，并在这里住宿，豪宅就成了山村中的一所公共住宅。

每年夏夜来临，古宅庭院就成了村里最佳纳凉胜地，宅内的温度最高的时候不超过 27 度，和开着空调的房间差不多。更为奇特的是，尽管紧紧围绕在古宅墙外的就是蚊虫肆虐的猪栏和水田，但古宅房间内却是一年四季不见蚊虫，个中原因却无人知晓。

特别值得一提的是，宅院的地下水系统，每天都有大量的生活污水和垃圾倾泻而出，可 150 年间，从未发生过下水道堵塞现象。据这里的老住户讲，这条下水道从地下直通到下面的河里，可古宅的地面与河水只有很小的落差。为什么古宅的下水系统这么多年还能保持畅通无阻？村里的人说，古宅主人在下水道建好后曾放进去两只巨龟，它们在里面不停地清除着从古宅流下的污物。村里的很多小孩在河边玩耍时都曾看见过这两只大乌龟。但果真如此吗？没有人知道答案。

7. 真乃帝王之宅也

——太平天国金龙殿地下藏宝之谜

名称：太平天国金龙殿地下藏宝

年代：1853—1864 年

题材：藏宝类

规格：天王府面积约 24 万平方米

价值：为国务院 1982 年 2 月公布的第二批全国重点文物保护单位之一

遗迹发现

江苏省南京市位于长江下游的中部，历史上有许多王朝在此建都，是著名的政治、经济、文化中心，是我国著名的“六大古都”之一。诸葛亮曾赞叹说：“钟山龙蟠，石头虎踞，真乃帝王之宅也。”

咸丰元年（1851 年），太平天国运动在广西金田村爆发后，一路北上，攻城掠地，连战连捷，于咸丰三年占领南京，改为天京，南京便成为太平天国的都城。

太平军从武汉到南京，缴获战利品、驱赶居民后接收居民家中的钱财不计其数。为了管理使用这些金银财宝，天朝设立专管铸印和制造金银器皿的典金官、专管雕琢玉器的典玉局、管制造冠帽的典角帽、管制造靴鞋的典金靴等。

在天京北王府典舆衙内，潜伏着一名清军奸细张继庚。咸丰三年（1853 年），张继庚向清军统帅报告太平天国的库存金银情况时说：“伪圣库初破城时运存一千八百余万两，此时只有八百余万两。”两个月后，张继庚投送的情报又说：“伪圣库前九月禀报时尚存八百余万两，现只存百余万两不足，不知其用何以如是浪费？”

洪秀全眼见财宝快被用尽，就让他的哥哥代为收受贿赂，甚至封罪犯为王，随着王爵大甩卖，干脆取消区别，一律称列王。再后，削价贱卖，封了不少人为“尘”，就是小王的合写。据昭王黄文英说，共封了 2700 多个王，以至于占领区不多的城镇，有王爵的人“多如过江之鲫”。洪秀全兄弟甩卖王爵，建造他那奢侈至极的天王宫殿，供他挥霍享受，这使想晋封的人拼命搜刮去行贿，得到王爵，便可以合法地进一步搜刮。

当太平天国兵败南京之后，清政府曾下令追缴其国库里一批珍贵的财宝，当时的清朝重臣曾国藩以“城内并无贼库”的回复，否认了这里存在财宝的推断。从此以后，太平天国财宝的去向成了中国近代史上的一个不解之谜。

究竟是曾国藩打败太平天国后，将大量的财宝运回了自己湖南老家？还是战乱之际被各方盗匪贪官巧取豪夺？神秘的天朝宫殿核心建筑金龙殿果真藏有宝藏吗？让我们再次掀起那尘封已久的历史，从中寻找那巨额宝藏的蛛丝马迹。

历史谜团

当年，太平天国为了应付残酷的军事斗争，所有公私财产都必须统一集中到“圣库”，人们生活的必需品由“圣库”统一配给，百姓若有藏金一两或银五两以上的都要问斩。这种制度使得太平天国的财富高度集中，天京就成了湘军眼中的金山银海。

1864 年，湘军进入天京。破城之后，清政府曾下令追缴太平天国国库里的一批珍贵财宝，但曾国藩向皇帝奏报说，除了二方伪玉玺和一方金印，别无所获。

湘军果真一无所获吗？据曾国藩心腹幕僚赵烈文的《能静居士日记》记载，湘军提督萧孚泗“在伪天王府取出金银不资，即纵火烧屋以灭迹”。与萧孚泗比起来，曾国藩兄弟俩所获更多。同治五年（1866年），曾国藩的夫人从南京返回老家，护送船只竟然达200多艘，可见他们搜刮的财宝数目不小。但是，曾国藩兄弟仍不满足，他们认为还有更多财宝埋藏在地下各处，而嫌疑最大的就是洪秀全的天王宫殿。

俘获李秀成之后，曾国荃和曾国藩都曾严审李秀成，其中有一条问：“城中窖瘗金银能指出数处否？”李秀成在自述里十分巧妙地做了委婉叙述，然后分别引出“国库无存良（银米）”“家内无存金良（银）”的结论，搪塞了曾国藩。清朝皇帝也派僧格林沁、多隆阿来南京督促，李秀成却始终未透露太平天国天京的窖金的埋藏地点。

如今在南京一带一直盛传，洪秀全的大笔财宝就埋藏在金龙殿地下，但是数百年来，从来没有人对其地下进行过勘查，金龙殿下边到底有些什么仍是一个未解之谜。除此之外，在南京一带还流传，洪秀全曾将大笔宝藏埋藏在西花园内，南京解放时期，有人曾将西花园的湖水放干来寻找财宝，结果却一无所获。

天京被攻破后，除殊死抵抗的太平天国将士遇害外，还有1000多人随李秀成保护幼天王洪天贵福逃脱。《能静居士日记》卷二十记载：“另有其余死者寥寥，大半为兵勇扛抬什物出城。”可见，这批出逃的将士把大批的财宝运出城外，分批埋藏在各处。

相传，南京的一个富商蒋某，就曾得到了其中的一笔窑金，成为了当地的首富。据说他原来只是一个行商，靠毛驴贩运货物，因为有次运军粮，得到太平天国忠王李秀成垂青，被任命为驴马车三行总管。天京被围，内宫后妃及朝贵多用金银请人办事，据《红羊佚闻·蒋驴子轶事》记载：“宫中倾有急信至，诸王妃等亦聚金银数千箱令载，为之埋藏其物。”书中还记载，民国初年一名南京士绅向革命军都督和民政长官报告说：“洪氏有藏在某处，彼亲与埋藏事。”然后一些辛亥元老国勋雇人多处寻掘，却始终毫无收获。

直到现在，太平天国藏宝的传说仍在南京一带广为流传，但宝藏的埋藏地点无人能知，成了中国近代史上一个不解之谜。

背后的故事

太平军进入天京后，就广为宣扬两句话：“正是万国来朝之候，大兴土木之时。”其实当时根本没有一国来朝，而大兴土木却立即开始了。

天王府从进城后第二个月开始动工，王府是在原两江总督署的基础上向周围扩建十里，四周有三丈高的黄墙环绕的宫殿群，宫墙外面一道深宽各二丈的御沟，沟上有三孔石桥称五龙桥供行人进出往来。过桥迎面第一道大门为天朝门，门外悬挂着十余丈的黄绸，上有天王御笔手书5尺大的朱字诏令：“大小众臣工，到此止行踪，有诏方准进，否则云中雪（太平军形容杀头的隐语）。”

进了天朝门到第二道门即圣天门，门旁置两面大鼓和两座琉璃瓦的吹鼓亭，过圣天门即进入宫殿区，迎面有一座牌坊，东西两排数十间朝房，正面是天王坐朝的金龙殿。大殿后面，是一条长长的穿堂，又有七八进，到末层第九进是一座三层大楼，顶层四面绕栏，栏内长窗，登楼可以眺望到数十里远。这种重殿叠宇的建筑，是按照洪秀全自己设计的九重天庭建造的。

天朝宫殿的最后一部分是后林苑，它与内城的东花园、西花园，一起构成了天王府的游乐区。这里奇花异草，台榭亭阁，既有“塘方十数亩”的水池，又有曲径通幽的园圃；既有临风揽翠的石舫，更有“金鱼活泼，荇藻纵横”的玻璃室及天王消夏处。苑内还畜养着虎、豹、孔雀、仙鹤等珍奇动物。

太平天国覆灭之后，宏伟的天王府并未全部焚毁，仍有部分建筑残存下来。据光绪二十年（1894 年）吴友如绘制的太平天国战事图来看，上面的天朝宫殿西花园、金龙殿等建筑，与现存布局均基本相符，可见，金龙殿和西花园在那场大火中损毁程度并不大，而这些地方也成了人们寻访天朝宫殿的最佳去处。

8. 面水靠山，宝藏其间

——翼王石达开藏宝之谜

名称：翼王石达开藏宝

年代：太平天国时期

题材：藏宝类

价值：已经成为中外军史上五大藏宝之谜之一

遗迹发现

翼王石达开是太平天国最富有传奇色彩的人物之一。他 16 岁便“被访出山”，19 岁统帅千军万马，20 岁封王。石达开在洪秀全领导的太平天国运动中，以其卓越的智慧、高超的军事指挥艺术，在反封建压迫斗争中建立了不可磨灭的功勋。

定都天京后，太平天国的主要首领被胜利冲昏了头脑，立刻开始追求骄奢淫逸的生活，陷入了腐败的泥潭。天王洪秀全一头扎进后宫，把政事甩给杨秀清，自己把心思都放在广建宫殿，搜罗美女及给这些美女规定伺候他的规矩上。而杨秀清虽然公事繁忙，也丝毫没落下享乐，在这些主要领袖中，石达开是唯一的没有出现那样迅速腐化行为的人。然而，这么一个忠心耿耿的优秀人才，最后的结局却是率军远走，继天京事变后再次导致了太平天国的分裂。

出走之后，用兵如神、勇气万分的石达开，再也没有打过大的胜仗。同治二年（1863 年），眼见大势已去，在前有大渡河滔滔洪流、后有数万追兵的绝境下，石达开毅然决定以身家性命保 6000 多名弟兄。和四川总督骆秉章讨价还价后，石达开率儿子石定忠和众爱妃、心腹爱将走进了骆秉章设下的圈套而身陷囹圄，随后在成都被凌迟处死。

大渡河古称沫水，位于四川省西部，是岷江最大的支流。发源于青海省境内的果洛山东南麓。自北向南纵贯于四川省境内阿坝、甘孜、雅安、凉山、乐山 5 地州市，全长 1155 千米。大渡河的北面是青藏高原的一部分，南面则属于高山峡谷地带，地势北高南低，起伏甚大，水流湍急。

据说，翼王石达开在大渡河覆灭前夕，曾把军中巨量金银埋藏在某个隐秘处。当时还有一纸宝藏示意图，图上写有“面水靠山，宝藏其间”8 字隐语。当年腥风血雨、硝烟弥漫的古战场痕迹早已荡然无存，如今留下的尽是青山绿水，田园庐舍，还有那石达开军事藏宝的神秘传说。

历史谜团

随着石达开太平军的全军覆没，围绕在石达开身上的问题成了困扰史学家的悬案。石达开率军出走曾带走了大批的金银财宝，而这笔巨额的财宝随着石达开的死不翼而飞。

打这笔宝藏主意的人很多。抗日战争期间，国民党四川省主席刘湘就是一个。刘湘深信石达开身陷大渡河时，曾将大量金银财宝埋藏在紫打地，专门调遣了 1000 多名工兵前去挖掘。刘湘认为宝藏应该埋藏在紫打地高升店后山坡下，命令工兵们从山壁凿入。士兵挖掘后，果然见到 3 个洞穴，每穴门均砌石条，以三合土封固，但是挖开两个石洞，里面仅有零星的金玉和残缺兵器。当开始挖掘第三大穴时，蒋介石得知了这一消息，立刻派古生物兼人类学家马长肃博士等率领川康边区古生物考察团前去干涉，并由故宫古物保护委员会等电告禁止挖掘。不久，刘湘即奉命率部出川抗日，挖宝之事不了了之。建国后，也曾有人前往石棉县安顺场组织寻宝，但都没有寻得宝藏。

由于石达开藏宝数额重大，已经成为中外军史上五大藏宝之谜之一。

另外四个分别是拿破仑藏宝之谜（发生在俄国）、赤城山埋金之谜（发生在日本）、山下奉文藏宝之谜（发生在圣地亚哥）、纳粹藏宝之谜（发生在德国）。石达开军事藏宝可以名列其中，可见石达开藏宝影响之大。

近年来，在重庆市南川县发现了石达开爱妃墓，因此有传说石达开的宝藏埋藏在南川县，使石达开的另一藏宝地太平山走进了人们的视野。然而有学者认为，从当时的情形来推断，虽然石达开曾在南川葬爱妃，但南川仅仅是太平军路过之处，即使有藏宝也绝不会是全军的粮草，故而他们觉得石达开更有可能将财宝埋藏在石棉县安顺场一带，而不是太平山。但由于历史久远，真实情况已经无法查考，目前看来，石达开为后人留下的是一段难解的谜团。

背后的故事

据传，石达开在重庆市南川县山王坪修整期间，他的爱妃因对山王坪气候不适，不幸染疾，最后不治而终。石达开悲痛万分，决定寻找一块隐秘之地将爱妃秘密埋葬起来。石达开最后选中了铁厂坪东北面一块极为隐秘的地方。那里怪石密林，没有任何道路通入且附近也没有人烟，地形结构极为奇特。

墓地的面积虽然不大，但形状极似一把太师椅，正前方视野开阔，近前是一片怪石和奇花异草组成的秀美景色，远处是一片大山，仔细看去会发现正面的大山形状极似一半卧半坐的大佛。石达开见此景喜出望外，立即决定将爱妃秘葬于此。为了今后不被人发现，墓前仅立一无字碑，以寄托自己的哀思。

石达开带领太平军在山王坪休整了近一年，部队元气得到了恢复。他决定将多余的财宝及辎重等物就地埋藏之后下山，于是便带领亲信随从四处寻找藏宝之地。

这一天，石达开带领亲信来到离铁厂坪不远的一个小山丘，抬头一看侧面一头威武雄壮的石狮站立在山丘边上，继续上看，又见一匹双峰石骆驼站立在山顶，这头石骆驼抬头西望，好像正待出发进行长途跋涉，从石骆驼抬头侧面细看，其侧影又变成了一头大象。石达开觉得雄狮象征他此次带领出山的队伍似威武雄壮之师，骆驼代表不畏艰险，吃苦耐劳，抬头西望表示要向西方进发，大象是力量的象征，又有太平吉祥之意。当即决定将所有需要埋藏的金银珠宝及辎重等物全部埋藏于此山之下。

将宝藏埋藏完毕后，为今后能辨认出宝藏之地，石达开特地令人在石狮旁边的崖壁山深深地凿出“太平山”三个大字。石达开离开山王坪后，留下的老、弱、病、残纷纷下山，在山王坪周边安家落户，成了当地的百姓。

如今，在当地人的寻找下，太平山已现身，太平山脚下也见到一些石砌的痕迹，尽管现在已有一些变形，但仍能看出是人工所为，但传说中的财宝却一直没有踪影。

9. 笼罩在哈拉毛都上空的疑云
——末代蒙古王公的神秘宝藏

名称：末代蒙古王公的神秘宝藏

年代：1636—1942 年

题材：藏宝类

价值：延续 300 多年的蒙古家族的所有财富

遗迹发现

在吉林省前郭县哈拉毛都乡，流传着一个末代蒙古王公神秘藏宝的传说。这位末代王公名为齐默特色木丕勒，人称齐王爷，他不但继承了家族 300 多年来的所有文物、文献、珠宝玉器、黄金白银和土地，而且还垄断了当地的经济行业，堪称日进斗金，积攒了大量的财富。但令人费解的是，1942 年，随着这位末代蒙古王公的去世，这个家族积攒了 300 多年的万贯家产竟然不翼而飞。齐王府埋藏巨额宝藏的说法不胫而走，这笔神秘藏宝就像一团难散的疑云，笼罩在哈拉毛都上空。

据史书记载，从旗祖辅国公固穆起，到末代旗王齐默特色木丕勒止，郭尔罗斯前旗的王府一直都坐落在这个小镇上，经历明、清两个朝代，长达 300 余年。齐默特色木丕勒有着极强的政治头脑，清朝灭亡后，他的权位不仅丝毫没被削减，反而从民国政府那里得到了更多封号。

齐王爷在位的这 40 多年，正是近现代中国最动荡的时期，虽然世道变幻莫测，齐王爷却是政治领域的不倒翁，王府的财产也没受到半点损害，没有人能够计算出齐王爷到底有多少财宝。

齐王府 300 年来的家产数目十分可观，遗憾的是，齐王爷虽然娶妻三室，儿子却都早夭，巨额家产竟然没有直系子嗣继承。那些巨额财富，包括历代皇帝赏赐的黄袍马褂、顶戴花翎甚至皇帝诏书，都在齐王爷死后不翼而飞。难道齐王爷把财宝藏在王府中？末代王府神秘藏宝的传说不胫而走，成了无数后人苦苦探寻的对象。

历史谜团

齐王爷的财宝不计其数，倘若真的存在一个藏宝库，其规模的巨大可想而知。建造这样巨大的工程如何能够躲过村人的耳目？齐王爷绝对不是一个愚笨的人，这还要从他大兴土木建新王府说起。

光绪三十四年（1908 年），齐默特色木丕勒开始大兴木土，重新修建王爷府。新建的齐王府严格模仿北京城官邸布局，重要的建筑部件都是从北京运来，就连工匠也全部是由北京聘请而来。整座新府修建总共耗时 6 年，直到 1914 年才全面完工。就是在这次大兴土木建王府的工程中，齐王爷令工匠在王府中打造了一个巨大的藏宝库，将家族的巨额财宝收藏其中。

根据史料记载，新建的齐王府占地面积 6.1 万平方米，院墙高耸，都是用夯土筑成，府院围墙长 320 余米，墙壁四角及西墙正中设有五座炮台。府中的院落、房舍多为回廊式建筑，分左、中、右 3 个部分，共有 7 进 640 多间房子。传说中埋藏有财宝的佛堂在第五进院落中，佛堂内供释迦牟尼、千手千眼佛像，是王爷及福晋、格格祈福禳灾的场所。

也有人认为齐王爷的宝藏藏在地下，因为建成后的王府却凭空多了一座高 3.5 米、长 30 多米、宽 20 多米的假山。这座假山位于王府的西北角的花园内，用土量十分巨大，可令人质疑的是，整个村子周围却没有取土的痕迹，那么假山用土是哪里来的？最合理的解释就是，这些土是从王爷府内的地下挖出来的。

另外，当地居民还提供了一个很有力的证据。齐王爷曾从关外特意定了18个大石槽子运回府里，但奇怪的是，这18个大石头槽子运进王府后就神秘消失了，直到王府被毁，也不见半个大石槽子的踪影，唯一的可能就是被埋在了地下。

王府里的那口井也是有力的证据之一。自从王府建完，齐王爷再也不吃那口井里的水了，说井里的水是苦的，王府做饭用水，要到其他人家的井里去取。可王府被毁后，很多人在王府原址盖起了房子，家家都打有一眼井，但打出的水并不苦。所以，王府井水苦是不可信的，那口井可能与藏宝有关。当初帮齐王修地下藏宝库的外地工匠，在修好藏宝库后，都被活埋在了地下，王爷也许嫌弃被埋的尸体污染井水，所以对府内的井弃而不用。也有传说那口井是地下藏宝库的一个出口，但如今井的位置已经无从得知。

背后的故事

齐王爷死后，王府陷入了王位继承风波，由此王府几家失去往日的和气，又过两年，日本投降，天下形势突变，王府成员在土匪骚扰后匆匆出逃，这座宏伟的王府成为了一座无人看管的空城，对王府的寻宝也就由此开始了。

这一年，哈拉毛都王府屯的农民成立了“王府屯农民协会”，齐王府是他们打土豪、分地主的首要目标。他们进入齐王府后才发现，如此宏伟的王府内除了一些粮食、布匹、家具和器皿等日常用品外，并没有任何贵重的东西。

当时，齐王已死，大福晋、二福晋也已经死去，3个儿子全部夭折，唯一还在世的三福晋色力玛最有可能知道地下宝藏的秘密。为了让三福晋解除心理上的防备，农会仍让三福晋居住在王府的卧室中，尽量满足她的各种需求，不断地对她进行开导。通过三福晋的举止言行，发现每当走到佛堂、王爷卧室，特别是走到后花园假山底下时，三福晋心情非常沉重，时常立足凝思，久久不愿离去。农会一时心急便对三福晋进行审讯，审讯中，三福晋对宝藏的事情更是只字不提，就在审讯结束后的几个小时内，三福晋自缢而死，农会也只好将寻宝的事情搁置。

但屯里的村民却没有淡忘此事。王府屯有一个曹姓人，对王府内情况基本了解，为了得到这笔巨额财宝，他拉上好友打算前往挖宝，却不幸被土层压死。这次失败的盗挖宝藏的行动，不仅没有给人们敲响警钟，反而又促使更多人前去冒险寻宝。

1958 年，当地政府组织了唯一一次由政府出面的公开挖宝行动。但在挖至约两米深的时候，出现了塌方地段，特别是在靠近假山的地方，更是出乎意外地大面积塌方，这时人们想起三福晋曾交待过，如果触碰到入口的石门便会自动爆炸，挖宝队一时人心涣散。

如今的齐王府已经风华尽消，王府的北面已变成了农场的养鹿场和粮库烘干房，南面则散布着一片低矮的民房，昔日威风数百里的王爷府，完全消溶在了那一大片密密麻麻的民房之中，只剩下了两段不长的围墙和一个土堆似的炮台，拥有数百年基业的齐王府，就这样沉睡在敖包山和阴山之间。